CIP-Titelaufnahme der Deutschen Bibliothek

Regional- und Landesplanung für die 90er (neunziger) Jahre/ Akademie für Raumforschung und Landesplanung. - Hannover: ARL, 1990
    (Forschungs- und Sitzungsberichte / Akademie für Raumforschung und Landesplanung; 186: Wissenschaftliche Plenarsitzung; 1990)
    ISBN 3-88838-012-X
NE: Akademie für Raumforschung und Landesplanung <Hannover>:
    Forschungs- und Sitzungsberichte/Wissenschaftliche Plenarsitzung

FORSCHUNGS- UND
SITZUNGSBERICHTE 186

Regional- und Landesplanung für die 90er Jahre

Wissenschaftliche Plenarsitzung 1990

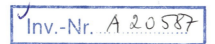

AKADEMIE FÜR RAUMFORSCHUNG UND LANDESPLANUNG

Best.-Nr. 012
ISBN 3-88838-012-X
ISSN 0935-0780

Alle Rechte vorbehalten · Verlag der ARL · Hannover 1990
© Akademie für Raumforschung und Landesplanung
Druck: poppdruck, 3012 Langenhagen
Auslieferung
VSB-Verlagsservice Braunschweig

Vorwort

Die Akademie für Raumforschung und Landesplanung führte ihre 29. Wissenschaftliche Plenarsitzung vom 21. bis 23. Juni 1990 in Ulm / Neu-Ulm unter dem Thema "Regional- und Landesplanung für die 90er Jahre" durch.

Raumordnung, Landes- und Regionalplanung stehen in den 90er Jahren vor neuen Herausforderungen. Auf die fortschreitende Integration Europas, das Zusammenwachsen der beiden Teile Deutschlands, die zunehmenden Vernetzungen von gesamträumlichen Problemen mit fachpolitischen Aufgabenfeldern, die wachsende Bedeutung ökologischer, kultureller und freizeitbezogener Erfordernisse oder das Spannungsverhältnis zwischen Internationalisierungs- und Dezentralisierungstendenzen müssen von der Raumplanung rechtzeitig Antworten gefunden werden.

Vor allem die Regional- und Landesplanung sind aufgefordert, sich diesen Herausforderungen zu stellen und Beiträge zu deren Bewältigung zu leisten. Denn mit den veränderten Rahmenbedingungen ergeben sich zugleich neue Chancen und planungspolitische Aufgaben.

Die Potentiale, die Aufgabenstruktur und -verteilung sowie das zur Verfügung stehende Instrumentarium von Regional- und Landesplanung haben sich - trotz aller und zum Teil berechtigter Kritik - bewährt. Sie sind eine gute Ausgangslage für Weiterentwicklungen, Veränderungen oder Ergänzungen.

Ein wichtiges regionalplanerisches Aufgabenfeld betrifft die Stadt-Umland-Kooperation. Die Wettbewerbssituation und Konkurrenz für die Zentren und Regionen wird sich weiter verschärfen, wenn nicht ihre räumlichen Engpaßfaktoren im Zusammenwirken mit dem Umland beseitigt werden. Nur wenn es in einer gemeinsamen Flächenhaushaltspolitik für Stadt und Umland gelingt, die Raumansprüche sinnvoll in der Region zu steuern, ist eine Erhaltung oder gar Verbesserung der Situation im europäischen Wettbewerb möglich.

Ein wichtiges Ziel der Akademie war es, mit der Wissenschaftlichen Plenarsitzung über die Probleme, die Chancen und Fortentwicklungsmöglichkeiten sowie über die neuen Aufgaben von Regional- und Landesplanung zu informieren. Die Veranstaltung bot zugleich Gelegenheit, mit Vertretern aus Wissenschaft und Praxis hierüber ausführlich zu diskutieren und Erfahrungen auszutauschen.

Die Grundsatzreferate wie auch die Beratungen in den drei Foren machten im Ergebnis zum einen die Bedeutung der Planung insgesamt und insbesondere der regionalen Planungsebene mit ihrem vielfältigen Handlungsspektrum deutlich, zum anderen die Notwendigkeit der Neudefinition des Verhältnisses der Planungsebenen zueinander, sowohl des Verhältnisses zwischen den hierachischen Ebenen der Querschnittsplanung als auch deren Verhältnis zu Fachplanungen. Zu den Schwerpunktthemen gehören daher:

- die Ökologisierung der Regionalplanung, Zielsysteme, Inhalte und Instrumente,
- die politische Funktion der Regionalplanung im Spannungsverhältnis zwischen Regionalismus, endogener Regionalpolitik und Europäisierung,

- die Anpassung alter und die Ausformung neuer Instrumente der Regionalplanung angesichts der Breite der ziel- und aufgabenbezogenen Handlungsbedarfe im regionalen wie im europäischen Kontext.

Darüber hinaus ist mit der Plenarsitzung gezeigt worden, daß Fragen zur Weiterentwicklung der Landes- und Regionalplanung mit der Institutionalisierung der Raumordnung und Landesplanung in der DDR künftig noch stärker als bisher im Kontext differenzierter regionaler Handlungserfordernisse zu diskutieren sind. Themen müssen künftig eine über die bisherige westdeutsche Planungssichtweise hinausgehende inhaltliche und instrumentelle Bearbeitung finden und dabei die Einflußfaktoren der zunehmenden Europäisierung berücksichtigen. Allen, die zu diesen Ergebnissen der Veranstaltung beigetragen haben, sei an dieser Stelle gedankt.

Besonderer Dank gilt den Referenten, deren Vorträge, Einführungen und Statements Ausgangspunkt für die anschließenden Diskussionen waren, den Moderatoren der Foren sowie insbesondere auch den Mitarbeitern aus Ulm und Neu-Ulm, die bei der Vorbereitung und der Durchführung der Jahrestagung Hilfeleistungen und organisatorische Unterstützung gewährt haben.

Akademie für Raumforschung
und Landesplanung

INHALTSVERZEICHNIS

Autoren dieses Bandes

Peter Biebl, Dr., Oberbürgermeister der Stadt Neu-Ulm

Tassilo Braune, Dipl.-Ing., Erster Baudirektor, Baubehörde - Landesplanungsamt, Freie und Hansestadt Hamburg

Werner Buchner, Prof. Dr., Ministerialdirektor, Bayerisches Staatsministerium für Landesentwicklung und Umweltfragen, München, Vizepräsident und Ordentliches Mitglied der Akademie für Raumforschung und Landesplanung

Gerd-Rainer Damm, Dipl.-Ing., Ministerialrat, Leiter der Abteilung Landesplanung, Städtebau, Ministerium für Umwelt des Saarlandes, Saarbrücken

Bruno Dietrichs, Prof. Dr., Lehrstuhl für Raumforschung, Raumordnung und Landesplanung, Technische Universität München, Ordentliches Mitglied der Akademie für Raumforschung und Landesplanung

Lothar Finke, Prof. Dr., Fachbereich Raumplanung, Fachgebiet Landschaftsökologie und Landschaftsplanung, Universität Dortmund, Ordentliches Mitglied der Akademie für Raumforschung und Landesplanung

Theodor Fliedner, Prof. Dr., Rektor der Universität Ulm

Hans-Dieter Frey, Dr., Ministerialdirigent, Leiter der Abteilung Landesentwicklung, Raumordnung und Landesplanung, Vermessungswesen, Innenministerium Baden Württemberg, Stuttgart

Dietrich Fürst, Prof. Dr., Institut für Landesplanung und Raumforschung, Universität Hannover, Korrespondierendes Mitglied der Akademie für Raumforschung und Landesplanung

Heinrich Ganseforth, Dr., Verbandsdirektor, Zweckverband Großraum Hannover

Konrad Goppel, Prof. Dr., Ministerialdirigent, Leiter der Abteilung Raumordnung, Landes- und Regionalplanung, Bayerisches Staatsministerium für Landesentwicklung und Umweltfragen, München, Korrespondierendes Mitglied der Akademie für Raumforschung und Landesplanung

Dieter Gust, Verbandsdirektor, Regionalverband Neckar-Alb, Tübingen

Hans-Jürgen von der Heide, Dr., Erster Beigeordneter, Deutscher Landkreistag, Bonn, Präsident und Ordentliches Mitglied der Akademie für Raumforschung und Landesplanung

Karl-Hermann Hübler, Prof. Dr., Institut für Landschaftsökonomie, Technische Universität Berlin, Ordentliches Mitglied der Akademie für Raumforschung und Landesplanung

Alfred Katz, Dr., 1. Bürgermeister der Stadt Ulm

Jörg Maier, Prof. Dr., Lehrstuhl für Wirtschaftsgeographie und Regionalplanung, Universität Bayreuth, Ordentliches Mitglied der Akademie für Raumforschung und Landesplanung

Klaus Remmele, Dr., Verbandsdirektor, Regionalverband Donau-Iller, Neu-Ulm

Gottfried Schmitz, Dr., Verbandsdirektor, Raumordnungsverband Rhein-Neckar, Mannheim, Ordentliches Mitglied der Akademie für Raumforschung und Landesplanung

Peter Treuner, Prof. Dr., Direktor des Instituts für Raumordnung und Entwicklungsplanung, Universität Stuttgart, Vizepräsident und Ordentliches Mitglied der Akademie für Raumforschung und Landesplanung

Klaus Wolf, Prof. Dr., Institut für Kulturgeographie, Universität Frankfurt, Korrespondierendes Mitglied der Akademie für Raumforschung und Landesplanung

HANS-JÜRGEN VON DER HEIDE

Begrüßung und Eröffnung

Noch nie war Raumordnung so notwendig wie jetzt. Sie muß in den 90er Jahren Antworten finden auf

- das Zusammenwachsen der beiden Teile Deutschlands,
- die fortschreitende Integration Europas,
- die zunehmenden Vernetzungen von gesamträumlichen Problemen mit fachpolitischen Aufgabenfeldern,
- die wachsende Bedeutung ökologischer, kultureller und freiheitsbezogener Erfordernisse.

Diese Aufgaben gelten für die Raumplanung in allen Stufen. In der Praxis sind jetzt aber vor allem die Regional- und die Landesplanung gefordert. Mit den sich verändernden Rahmenbedingungen ergeben sich zugleich nicht nur neue Chancen, sondern auch nachdrückliche planungspolitische Abgaben. Dies hat das Präsidium der Akademie bewogen, in dieser Tagung Fragen der Landes- und Regionalplanung in den Mittelpunkt zu stellen. Wir haben dabei bewußt zwei in Baden-Württemberg Tätige zu bitten, die Probleme von Landesplanung und Regionalplanung näher darzulegen, nämlich unseren Vizepräsidenten Prof. Dr. Peter Treuner aus Stuttgart und Verbandsdirektor Dr. Gottfried Schmitz vom Raumordnungsverband Rhein-Neckar in Mannheim.

Diese Gedankenführung wird aber auch im zweiten Teil unserer Veranstaltung themenbeherrschend sein. Das Forum II ist ganz und gar der Regionalplanung gewidmet. Mein Vorgänger im Amt des Präsidenten, Prof. Dr. Hans Kistenmacher, hat dort freundlicherweise das Amt des Moderators übernommen. Er verfügt auf diesem Gebiet über besondere Erfahrungen.

Als dritten Themenkreis haben wir uns die Stadt-Umland-Kooperation ausgesucht, weil sie zunehmend in das regionalpolitische Blickfeld kommt, ja ein wichtiger regionalplanerischer Aufgabenschwerpunkt geworden ist. Die Wettbewerbssituation und Konkurrenz für die Zentren und Regionen wird sich noch weiter verschärfen, wenn nicht ihre räumlichen Engpaßfaktoren im Zusammenwirken mit dem Umland beseitigt werden. Nur wenn es in einer gemeinsamen Flächenhaushaltspolitik für Stadt und Umland gelingt, die Raumansprüche sinnvoll in der Region zu steuern, ist eine Erhaltung oder gar Verbesserung der Situation im europäischen Wettbewerb möglich.

In dieser Veranstaltung kommen in erster Linie Fragen zum Vortrag, die sich auf der Landesebene oder im regionalen Bereich bewegen. Angesprochen werden mittelbar aber auch die Aufgaben des Bundes. Der Bund hat mit dem Erlaß der Novelle zum Bundesraumordnungsgesetz neue Eckdaten gesetzt, die nun von den Ländern nicht nur in der Landesgesetzgebung, sondern auch im Rahmen der Landesplanung umzusetzen sind. Die Akademie hat hier mit einem Vorentwurf Einfluß auf die Rechtsentwicklung nehmen können. Auf die Ergebnisse unserer Mitwirkung in diesem Verfahren sind wir stolz. Auswirkungen auf die räumliche Entwicklung könnte aber auch das Wohnungsbauerleichterungsgesetz haben, das vor kurzem verabschiedet worden ist mit dem Ziel, die Aufstellung von Bauleitplänen zu beschleunigen und auch kürzere Fristen bei der Erteilung von Baugenehmigungen zu bewirken. Damit soll ein Beitrag geleistet werden, um die neu aufgelegten Wohnungsbauprogramme schneller in Gang zu setzen. Die große Zahl zugewanderer Menschen aus dem anderen Teil Deutschlands und aus anderen europäischen Ländern, aber auch die Zahl von Asylanten und aus anderen Gründen zu uns gekommenen Ausländern hat zunehmend zu der Notwendigkeit geführt, dem mangelndem Wohnungsbedarf durch größere Bauprogramme abzuhelfen.

Voller Freude begrüßen wir hier heute so viele Vertreter aus dem anderen Teil Deutschlands. Wir freuen uns darüber, daß es nun wieder möglich geworden ist, miteinander zu reden, Erfahrungen auszutauschen und Konzepte zu entwickeln. Wir wissen, wie groß die Aufgaben sind, die gerade auf planerischem Gebiet im anderen Teil Deutschlands in Angriff genommen werden müssen. Sie reichen von der Neuordnung des gesamten Staatsgebietes weit hinein bis in den Bereich der Bauleitplanung. Die Volkskammer hat zusammen mit der Regierung der DDR inzwischen eigenständige Rechtsgrundlagen geschaffen, die die Wahrnehmung dieser Aufgaben erleichtern soll. Sie sind ein wichtiger Beginn, die Rechtsordnung in beiden Teilen Deutschlands zusammenzuführen.

Es wird aber nicht allein hier sein Bewenden haben können. Es geht nicht allein darum, für das jetzige Gebiet der DDR ein eigenständiges Raumordnungskonzept zu entwickeln. Es ist nämlich weit darüber hinaus notwendig, darüber nachzudenken, wie denn nun in Zukunft insgesamt die Entwicklung des kommenden Deutschlands aussehen soll. Wir brauchen ein auf ganz Deutschland ausgerichtetes Planungs- und Entwicklungskonzept, das, wenn es nicht zu Fehlentwicklungen kommen soll, schon möglichst bald in den Grundzügen festzulegen ist. Ich sehe darin eine wichtige Aufgabe des Bundes und der Länder.

Die Situation der Länder verändert sich nachhaltig wohl auch dadurch, daß mit der Zahl von 16 Ländern im Bundesrat das föderale Gefüge in diesem Land verändert wird. Sicher hat es auch schon in der Bundesrepublik Deutschland zwischen den 11 Ländern große Unterschiede gegeben. Man denke etwa auf der einen Seite an Bremen, das Saarland und Schleswig-Holstein und auf der anderen Seite an Nordrhein-Westfalen, Bayern und Baden-Württemberg. Aber die Unausgewogenheit wird im kommenden Deutschland noch größer sein als in der Bundesrepublik; denn dann wird bei den entstehenden 5 Ländern in der DDR viel stärker als bisher der Maßstab durch kleine Länder bestimmt werden, bei deren geringen Einwohnerzahlen nicht einmal sicher ist, daß sie alle jene Aufgaben wirklich erfüllen können, von denen man heute erwartet, daß sie von Ländern gelöst werden.

Die Akademie wird für beide Aufgabenfelder Überlegungen anstellen und entsprechende Arbeitskreise einrichten. Gerade als Bindeglied zwischen Bund und Ländern kann sie in diesem Fragenbereich wesentliche Beiträge leisten.

Aufgabenstruktur und Aufgabenverteilung, aber auch das zur Verfügung stehende Instrumentarium der Regional- und Landesplanung haben sich - trotz aller Unterschiedlichkeit in der Rechtsordnung - bewährt. Sicher gibt es Kritik an diesen Systemen, die z.T. durchaus berechtigt ist. Dennoch sind die Regelungen der Länder für die Landesplanung und die Regionalplanung eine gute Ausgangslage zur Weiterentwicklung, Veränderung oder Ergänzung.

Bei aller Anerkennung des Föderalismus, den ich geradezu als einen Garanten der Freiheit ansehe, sollte man allerdings in der DDR prüfen, ob es nicht geboten sein könnte, bei der jetzt kommenden Schaffung von Landesplanungsrecht sich in den Grundzügen auf ein einheitliches Grundsystem zu verständigen. Ganz sicher ist ein wichtiges Hemmnis für die Entwicklung im anderen Teil Deutschlands nicht nur die ungeklärte Eigentumsordnung, sondern auch das Fehlen aller planungsrechtlichen Voraussetzungen. Wenn diese Feststellung richtig ist, dann sollte man wenigstens für eine Übergangzeit der nächsten Jahre danach suchen, möglichst einfache Systeme zu finden, um die Erfordernisse der Raumordnung in den kommenden Ländern festzulegen, aus denen dann später Ziele der Raumordnung und Landesplanung in unserem Sinne entwickelt werden können.

Wir haben dieses Mal bei der Bedeutung der auf dieser Veranstaltung zu behandelnden Fragen davon abgesehen, eigene Arbeitskreise zu bilden, sondern wollen in Plenardiskussionen in drei Foren die unterschiedlichen Bereiche vortragen, diskutieren und aufarbeiten, so wie sie in unserer Einladung stehen.

Ein besonderer Dank gilt dem Oberbürgermeister der Stadt Ulm, die uns so freundlich als Gastgeber zur Verfügung steht. Mit besonderem Interesse erwarten wir, sehr geehrter Herr Prof. Dr. Fliedner, Ihren Bericht als Rektor der Universität Ulm über die Wissenschaftsstadt Ulm als ein Beispiel für ein wegweisendes Konzept kooperativer Strukturpolitik.

Mein Dank gilt allen, die an der Vorbereitung dieser für die Akademie so wichtigen Tagung mitgewirkt haben. In diesen Dank einbezogen sind die Mitarbeiterinnen und Mitarbeiter des Sekretariats der Akademie in Hannover, die gerade mit solchen großen Veranstaltungen immer ihre besondere Mühe haben. Mein Dank gilt zugleich auch dem Oberbürgermeister der Stadt Neu-Ulm, dem wir morgen abend beim Empfang dieser Stadt begegnen werden. Es ist schon eine einmalige Situation, daß eine solche Wissenschaftliche Plenartagung an zwei verschiedenen Orten in zwei Städten stattfindet: einmal links der Donau in Ulm, einmal rechts der Donau in Neu-Ulm, einmal im Lande Baden-Württemberg und einmal im Lande Bayern. Mitten zwischen diesen beiden Städten bildet der Schicksalfluß Europas, die Donau, die Grenze. Ich komme zum Schluß: Wie schön ist es, daß nun nicht nur der andere deutsche Staat, sondern auch die Länder im Donauraum die Freiheit zurückgewonnen haben. Unsere guten Wünsche gehen dabei ebenso in die Tschechoslowakei wie vor allen Dingen auch nach Ungarn. Die Ungarn waren es, die mit der Öffnung der Grenze die erste Voraussetzung für die Befreiung geschaffen haben, die sich in Deutschland zur Freude aller so nachhaltig auswirken konnte.

ALFRED KATZ

Grußworte

Sehr geehrter Herr von der Heide,
sehr geehrte Damen und Herren,

im Namen der Stadt, des Gemeinderats und des Oberbürgermeisters, den ich wegen plötzlicher Krankheit leider entschuldigen muß, möchte ich Ihnen einen herzlichen Willkommensgruß in Ulm entbieten. Wir empfinden es als Ehre für die Stadt Ulm, daß die diesjährige Tagung Ihrer bundesweit tätigen, renommierten Akademie für Raumforschung und Landesplanung in Ulm abgehalten wird.

Ulm ist sicher der richtige Ort für Ihre Plenarsitzung; hier trifft in besonderer Weise Altes auf Neues, Traditionelles auf Zukunftsträchtiges. Die Städte Ulm/Neu-Ulm und deren Region sind ein guter Modellfall für Ihre Tagung und deren Themen. Hinzu kommt die Sondersituation, daß Ulm ''Grenzstadt'' zu Bayern, Neu-Ulm ''Grenzstadt'' zu Baden-Württemberg ist.

Ulm hatte bereits als freie Reichsstadt die Funktion eines Oberzentrums inne und für ein weites Einzugsgebiet wahrgenommen. Heute bildet Ulm mit Neu-Ulm ein gemeinsames Oberzentrum der Region Donau-Iller. Dies wurde nur möglich durch die Raumordnung und Landesplanung, die diese grenzüberschreitende Region geschaffen hat.

Ulm entwickelt sich nach erheblichen Wirtschaftsstrukturproblemen Anfang der 80er Jahre heute von einer Industrie- und Garnisonsstadt zu einer Dienstleistungs- und Wissenschaftsstadt. Dabei leistete und leistet gerade auch die Regional- und Landesplanung einen wichtigen Beitrag. Lassen Sie mich drei Aspekte, die ich aus landes- und regionalplanerischen sowie wirtschafts-strukturpolitischen Gründen für besonders wichtig halte, kurz ansprechen:

- Zunächst die Entwicklung zur Wissenschaftsstadt mit dem Ausbau der Universität, der Fachhochschule, den Instituten an der Universität (Laserinstitut, Forschungsinstitut für anwen-dungsorientierte Wissensverarbeitung - FAW - usw.), den Forschungszentren AEG und Daimler Benz, dem Science Park und ähnlichen Einrichtungen. Der engen, kooperativen Zusammenarbeit zwischen Hochschulen und Wirtschaft, zwischen Land, Region, Stadt und Wirtschaft kommt dabei für die Entwicklung zur Wissenschaftsstadt eine besondere Bedeutung zu.

- Die Stadt selbst ist auch nicht untätig geblieben. Das Stadtqualitätsprogramm zur Verbesserung der Infrastruktur, der Stadtkultur und ganz generell der Lebensqualität dient zur Stärkung der Attraktivität und zum Ausbau der besonderen oberzentralen Funktionen Ulms. Damit sollen flankierende Maßnahmen für die Wissenschaftsstadt ergriffen, insbesondere die innerstädtischen Funktionen Stadtgestalt und Stadtkultur verbessert sowie neue Infrastruktureinrichtungen wie z.B. Ausstellungs- und Messehallen, Kongreßzentrum und Stadthalle geschaffen werden. Die Initialzündung ging dabei mit vom Land aus; die Stadt erhielt einen finanziellen Zuschuß für regional wichtige Zentralitätsprojekte. Dadurch und ganz allgemein durch Stadtsanierung und Stadtentwicklung, durch Förderung von Gewerbeansiedlung und Wohnungsbau, aber auch durch überdurchschnittliche Kulturförderung sollen die Zukunftschancen Ulms und der Region verbessert werden.

- Drittens ist die Verbesserung und der Ausbau der interkommunalen und damit auch der regionalen Zusammenarbeit zwischen Ulm und Neu-Ulm im sensiblen grenzüberschreitenden Bereich zu nennen. Die beiden Städte arbeiten, trotz mancher Konkurrenz, in vielfältiger Weise zusammen: gemeinsame Stadtwerke (zuständig für den Öffentlichen Personennahverkehr, die Versorgung mit Strom, Gas, Wasser), gemeinsamer Zweckverband zur Abwasserentsorgung, gemeinsame Technologiefabrik, gemeinsamer Verkehrsverein und eine Reihe von gemeinsamen sozialen und Freizeiteinrichtungen.

Auf dem Erreichten darf jedoch nicht ausgeruht werden. Die Herausforderungen der Zukunft müssen angenommen und gemeistert werden. Dabei wird - so glauben wir - die Bedeutung der größeren Mittel- und kleineren Großstädte mit attraktivem Kultur- und Freizeitangebot in den 90er Jahren zwischen den überlasteten Ballungszentren spürbar zunehmen. Wir sind im Oberzentrum Ulm/Neu-Ulm und in der Region entschlossen, diese Entwicklungschancen zu nutzen.

Meine Damen und Herren, ich bin sicher, die Regional- und Landesplanung wird auch in den 90er Jahren wichtige Impulse geben und bedeutsame und notwendige Grundlage für das nächste Jahrzehnt sein. Die Bewältigung der Fragen der europäischen Integration, des EG-Binnenmarktes, der Deutschen Einheit oder etwa des weiten Bereichs des Umweltschutzes bedarf der Raumordnung und Landesplanung.

In diesem Sinne wünsche ich Ihrer Tagung einen harmonischen Verlauf und gute Ergebnisse.

PETER BIEBL

Grußworte

Sehr geehrter Herr Präsident,
sehr geehrte Damen und Herren,

die Stadt Neu-Ulm freut sich, daß die so traditionsreiche Akademie für Raumforschung und Landesplanung ihre diesjährige wissenschaftliche Plenarsitzung in Ulm / Neu-Ulm abhält; gestern wurden Sie ja schon von meinem Kollegen, Herrn Bürgermeister Dr. Katz, im Ulmer Kornhaus willkommen geheißen.

Ich finde es erfreulich, daß sich die Akademie im Rahmen ihrer Plenarsitzung zum Thema ''Neue Konzepte der Regional- und Landesplanung'' in diesem Jahr dem Konzept der Wissenschaftsstadt Ulm widmet, denn dies ist ein Zeichen für mich, daß dieses Konzept weit über unseren Raum hinaus ausstrahlt.

Das Besondere dieses Konzeptes ist es, wie Sie wissen, Wissenschaft und Wirtschaft an einem Standort zusammenzubringen und dadurch günstige Voraussetzungen für einen Wissenstransfer in der einen wie in der anderen Richtung zu schaffen. In dieses Konzept einbezogen sind die Universität Ulm, die Fachhochschule Ulm, zusätzliche außeruniversitäre Institute, Forschungseinrichtungen großer Wirtschaftsunternehmen wie Daimler Benz oder AEG, aber auch Unternehmen des Mittelstandes. Diese Konstruktion ist in dieser Weise bisher einzigartig.

Aber nicht nur die räumliche Verbindung von Wissenschaft und Wirtschaft macht das Besondere des Projektes ''Wissenschaftsstadt Ulm'' aus, sondern auch das, worüber geforscht wird. So liegt nämlich ein besonderer Schwerpunkt bei der Beschäftigung mit neuen und zukunftsweisenden Technologien.

Institute wie das Institut für Lasertechnologie, das die Anwendungsmöglichkeiten von Lasern im Bereich der Medizin untersuchen soll, das Forschungsinstitut für anwendungsorientierte Wissensverarbeitung (Institut für künstliche Intelligenz), dessen Aufgabe es ist, sich mit Fragen computergestützter Fertigungstechnologie, der Bürokommunikation, der Umweltinformatik oder der Mensch-Medizin-Interaktion auseinanderzusetzen, oder das Institut für unfallchirurgische Forschung und Biomechanik, dessen Forschungsschwerpunkte künstliche Sehnen, Bänder, Knorpel und Knochen sind, unterstreichen dies eindrucksvoll.

Dieser Ausbau Ulms zur Wissenschaftsstadt wird meiner Meinung nach unserem Raume zu einem nachhaltigen Entwicklungsschub verhelfen, einem Raume, der zwischen den großen Verdichtungsräumen München und Stuttgart eine wichtige Funktion als Entlastungsraum hat, einem Raum aber auch, der durch seine günstige Lage innerhalb der Europäischen Gemeinschaft und der Bundesrepublik sowie insbesondere des Süddeutschen Raumes mit seiner guten Verkehrsanbindung hervorragende Standortbedingungen hat.

Die Auswirkungen werden sich sicherlich nicht nur in Ulm oder Neu-Ulm, sondern auch in den benachbarten Landkreisen zeigen.

Zu diesem Zweck haben die Landesregierungen von Baden-Württemberg und Bayern ein sogenanntes ''Inselgutachten'' in Auftrag gegeben, das im einzelnen die Auswirkungen auf Arbeitsplatz- und Wirtschaftsentwicklung, auf die technische und soziale Infrastruktur, auf die Bereiche Verkehr, Wohnen, Freizeit und Kultur sowie auch Auswirkungen auf die Umwelt untersuchen soll. Vergeben wurde dieses Gutachten, wie Sie vielleicht wissen, an die Professoren Genosko (Universität Hohenheim) und Schaffer (Universität Augsburg); mit Ergebnissen wird wohl in 1 bis 1 1/2 Jahren zu rechnen sein.

Wir haben uns auf bayerischer Seite bereits im Vorfeld dieses Gutachtens intensiv darum bemüht, in Neu-Ulm ergänzende Forschungseinrichtungen anzusiedeln, erwähnen darf ich in diesem Zusammenhang insbesondere auch den Einsatz von Landrat Franz Josef Schick.

Leider erhielten unsere Bemühungen dadurch einen Dämpfer, daß die Bayerische Staatsregierung das von uns erwünschte Landesinstitut für Abfalltechnik in Augsburg aufbauen will. Aber ich darf Ihnen versichern, daß wir weiterhin in dieser Richtung aktiv sein werden.

Da ich persönlich nichts von langen Grußworten halte, möchte ich an dieser Stelle schließen, und ich darf Ihnen noch anregende Diskussionen innerhalb der Arbeitsgruppen, eine anschauliche Exkursion am morgigen Tage sowie insgesamt einen weiteren angenehmen Aufenthalt wünschen.

THEODOR FLIEDNER

Wissenschaftsstadt Ulm
Beispiel für ein wegweisendes Konzept kooperativer Strukturpolitik

Wenn über die Ulmer Universität und ihren Stellenwert im Wirtschaftsraum Ulm gesprochen wird, fällt meistens auch das Stichwort von der "Wissenschaftsstadt Ulm". Die Universität Ulm, die 1967 als medizinisch-naturwissenschaftliche Hochschule begründet wurde, hat in ihrer nun etwas mehr als 20jährigen Geschichte den Beweis erbracht, daß sie als Universität "unter einem Dach" in der Lage ist, Bedeutendes in der Weiterentwicklung der Wissenschaften, der Aus-, Fort- und Weiterbildung und nicht zuletzt der Verbesserung der Gesundheitsversorgung zu leisten.

Die Basis dazu liegt in der Denkschrift des Senats der Universität Ulm von 1986 "Entwicklungsperspektiven der Universität Ulm bis zum Jahre 2000" begründet. Deren Zielperspektive (Abb. 1, Zielstruktur) geht davon aus, daß es gelingen könnte, die Universität so zu entwickeln, daß sie in der Lage ist, in der Gesellschaft des Jahres 2000 ihre Schrittmacherfunktion in Forschung, Lehre und Praxisbezug auf regionaler, nationaler und internationaler Ebene erfolgreich wahrzunehmen.

Diese Zielperspektive traf mit dem Interesse des Ministerpräsidenten von Baden-Württemberg, Herrn Dr. h.c. Lothar Späth, zusammen, im ostwürttembergischen Raum Beispiele für neue Formen des wissenschaftlichen Tuns und Handelns zu setzen.

Im April 1984 fand - erstmalig - in der Universität Ulm eine Vollversammlung des Regionalverbandes Donau-Iller statt. In deren Rahmen stellte die Universität ihr Konzept einer "Science and Technology City", einer "Wissenschafts- und Technologiestadt" auf dem Oberen Eselsberg, als Schrittmacher in Lehre, Forschung, Praxisbezug und Krankenversorgung vor.

Abb. 1: Zielstruktur

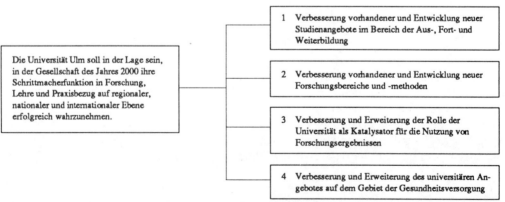

Die Universität Ulm soll in der Lage sein, in der Gesellschaft des Jahres 2000 ihre Schrittmacherfunktion in Forschung, Lehre und Praxisbezug auf regionaler, nationaler und internationaler Ebene erfolgreich wahrzunehmen.

1 Verbesserung vorhandener und Entwicklung neuer Studienangebote im Bereich der Aus-, Fort- und Weiterbildung

2 Verbesserung vorhandener und Entwicklung neuer Forschungsbereiche und -methoden

3 Verbesserung und Erweiterung der Rolle der Universität als Katalysator für die Nutzung von Forschungsergebnissen

4 Verbesserung und Erweiterung des universitären Angebotes auf dem Gebiet der Gesundheitsversorgung

Die Universität bemühte sich erfolgreich, eine "regionale Resonanz" auch in der Wirtschaft zu erzeugen. So wurden "Wissenschaftsgespräche" in verschiedenen Städten durchgeführt und mit den IHKs gemeinsame Veranstaltungen organisiert. Die Ulmer Universitätsgesellschaft ist dabei, regionale "Uni-Clubs" zu gründen, die in den Städten der Region Vertreter aus Wirtschaft, Industrie und Politik zusammenführen und so Resonanzgruppen entstehen lassen, die ständig über die sich entwickelnden Möglichkeiten in der Ulmer Wissenschaftsstadt informiert werden.

In Ulm selbst entstand bereits 1984 bei der IHK ein Arbeitskreis Forschung und Entwicklung, dem die Wirtschaft der Stadt, die HWK und die Universität sowie die Fachhochschule angehörten.

Schließlich wurde 1985 die Handwerkskammer dafür gewonnen, sich im Rahmen von themenorientierten Arbeitskreisen regelmäßig zum Dialog mit Fachvertretern zu treffen.

Darüber hinaus berief die Universität ebenfalls 1984 ein Regionalkuratorium, dem Landräte und Oberbürgermeister der kreisfreien Städte ihres Einzugsbereiches angehören. In diesem Kuratorium erfolgt ein regelmäßiger Meinungs- und Erfahrungsaustausch, und es werden Überlegungen angestellt, wie die "Wissenschafts- und Technologiestadt" den Gemeinden der Region in ihren vielfältigen Problemen beratend zur Seite stehen kann.

Als Beispiel seien die mannigfachen Umweltprobleme wie Abfallbeseitigung und Umweltbelastung genannt, die jetzt und in der Zukunft zu lösen und von größter Bedeutung für die Region sind.

Viele weitere Probleme, die sich stellen, können von der Gesellschaft ohne Hilfe der Universitäten gelöst werden, doch zeigt es sich mit aller Deutlichkeit, daß mindestens zwei Problemfelder nur mit Hilfe von Universitäten in den Griff zu bekommen sind:

- das Problem der Erweiterung der Wissensbasis und der Methodenentwicklung zur Problemlösung und
- das Problem der lebenslangen Weiterentwicklung wissenschaftlicher Kompetenz und Kreativität, das heißt lebenslanges Lernen im Bereich der wissenschaftlichen Berufe.

Hier liegt die Rolle der Universitäten im allgemeinen und - für den Wirtschaftsraum Ulm - der Universität Ulm im besonderen.

Die Universität Ulm ist Teil einer weltweiten "scientific community", was in einem regen Kontakt zu ausländischen Lehr- und Forschungsstätten zum Ausdruck kommt (z. B. in Form von Publikationen, Kongreßbesuchen, aber auch durch die Möglichkeit, auf Wissens- und Datenbanken zurückzugreifen). Im Bereich der Wirtschaftsmathematik besteht ein intensives Austauschprogramm mit den USA. Darüber hinaus wird die Etablierung eines Zentrums "Umwelt und menschliche Gesundheit" der United Nations University (UNU) in Kooperation mit der Universität geplant. Dies wird die erste Einrichtung der UNU in der Bundesrepublik sein.

Das lebenslange Lernen gewinnt eine enorme Bedeutung. Gerade in den Natur- und Ingenieurwissenschaften, aber auch in der Medizin erfolgt die Wissenserneuerung außerordentlich rasch, die "Halbwertzeit des Wissens" wird auf fünf bis sieben Jahre geschätzt. Die Universität Ulm ist hier dabei, diesen Bereich professionell weiterzuentwickeln. Die Wissenserweiterung und Entwicklung neuer Verfahren zur Bewältigung der Problembereiche ist die originäre Aufgabe der Universitäten. So ist der hohe Stand der Gesundheitsversorgung undenkbar ohne die Universitätsforschung in der Medizin, aber auch der Naturwissenschaften, wenn man an die Erkennung und Lösung von Umweltproblemen denkt oder der Ingenieurwissenschaften, wenn man an die weltweite ''Kommunikationsgesellschaft'' denkt (Abb. 2, die Rolle der Universitäten in der gesellschaftlichen Entwicklung).

Abb. 2: Die Rolle der Universitäten in der gesellschaftlichen Entwicklung

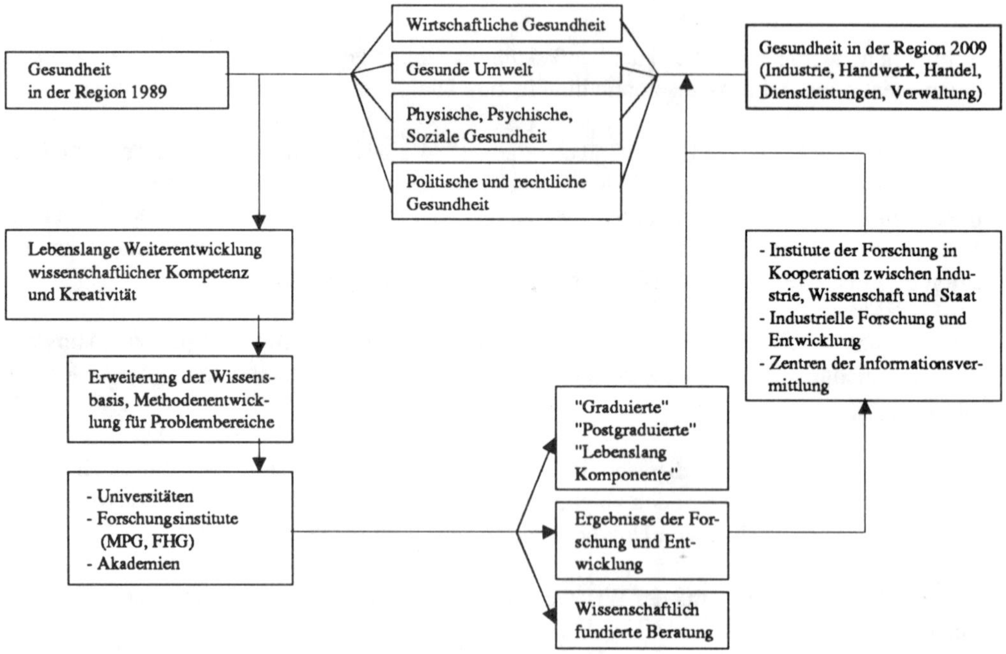

Was also sind die Ergebnisse, die die Universität liefert?

Dies sind zunächst Ergebnisse der Forschung und Entwicklung. Die Universität Ulm veröffentlicht jährlich ca. 900 - 1000 wissenschaftliche Publikationen, die in die internationalen Datenbanken aufgenommen und dort von jedem abgerufen werden können.

Des weiteren sind es aber auch wissenschaftliche Beratungen, die die Universität Ulm jedem gewährt, der an sie herantritt, um das dortige, immer wieder erneuerte Wissen und die Erfahrungen zu nutzen. In den letzten Jahren hat der Stabsbereich Forschung und Entwicklung, Kooperationsstelle Universität/ Wirtschaft des Rektoramtes, mehr als 700 Industriegespräche geführt und weit über 100 Kontakte zur Universität hergestellt.

Nicht zuletzt jedoch sind Ergebnisse des Lehrens, also ''Graduierte'', ''Postgraduierte'' oder - in Zukunft - ''lebenslang Wissenskomponenten'' vorhanden.

Abb. 3: Modelle der Zusammenarbeit zwischen Wissenschaft und Wirtschaft

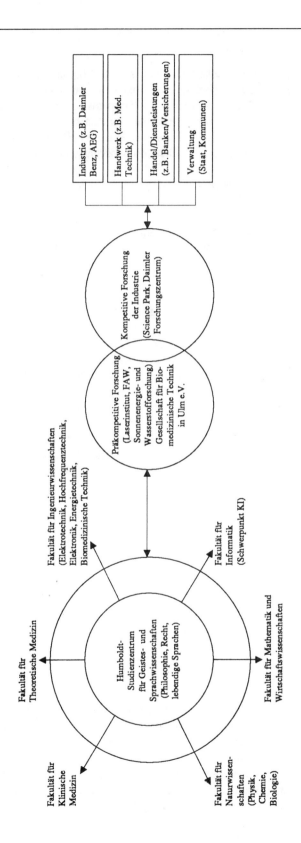

Die Universität ist also ein "Humusboden", ist ein "Wissensreaktor", der unablässig produziert, auch wenn das erarbeitete Wissen manchmal nicht unmittelbar für die Anwendung in der Praxis nutzbar erscheint. Dazu werden oft "Transmissionsriemen" in der Praxis, als Institute der angewandten Forschung, Institute der Zusammenarbeit zwischen Industrie, Wissenschaft und Staat benötigt. Durch diese wird das neue Wissen aufbereitet und nutzbar gemacht (Abb. 3, Modelle der Zusammenarbeit zwischen Wissenschaft und Wirtschaft).

Wenn man dieses allgemeine Konzept auf die Universität Ulm und den Wirtschaftsraum Ulm überträgt, läßt sich folgendes festhalten:

Die Ulmer Universität ist eine flexible und dynamische, von Reformideen geprägte Neugründung. Wichtig erscheint die Tatsache, daß sich in Ulm 1959 ein Arbeitskreis "Universität Ulm" bildete, dem Persönlichkeiten der Kommunalpolitik, aus der Wirtschaft, von Handel und Gewerbe angehörten.

Der zunächst (1967 - 1977) auf Medizin, Biologie, Chemie, Physik und Mathematik begrenzte Fächerkanon wurde durch Zahnmedizin (1982) und Wirtschaftsmathematik (1977) ergänzt. Annähernd 100 Professoren, Dozenten, wissenschaftliche Assistenten, technisches Assistenzpersonal und sonstige Mitarbeiter (außerhalb des Klinikums) sowie ca. 5200 Studenten lehrten und lernten in den bisherigen Fachbereichen. Für den Wirtschaftsraum Ulm ist aber auch das Klinikum von Bedeutung, an dem 510 Ärzte, 615 Mitarbeiter des Pflegedienstes und mehr als 1900 weitere Mitarbeiter (wie z.B. med.-techn. Dienst, Funktionsdienst, Wirtschafts- und Versorgungsdienst, techn. Dienst, Ausbildung, Verwaltung) sich um die (jährlich) 32.000 stationären und ca. 100.000 ambulanten Patienten kümmern, die in ihm ärztlichen Rat und Hilfe suchen. Darüber hinaus ist nun, nachdem der Landtag fraktionsübergreifend zugestimmt hat, der Ausbau, der den vorhandenen Fächern folgende neue Bereiche hinzufügt, in vollem Gange:

- Allgemeine Elektrotechnik und Mikroelektronik
- Mikrowellentechnik
- Optoelektronik
- Elektronische Bauelemente und Schaltungen
- Informationstechnik
- Meß-, Regel- und Mikrotechnik - Halbleiterphysik
- Theoretische Informatik
- Künstliche Intelligenz
- Betriebliche Informationssysteme und Computer Integrated Manufacturing
- Verteilte Systeme
- Programmier-Methodik und Compiler-Bau
- Rechnerstrukturen
- Neuroinformatik
- Energietechnik mit den Schwerpunkten Energiewandlung und Energiespeicherung, Elektrische und Magnetische Materialien, Elektrochemie, Oberflächenchemie und Katalyse
- Medizintechnik mit ihren Arbeitsbereichen
  Biokompatible Materialien, Erfassung und Bearbeitung von Biosignalen und Medizintechnische Systemforschung und nicht zuletzt die
- Technikfolgenforschung, für die drei Lehrstühle eingerichtet werden sollen.

Der Ausbau wird die Einrichtung von 23 Lehrstühlen mit ca. 400 neuen Stellen und eine Investition von 500 Mio. DM ermöglichen. Ab dem Wintersemester 1989/90 haben jeweils 120 Studenten ihr Studium in Elektrotechnik und Informatik begonnen.

Das Humboldt-Studienzentrum für Geisteswissenschaften in der Universität Ulm bietet die Möglichkeit zur Teilnahme an einem geisteswissenschaftlichen Begleitstudium an, das die Grundzüge geisteswissenschaftlichen Wissens, Denkens und Handelns vermittelt. Daneben werden Veranstaltungen zur chinesischen, japanischen und englischen Sprache, Literatur, Kultur- und Geistesgeschichte angeboten. Diese Veranstaltungen stehen allen offen, die an philosophischen Fragen, an den Geisteswissenschaften allgemein und an einem sprachlichen Begleitstudium interessiert sind.

Das Pilotprojekt ULKOM ist im Aufbau, ein "Ulmer Kommunikationsnetz", das der unmittelbaren Kommunikation der verschiedenen Einrichtungen zur Wissens- und Datenvermittlung dienen soll und den Kern für einen wissenschaftlich-technischen Kommunikationsprozeß auch mit interessierten Einrichtungen der Region bildet. Die Institutionalisierung eines Informations- und Kommunikationszentrums (IKZ) in Verbindung mit dem Universitäts-Rechenzentrum und der Universitäts-Bibliothek bietet zukunftsweisend Möglichkeiten für den Einsatz neuer und modernster Medien in Forschung und Entwicklung.

Damit wird die Universität Ulm eine Flexibilität haben, um jungen Menschen eine zukunftsorientierte Berufsausbildung zu geben, und ein "lebenslanges Lernen" für alle jene Berufe anbieten können, die mit den wissenschaftlich/technischen Problemen unserer Zeit konfrontiert werden. Doch bedarf es eines "Transmissionsriemens", das heißt, im Zwischenfeld zwischen Universität einerseits und der industriellen und wirtschaftlichen Praxis andererseits liegt die eigentliche Chance und Herausforderung, nämlich geeignete Formen der präkompetitiven Gemeinschaftsforschung zu schaffen und den Dialog mit der kompetitiven Industrieforschung im Sinne des beiderseitigen Nutzens zu entwickeln.

Stellvertretend für solche "Transmissionsriemen" im Bereich der präkompetitiven Forschung seien hier genannt:

- das Institut für Lasertechnologien in der Medizin an der Universität Ulm mit seinen Forschungsschwerpunkten Laserlithotripsie, Photodynamische Therapie, Laserchirurgie, Perspektiven gepulster Laser, Laserdiagnostische Verfahren, Laser-Meßtechnik (Stiftung des bürgerlichen Rechts der Firmen Aesculap AG und Carl Zeiss getragen von diesen und dem Land Baden-Württemberg),

- das Forschungsinstitut für anwendungsorientierte Wissensverarbeitung mit den Arbeitsbereichen CAD und KI, Materialhandhabungssysteme und CAP-Projekt, Maschinendiagnose, Forschungsthema Fahrerarbeitsplatz, Büro und Verwaltung, baden-württembergisches Umweltinformationssystem, Entscheidungsunterstützung bei Scheduling-Problemen (Stiftung des öffentlichen Rechts der Firmen Daimler-Benz AG, Hewlett Packard GmbH, IBM Deutschland GmbH, Mannesmann Kienzle GmbH, Nixdorf Computer AG, Siemens AG, Robert Bosch GmbH und des Landes Baden-Württemberg),

- die Gesellschaft für Biomedizinische Technologien in Ulm, in der sich 12 medizin-technische

Firmen zusammengefunden haben, um ein Forum wissenschaftlicher Begegnungen auf dem Gebiet der Medizintechnik zu schaffen und um als Basis für präkompetitive kooperative Forschung zwischen Industrie und Universität zu dienen (Mitglieder sind die Firmen Merckle GmbH, Boehringer Mannheim GmbH, Drägerwerk AG, Siemens AG, Hewlett Packard GmbH, Karl Storz GmbH & Co, Carl Zeiss, Kali-Chemie, Richard Wolf GmbH, Fresenius AG, Aesculap AG, Dornier Medizintechnik GmbH),

- das Zentrum für Sonnenenergie und Wasserstofforschung, dessen wissenschaftliche Arbeiten zum Teil in Stuttgart in Verbindung mit der Universität Stuttgart und zum Teil in Ulm in Verbindung mit der Universität Ulm durchgeführt werden. Es werden Themen bearbeitet werden, die im Zwischenraum zwischen Wissenschaft und Wirtschaft von besonderem Interesse sind. In Ulm sind dies Wasserstoffherstellung und -nutzung, Brennstoffzellen, System-studien, - technik, -analysen, Elektrische Speicherbatterietechnik (Stiftung des bürgerlichen Rechts der Firmen Daimler-Benz AG, Robert Bosch GmbH, Messer-Griesheim GmbH, Telefunken elektronik GmbH, Fichtner, Beratende Ingenieure GmbH & Co. KG, MC Energie- und Umwelttechnik GmbH, Schlaich und Partner, Beratende Ingenieure im Bauwesen sowie Vertreter der Elektrizitätswerke Baden-Württemberg e. V., der Deutschen Forschungs- und Versuchsanstalt für Luft- und Raumfahrt e. V., die Universitäten Stuttgart und Ulm und des Landes Baden-Württemberg).

Den Reigen neuer Kooperationsformen zwischen Wissenschaft und Wirtschaft - zwischen universitärer und industrieller Forschung - eröffnen im kompetitiven Bereich

- Industrieforschungsinstitute wie das des Forschungszentrums der Daimler-Benz AG,

- mittelständische Unternehmen, die sich im Science Park ansiedeln, um dort ihre Forschung und Entwicklung ''universitätsnah'' durchzuführen.

Was bedeutet dies für den Wirtschaftsraum Ulm?

Diese Entwicklung in Ulm sollte als einmaliges, enormes Angebot verstanden sein, um all jene Aufgaben mit den modernsten wissenschaftlich-technischen Ansätzen bewältigen zu können, die in den nächsten Jahrzehnten auf die Praxis zukommen. Industrie, Handwerk und Dienstlei-stungen müssen sich nicht nur im Wirtschaftsraum Ulm, nicht nur in der Region, nicht nur - und das insbesondere nach Eröffnung des Europäischen Binnenmarktes ab 1. 1. 1993 - europaweit, sondern auch und im besonderen international behaupten können. Es geht darum, auf dieses Angebot zu reagieren, um die Wettbewerbsfähigkeit der Industrie und Wirtschaft angesichts der internationalen Herausforderung zu stärken.

Die Wissenschaftsstadt auf dem Oberen Eselsberg wird auch diese weiterführenden Formen der Kooperation in Forschung, Lehre und Praxisbezug dem Wirtschaftsraum Ulm eine einmalige Chance bieten, sich in eine Region mit wissenschaftsfundierter Hochtechnologie umzuwandeln:

- Mitgliedschaft im Science Park (Ansiedlung eines industriellen FuE-Bereiches in unmittelbarer Nähe der Universität)

- Externe Mitglieder wie z.B. aus Industrie, Handel, Wirtschaft, Kommunalverwaltungen lassen sich durch modernste Kommunikationstechnologien mit den verschiedensten Einrichtungen der Universität verbinden. Hier spielt die geplante Einrichtung des Informations- und Kommunikationszentrums (IKZ) eine große Rolle, zumal die Deutsche Bundespost bereits signalisiert hat, hier ein Regionalmodell zu entwickeln.

Ein erstes Teilprojekt wurde in der Universität Ulm zusammen mit der Deutschen Bundespost auf dem Gebiet der Videokommunikation entwickelt und am 19. Mai 1989 im Beisein von Postminister Schwarz-Schilling vorgeführt. Es wurde demonstriert, wie per Videokonferenzschaltung zwischen kieferchirurgischem Operationssaal und zwei externen Stationen eine konsiliarische Beratung zwischen Operateur, Pathologen und dem HNO-Fachkollegen möglich ist. Ende Februar 1990 wurde dann als erstes langfristig angelegtes Teilprojekt die Fernschnelldiagnostik zwischen dem Safranberg und dem pathologischen Schnellschnittlabor auf dem Oberen Eselsberg realisiert. Vom Arbeitsplatz aus kann der Pathologe dabei ein Mikroskop fernsteuern und über eine aufgesetzte Videokamera das Mikroskopbild in Echtzeit begutachten.

- Industrie und Wissenschaft müssen international ausgerichtet sein. Das "Sprachenzentrum", das die Universität Ulm im Rahmen des Humboldt-Studienzentrums eingerichtet hat, soll hier helfen. Ein erster Schritt dazu ist das Angebot, nicht nur Fachenglisch, sondern auch die chinesische und japanische Sprache einschließlich kulturwissenschaftlicher Inhalte studieren zu können. Dazu kommen werden Französisch, Spanisch und Russisch. Es gilt, nicht nur die Sprachen zu erlernen, sondern auch den jeweiligen Markt - Kultur, Mentalität, Verwaltung - intensiv zu studieren, um so wettbewerbsfähig zu sein.

- Durchführung gemeinsamer Projekte in Forschung und Entwicklung nach individueller Apsprache mit den wissenschaftlichen Einrichtungen der Universität.

- Kontaktaufnahme zum Steinbeis-Zentrum für wissenschaftlich-technische Zusammenarbeit an der Universität Ulm. Das Steinbeis-Zentrum kann auf dem Hintergrund des wissenschaftlich-technischen Potentials der Universität sowie auf dem Hintergrund des Verbundes der Steinbeis-Stiftung ein vielseitiges Angebot bieten:

- Allgemeine wissenschaftliche und technische Beratungen
- Spezialberatungen
- Produktfindung
- Ideenverwertung
- Beurteilung von technologischen Vorhaben
- Gutachten zur wissenschaftlich-technischen und wirtschaftlichen Beurteilung von technologie-orientierten Fördervorhaben des Landes.

Dieses Angebot wird weiter ausgebaut.

Trotz des Ausbaus wird die Universität Ulm gegenüber den Massenuniversitäten all die Vorzüge einer überschaubaren Alma Mater bewahren. Sie wird gemäß ihrer Gründungsdenkschrift auch weiterhin das Konzept einer Forschungsuniversität mit besonderer Betonung der interdisziplinären Verknüpfung verfolgen und den "externen Partnern" den Zugang zum "universitären Wissenstransfer" leicht und überschaubar gestalten.

GOTTFRIED SCHMITZ / PETER TREUNER

Aufgaben der Landes- und Regionalplanung in den neunziger Jahren

I. Einleitung

1. Die folgenden Darlegungen stellen den Versuch dar, die Situation der Raumordnung und insbesondere der Landes- und Regionalplanung in der Bundesrepublik Deutschland kritisch zu würdigen, um damit einen Rahmen und Schwerpunkte für die Diskussionen unserer Tagung zu definieren und Überlegungen zur Weiterentwicklung unserer Planungs-Konzeptionen und Entwicklungs-Instrumente anzubieten.

Die sieben abschließenden Thesen sind weniger als Zusammenfassung gedacht, sondern vielmehr als provozierende Ansatzpunkte für die unseres Erachtens dringend erforderliche weiterführende Diskussion.

Um ein mögliches Mißverständnis auszuschließen, sei gleich zu Beginn noch einmal betont, daß unserer Beurteilung nach die im internationalen Vergleich verhältnismäßig gut ausgeglichene Raumstruktur der Bundesrepublik nicht nur historisch begründet und durch die föderale und kommunalfreundliche Verfassung unseres Gemeinwesens gefördert und gefestigt wurde, sondern in entscheidendem Maße auch das Ergebnis einer langjährigen Raumordnungspolitik und der diese konkretisierenden Landes- und Regionalplanung ist, die auf das Ziel der Gleichwertigkeit der Lebensbedingungen in allen Teilräumen gerichtet war und die - meistens nur indirekt wirkend - doch eine insgesamt wirksame räumliche Koordination der meisten Fachpolitiken bewirkte, wenn auch einzelne Ziele nicht erreicht werden konnten und - zumindest ex post - manche Versäumnisse, insbesondere hinsichtlich des Schutzes der natürlichen Lebensgrundlagen, zu beklagen sind.

Die Ausgestaltung der raumordnungspolitischen und landesplanerischen Verantwortlichkeiten und Zuständigkeiten, die den Gemeinden und Gemeindeverbänden ihre entscheidende Rolle für eigenes Gestalten und auch für das Konkretisieren überörtlich vorgegebener Zielsetzungen beließ und de facto sogar stärkte, war von grundlegender Bedeutung für diesen Erfolg der Raumordnungspolitik der letzten vier Jahrzehnte.

Diese Politik braucht daher nicht grundsätzlich in Frage gestellt zu werden und sollte auch nicht in Frage gestellt werden. Ihre Weiterentwicklung aber muß unser aller Sorge und Verantwortung sein.

2. Die bisherige Entwicklung hat uns nämlich auch erkennen lassen, daß das bestehende Raumplanungssystem nicht mit allen Aufgaben gleich gut fertig wurde.

Wir haben uns daher, gerade wenn wir im Prinzip das bestehende System für gut und erhaltenswert halten, nüchtern zu fragen, welche der nicht hinreichend befriedigenden Ergebnisse der bisherigen Politik und Planung Anlaß geben zu neuen Forderungen an die

Gestaltung der räumlichen Entwicklung und damit an die Ausgestaltung der Institutionen und des Instrumentariums der räumlichen Entwicklungsplanung.

Wenn wir hier und im folgenden nicht nur von Landes- und Regionalplanung, sondern in einem umfassenderen Sinne von räumlicher Entwicklungsplanung sprechen, dann liegt dem die Überlegung zugrunde, daß die Landesplanung und die Regionalplanung nur einen - wenn auch grundsätzlich wichtigen - Teilbereich der Gesamtheit der dem Staat und den Kommunen zur Verfügung stehenden Handlungsbereiche darstellen, die die tatsächliche räumliche Entwicklung gestalten und beeinflussen. Raumordnerische Zielsetzungen der Gesellschaft werden, wie wir alle wissen, durch die Festlegungen und Konkretisierungen auf den Ebenen der Landesplanung und der Regionalplanung nur dann und nur insoweit ihrer Verwirklichung nähergebracht, als beide Planungsebenen auch tatsächlich die räumliche Koordination der übrigen öffentlichen Handlungsbereiche bewirken und dadurch für alle diejenigen Entscheidungen von Gemeinden, Unternehmen und von Privaten überzeugend und glaubhaft werden, die ihrerseits die absehbare Verwirklichung der öffentlichen Investitionen und sonstigen steuernden Entscheidungen in ihre eigenen Überlegungen, Planungen und Entscheidungen eingehen lassen und damit den wesentlichen Teil der Realisierung räumlicher Entwicklungsziele übernehmen.

3. Wenn wir uns in diesem Sinne der kritischen Würdigung der Leistungen der räumlichen Entwicklungsplanung der letzten Jahrzehnte zuwenden, dann sind die folgenden Haupt-Defizite festzustellen:

Erstens müssen wir zur Kenntnis nehmen, daß trotz eines ständig steigenden Bewußtseins der Bedeutung unserer natürlichen Lebensgrundlagen die verfügbaren Instrumente und die bisher veranlaßten Maßnahmen zur Sicherung der ökologisch bedeutsamen Flächen insgesamt immer noch völlig unzureichend sind.

Allein die Naturschutzgebiete im engeren Sinne stellen eine Schutzkategorie dar, die wenigstens bisher de facto kaum revidierbar ist. Alle anderen Kategorien von Vorrang- oder Schutzflächen bekunden zwar Absichten, bleiben aber bei Planüberprüfungen - aus was für Gründen im einzelnen auch immer - der nicht weiter qualifizierten Abwägung gegen andere Ziele der Gesellschaft unterworfen.

Nun ist die Abwägung aller potentiellen Ziele gegeneinander natürlich ein Planungselement, das von uns in keiner Weise grundsätzlich in Frage gestellt werden soll. Problematisch und höchst unbefriedigend, ja tendenziell unverantwortlich ist die Einseitigkeit, mit der zwar Festlegungen z. B. von landwirtschaftlichen Vorranggebieten, Landschaftsschutzgebieten und Grünzäsuren - aus welchen Opportunitäten auch immer - quasi problemlos wieder aufgehoben werden können, während die Umwandlung eines ausgewiesenen, aber noch nicht genutzten Wohnungsbaugebietes in eine ökonomisch weniger ertragreiche und in diesem Sinne weniger wertvolle Kategorie - z.B. Ödland - kaum vorstellbar und praktisch nicht machbar ist.

In der Praxis kann dies, wie wir aus konkreter Erfahrung wissen, zu Aufhebungen von Schutzkategorien führen, die wirtschaftlich begründeten Ansprüchen an die Nutzung solcher Flächen Rechnung tragen - Flächenansprüchen, deren Befriedigung auch in Nachbarräumen gleicher oder ähnlicher Standortqualität, aber ohne besondere natürliche Bedeutung, möglich gewesen wäre.

Die Erinnerung an den Fall Rastatt wird in ihrer gefährlichen Bedeutung zwar gemildert dadurch, daß solche spektakulären Fälle der Anpassung von Plänen an Wünsche wirtschaftlicher Unternehmen bisher eher die Ausnahme darstellen, zugleich aber auch immer mehr bedeutsam im Hinblick auf die potentiell-präjudizierende Wirkung eines solchen herausgehobenen Vorganges. Hinzu kommt, daß die immer noch und wohl noch auf absehbare Zeit unzureichende Weiterentwicklung der planungsbezogenen naturwissenschaftlichen Kenntnisse und Methoden der Umweltwissenschaften auch immer mehr als vordergründiges Argument für das Aufschieben von als einschränkend erkannten Schutzentscheidungen verwendet wird.

Zweitens haben uns die Versuche und Erfahrungen gerade der letzten Jahre gelehrt, daß es immer schwieriger wird und im Einzelfall manchmal unmöglich ist, Standorte und Trassen für als ''unangenehm'' eingeschätzte Arten der Bodennutzung zu finden.

Welche Region und vor allem welche Gemeinde möchte schon freiwillig die Last eines Deponie- oder Müllverbrennungsstandortes, einer neuen Eisenbahnstrecke oder eines Containerbahnhofs auf sich nehmen, auch wenn an der überörtlichen Nützlichkeit oder gar Notwendigkeit der entsprechenden Maßnahme grundsätzlich kein oder kaum Zweifel besteht und quasi jeder von der Verfügbarkeit und möglichst der Verbesserung des Angebots entsprechender Dienstleistungen ausgehen möchte. Das Sankt-Florians-Prinzip erfreut sich größerer Beliebtheit denn je. Auch wenn man die davon ausgehenden positiven Nebenwirkungen in Richtung verstärkter Suche nach Problemvermeidungsstrategien begrüßen mag, ändert dies doch nichts an dem unbefriedigenden aktuellen Ergebnis.

Drittens ist festzustellen, daß die Bereitschaft, sich auf erkennbare Tendenzen regionaler und sektoraler Strukturveränderungen auch im Hinblick auf die damit einhergehenden Veränderungen des räumlichen Gefüges - über die betroffenen Räume hinaus - einzustellen und diesen in Auffang- und Ersatzkonzepten Rechnung zu tragen, immer geringer wird. Das Sich-Einrichten im Wohlstand verdrängt die aktive Auseinandersetzung mit neuen Herausforderungen zukünftiger Raumnutzungsentwicklungen. Entscheidungen grundsätzlicher strukturpolitischer Art werden nicht oder allenfalls dem Anschein nach getroffen.

Viertens schließlich stellen wir eine tendenziell zunehmende räumliche Desintegration, ja eine Abkapselung der Fachplanungen gegenüber der Raumplanung vor allem auf den überörtlichen Ebenen fest. Während die Entwicklung in den sechziger und siebziger Jahren insoweit sehr viel positiver zu werten war, als die Fachressorts zunehmend - wenn auch oft nicht voll befriedigend - die Aspekte der räumlichen Wirkungen ihrer Maßnahmen erkannten und bei ihren Planungen berücksichtigten, scheint sich der Trend nach einer gewissen ''Konsolidierung'' nunmehr umzukehren.

Nicht nur in dem vor allem in den siebziger Jahren sich der Raumwirkung seiner Planungen und Maßnahmen immer bewußter werdenden Verkehrsbereich, sondern auch in anderen Sektoren, deren Investitionen im Hinblick auf ihre Bedeutung für die Stärkung der zentralörtlichen Struktur und der Gleichgewichtigkeit der Lebensverhältnisse tatsächlich im Sinne einer räumlichen Entwicklungsplanung untereinander und im Hinblick auf langfristige Ziele der Raumordnung abgestimmt werden sollten, ist zunehmende ''Abstinenz'' von raumordnerischer Koordination zu beobachten.

Die Fachplanungen verselbständigen sich wieder mehr, wenn auch teilweise auf einem deutlich höheren Niveau des Bewußtseins der räumlichen Bedeutung ihrer Entscheidungen und Festlegungen; neben der politischen Profilierungsabsicht vieler Verantwortlicher und manchen sektorspezifischen Gründen, die oft für diese Tendenz ursächlich sind, muß häufig das Fehlen hinreichend konkreter und eindeutiger Zielfestlegungen für die Gesamtentwicklung und deren angestrebte räumliche Differenzierung als Erklärung dafür angesehen werden, daß die intersektorale Koordination oft unbefriedigend ist, ja sein muß.

4. Neben der Bewältigung dieser Defizite muß die Raumordnung und Landesplanung sich auch mit neuen Grundtendenzen der räumlichen Entwicklung auseinandersetzen, von denen die folgenden vier besonders bedeutsam erscheinen:

Erstens natürlich stehen wir alle vor der unerwarteten Herausforderung, daß Zusammenwachsen der beiden Teile Deutschlands auch in seinen räumlichen Aspekten zu analysieren und in neue großräumige Konzepte einfließen zu lassen. Auch wenn wir uns dafür entschuldigt fühlen können, daß die Veränderungen in der DDR nicht in dieser Radikalität und Schnelligkeit erwartet werden konnten, ist doch auch nicht zu verkennen, daß allein die aus wirtschaftlichen Gründen erforderlichen Strukturveränderungen sehr viel gründlichere und zugleich schnellere Überlegungen als bisher geleistet erfordern, wenn erkennbaren Tendenzen zu unerwünschten räumlichen Entwicklungen, vor allem auf dem Gebiet der bisherigen DDR, entgegengewirkt werden soll.

Es wäre langfristig folgenschwer, die Nachfolgeländer der DDR in der schwierigen, zugleich chancen- und problemreichen Phase der Anpassung an ein marktwirtschaftliches System bei formaler Gleichstellung de facto einer Art Raumordnung zweiter Klasse zu überlassen und dadurch das Begehen von Fehlern hinzunehmen, die durch bessere Raumplanung und durch Planungsabstimmungen vermieden oder doch abgemindert werden können.

Zweitens verändern sich im Zuge der fortschreitenden und räumlich differenzierten Auflösung des Ostblocks die geopolitischen und in deren Folge die wirtschafts- und verkehrsgeographischen Ausgangspunkte deutscher Raumordnungspolitik und der diese umsetzenden Landes- und Regionalplanung.

Diese Veränderungen gehen weit über die direkten Interessen der grenznahen Landkreise und Regionen hinaus und betreffen die längerfristigen Tendenzen der großräumigen Strukturentwicklung mehr als alle anderen großen Entscheidungen nach dem Zweiten Weltkrieg, einschließlich des Prozesses der westeuropäischen Integration.

Drittens erleben wir derzeit angesichts eines weltweiten "allgemeinen Marktwirtschafts-Trends", der sich vor dem Hintergrund der Befreiungen von sozialistischen Zwangssystemen immer grundsätzlicher und immer politischer manifestiert, ein fortschreitendes "Vergessen" der Tatsache, daß das gute, dezentral organisierte, im stillen und fast heimlich betriebene Planungssystem der Bundesrepublik einen entscheidenden Beitrag dazu leistete, daß sich die Kräfte privater Initiativen und Anpassungs- und Risikobereitschaft über fast ein halbes Jahrhundert in der erfolgreichen, die Gesamtheit der Einwohnerschaft teilhaben lassenden Weise entfalten konnten, die uns unseren heutigen Wohlstand und weltweites Ansehen bescherten.

Konsens über grundlegende Erfordernisse öffentlicher Leistungsbereitstellung und diese umsetzende langfristige Planungen in allen Bereichen öffentlicher Verantwortung schufen die Grundlage für den Erfolg der sozial ausgerichteten Marktwirtschaft. Es wäre ein verhängnisvoller Fehler, im Zuge der Überwindung der unheilvollen Folgen eines ineffizienten Systems zentraler Planwirtschaft auch die positiven Planungserfahrungen aus dem Aufbau der Bundesrepublik über Bord zu werfen.

Viertens wird die Entwicklung der letzten Jahrzehnte gekennzeichnet durch einen langsam, aber kontinuierlich und wohl unaufhaltsam wachsenden Regionalismus und in dessen Folge auch durch eine wachsende politische Bedeutung regionaler Raumordnung, im vielfach zentralistischeren Ausland oft verständlicherweise noch deutlicher als im dezentralen Kontext der Bundesrepublik.

Aber auch hier tritt das regionale Eigenbewußtsein immer stärker neben und manchmal gar vor das Wissen um die Notwendigkeit einer hinreichend gesicherten interregionalen Solidarität.

Institutionalisierte ständige Vertretungen, sogenannte "Botschaften" der Bundesländer am Sitz der Kommission der Europäischen Gemeinschaft in Brüssel, sind nur ein - wenn auch besonders bedeutsames - Symptom für diese Entwicklung. Diese Entwicklung, die zunächst die Bedeutung der Landes- und vor allem der Bundesebene zu schwächen schien, führt aber vor dem Hintergrund der vor allem von den Regionen immer mehr erkannten realen Bedeutung des bisherigen westeuropäischen wirtschaftlichen Integrationsprozesses tendenziell auch zu einer gewissen politischen Renaissance der Bundes-Raumordnung:

Die Tatsache, daß die bayerische Staatsregierung aus raumordnungspolitischen Überlegungen im Bundesrat zusammen mit den SPD-geführten Ländern gegen den Bundesentwurf für ein Wohnungsbauerleichterungsgesetz stimmte, verdeutlichte unter anderem auch, daß hier ein neues Raum-Bewußtsein entsteht, das auch neue Anforderungen an die Ausgestaltung der Raumordnungsrolle des Bundes stellt.

5. Die dargelegten Tendenzen erfordern eine Weiterentwicklung des raumordnungspolitischen Denkens auf allen Ebenen sowie des landes- und regionalplanerischen Instrumentariums. Vor dem Hintergrund der insgesamt positiven Bewertung gilt es dabei, die bewährten Elemente zu erhalten und zu stärken und die notwendigen Anpassungen und Ergänzungen mit großer Behutsamkeit, wenn auch mit größtmöglicher Schnelligkeit vorzunehmen.

Im Hinblick auf die Themenstellung unserer Tagung werden wir uns dabei im folgenden auf die Aufgaben der räumlichen Planung auf der Ebene der Länder und der Regionen konzentrieren. Die ebenso wichtigen Aspekte der Bundesraumordnung und der für den Erfolg der Raumordnung und Landesplanung so zentralen Mitwirkung der kommunalen Ebene werden nur angesprochen, soweit sie für die Überlegungen auf den beiden in den Mittelpunkt unserer Darlegungen gestellten Planungsebenen unmittelbar relevant sind, nicht aber in dem eigentlich erforderlichen Maße grundsätzlich diskutiert; eine solche - dringend erforderliche - Diskussion muß einer anderen Gelegenheit vorbehalten bleiben.

II.   Die Rahmenbedingungen der landesentwicklungsplanerischen Entscheidungen

Ordnen wir die angesprochenen Gesichtspunkte kumulierter Defizite und neuer Herausforderungen, dann ergeben sich die folgenden Bereiche weiterführender Überlegungen:

1. Der erste Bereich betrifft die zunehmende Erkenntnis der Bedeutung der Aufgabe der Erhaltung unserer natürlichen Lebensgrundlagen, die zu einer Explosion umweltpolitischer Normen und Verfahren geführt hat, die ihrerseits vielfach räumliche Phänomene berühren.

Dabei wird immer deutlicher eine Tendenz zur Verabsolutierung von Einzelzielen deutlich, die nach Meinung vieler der Abwägung gegen andere Ziele entzogen werden sollen. So überzeugend die hinter solchen Bemühungen oft stehenden Einschätzungen und Bekenntnisse sind, kann doch die Gestaltung der vielfältigen Erscheinungsformen des gesellschaftlichen Lebens im Raum zumindest solange nicht grundsätzlich den Gesichtspunkten der Erhaltung und des Schutzes der natürlichen Lebensgrundlagen in einer absoluten, verfahrensmäßig nachgeordneten Weise untergeordnet werden, wie die Kenntnis der natürlichen Wirkungsmechanismen noch auf dem heutigen, vielfach noch spekulativen Stand ist und operationale, naturwissenschaftlich fundierte systemare Abwägungen noch weitgehend unmöglich sind.

Ebensowenig kann die ökologische Schutzaufgabe den raum- oder gar fachplanerischen Zielsetzungen und Entscheidungen unter- oder nachgeordnet werden. Die Integration der Verantwortlichkeiten und Zuständigkeiten für die Sicherung der natürlichen Lebensgrundlagen im Zusammenhang mit den heutigen und zukünftigen Lebensbedingungen der Gesellschaft stellt somit eine der grundsätzlichen großen Herausforderungen an die Neugestaltung der Institutionen und Instrumentarien der Landesentwicklungsplanung dar.

Die Kernpunkte dieser Grundfragestellung betreffen drei untereinander komplementäre Teil-Aspekte:

Erstens die institutionelle Verankerung der Zuständigkeit für den Schutz der natürlichen Lebensgrundlagen einerseits und für die überörtlichen Aufgaben der Raumplanung andererseits in einer einzigen regional zuständigen Organisation, die wegen ihrer grundlegenden Funktion auch der Verantwortung tragenden Beteiligung des Bürgers, der Öffentlichkeit unterworfen sein sollte;

zweitens die Entwicklung und gesetzliche Verankerung neuer landesplanerischer Kategorien von Flächen, die in den Landesentwicklungs- und Regionalplänen der nächsten Generationen für einen behutsameren Umgang mit den noch halbwegs funktionierenden Bereichen unserer Landschaften und Ökosysteme sorgen müßten, indem sie beispielsweise nur beschränkte neue Nutzungen zulassen und

drittens die Berücksichtigung interregionaler Verflechtungen und Verpflichtungen der Leistungen natürlicher Faktoren - insbesondere des Wassers - bei entwicklungsbeschränkenden planerischen Festlegungen im Sinne des weitestgehenden Erhaltens der Zielsetzungen gleichwertiger Lebensverhältnisse und kommunaler Funktionsfähigkeit.

2. Der zweite Bereich betrifft die zunehmende Integration der nationalen und damit der regionalen Räume zunächst in den einheitlichen Binnenmarkt der (alten) Europäischen Gemeinschaft und zugleich auch immer mehr in einen zusammenwachsenden gesamteuropäischen Rahmen. Damit wird die Frage nach dem Konzept und der Organisation eines europäischen interregionalen Ausgleichs zu der zweiten zentralen Herausforderung der Landesentwicklungsplanung der neunziger Jahre werden. Hierbei werden sicherlich die beiden folgenden Gesichtspunkte größte Bedeutung erlangen:

Erstens muß die räumliche Gliederung des europäischen Territoriums im Hinblick auf analytische Grundlegungen zukünftiger raumwirksamer Entscheidungen auf europäischer Ebene neu überlegt werden und müssen Wege gefunden werden, trotz wohlbegründeter und schützenswerter Ergebnisse historischer Prozesse mit den Grenzen und Einzel-Räume überschreitenden Phänomenen einer modernen Gesellschaft und Wirtschaft fertig zu werden; es ist immer weniger verständlich, warum z.B. der deutsch-französische oberrheinische Raum nicht in derselben funktionalen Zusammengehörigkeit in europäische Analysen eingeht wie beispielsweise das Saarland; soweit es um für die räumliche Entwicklung wichtige Entscheidungen Brüsseler Instanzen geht, und dabei insbesondere um die Teilhabe an den Fördermitteln der Strukturfonds, wird das Einbringen der legitimen nationalen und regionalen Interessen um so mehr Erfolgsaussichten haben, je vergleichbarer Argumentationen, Abwägungen, Zielsetzungen und Instrumenteneinsatz mit Entsprechendem anderer europäischer Regionen sein werden. Dies erfordert zunächst einmal grenzüberschreitende Konzepte und einheitliche Begriffe. Diese Aufgabe wird es auch erforderlich machen, wieder auf Bundesebene aktiv zu werden und abgestimmte räumliche Konzepte neuer Art in die europäische Diskussion einzubringen, die eben mehr Gewicht haben als die Summe von 40 oder 70 regionalen Einzelkonzepten.

Zweitens werden die Kriterien einer "Gleichwertigkeit der Lebensverhältnisse" im europäischen Raum bei wesentlich größerer Heterogenität und in Anbetracht der schon angesprochenen Notwendigkeit, zukünftig auch die Verflechtungen im Bereich der natürlichen Lebensgrundlagen adäquat zu berücksichtigen, neu überlegt werden müssen und wahrscheinlich auch zu Anpassungen führen.

3. Der dritte Bereich betrifft die Erhaltung und insoweit die Stärkung der Funktionsfähigkeit bürgerschaftlich verfaßter kommunaler Gebietskörperschaften in einem neuen organisatorischen Rahmen der Staaten und Regionen Europas. Für die Bundesrepublik wird dies in einigen Beziehungen auf die Verankerung der Übernahme von überörtlich entschiedenen Lösungen von nach unserem Verständnis kommunalen Aufgaben durch die Gemeinden und damit auch auf mehr Anpassung an regionale Vorgaben hinauslaufen. Die Gestaltung dieser institutionellen Anpassung mit dem Ziel der Erhaltung der Funktionsfähigkeit der kommunalen Planungsebene wird damit zu einer zentralen Aufgabe, die nicht nur defensiv in Angriff genommen werden darf.

III.   Zur intersektoralen Koordinationsaufgabe

1. Schon immer wird die Landes- und Regionalplanung als "überörtliche" und "überfachliche" Planung verstanden. Dies bedeutet keine Abwertung örtlicher oder fachlicher Einzelplanung, vielmehr setzt das überwiegende Verständnis ihrer Hauptfunktion und ihrer gegenwärtigen inhaltlichen und formalen Ausgestaltung die besonderen örtlich-kommunalen und sektoralen Planungskompetenzen wie auch die behördlichen Entscheidungs-und Genehmigungszuständigkeiten voraus. Sie kann und darf diese nicht ersetzen oder ersetzen wollen. Die integrierende, räumlich zusammenfassende Planung auf der Ebene eines Landes, einer Region, eines regionalen Teilraums ist deshalb schon gelegentlich eine Gratwanderung; ein Fehltritt kann ungewollte Folgen haben. Oder, um es anders auszudrücken, eine integrierende Raumplanung, die sich nicht einmischt, die nicht in Konfliktsituationen zu Auseinandersetzungen mit Vorhaben der kommunalen und sektoralen Planung führt, muß nicht unbedingt auch besonders wirksam sein. Andererseits muß die Landes- und Regionalplanung den Kommunen und den Trägern der Fachplanungen auch ausreichenden Planungsspielraum für eigenverantwortliche Planungsentscheidungen belassen.

Hat in diesem Dilemma die Landes- und Regionalplanung überhaupt eine Chance, die ihr zukommende, ihr zugemutete, von manchem auch als Anmaßung empfundene Koordinationsfunktion in befriedigender Weise auszuüben? Unseres Erachtens ist die realistische Einschätzung der Ausgangslage in ihren verschiedenen Dimensionen die Voraussetzung für eine Lösung dieses Problems.

Zum einen ist die Tatsache, daß die Kommunal- und Sektorplanung ihre Instrumente, ihre Zuständigkeiten auch nutzen, voll nutzen, kein Anlaß zur Klage, sondern dieser Umstand verweist die Landes- und Regionalplanung auf ihre spezifischen Aufgaben, die darin bestehen, für das Land, für die Region oder für Teile der Region

- eine die Wechselwirkungen von örtlichen und fachlichen Einzelplanungen berücksichtigende Gesamtplanung zu betreiben
- gegenseitige Unverträglichkeiten aufzudecken,
- bestehende Defizite aus regionalen Bedarfsprognosen aufzuzeigen,
- Vorschläge für ein stufenweises Erreichen langfristiger raumstruktureller und funktionaler Entwicklungsziele zu machen,
- Grenzen für unerwünschte Entwicklungen festzulegen.

Zur Verdeutlichung dieser spezifischen Aufgaben sei jeweils ein Beispiel genannt.

Zum ersten Punkt wird auf das Instrument des Landes- oder regionalen Gesamtplanes verwiesen. Die Notwendigkeit, die gesellschaftlichen Raumansprüche nicht nur der Art nach zu ermitteln, sondern auch ihre "Verortung" im Raum vorzunehmen, nicht nur bestehende Raumnutzungen zu konstatieren, sondern mit strukturellen Entwicklungen einhergehende künftige Raumansprüche widerspruchsfrei im Raum auf Flächen unterzubringen: diese "flächenbezogene" Aufgabe diszipliniert nicht nur die planerische Fantasie, sondern nötigt in zahlreichen Konfliktsituationen zu Prioritätsentscheidungen. Dabei werden auch die in Punkt zwei genannten "Unverträglichkeiten" offenbar zugegeben: bei dem üblichen Abstraktionsgrad auf der Landesebene weniger als auf der regionalen Ebene. Wertvolle Biotope in Bereichen, in denen lukrative oberflächennahe Rohstoffe lagern, die im Ballungsraum unter zunehmendem Erholungsdruck stehen, durch die vielleicht auch noch VerkehrssträNge gezogen werden sollen, sind eine Realität. Hier sind regionale Präferenzen festzulegen, Prioritätsentscheidungen zu treffen und auch "Grenzen" im eindeutigen Sinne - wie es im fünften Punkt erwähnt ist - zu bestimmen.

Bleiben die regionalen Defizite (Punkt drei) und die Problematik der Entwicklungsstufen. Es wird immer "Bedarfe" geben, die zum einen erst in der regionalen Gesamtprognose richtig erkennbar sind, wie etwa längerfristige Defizite in bestimmten Ver- und Entsorgungsbereichen (Wasser, Müll), und zum anderen solche, die nur sehr schwer ihren richtigen Standort finden, um es diplomatisch auszudrücken. Hier hat insbesondere die Regionalplanung die Aufgabe, vorsorglich Standorte vorzusehen, offenzuhalten.

Ob der vierte Punkt, die gezielte, stufenweise regionale Entwicklung von der Landes- und Regionalplanung bisher ausreichend ins Visier genommen wurde, sei an dieser Stelle dahingestellt. Von ihm soll später die Rede sein.

Eines ist sicher: Wenn die Landes- und Regionalplanung diese fünf Hauptfunktionen auch nur annähernd erfüllt, gibt es weder Zweifel an ihrer Daseinsberechtigung, noch dürfte sie an Beschäftigungsmangel leiden, und zwar auf Landesebene ebensowenig wie auf der Ebene jeder halbwegs richtig abgegrenzten Region. Die positive Koordinationsleistung im Sinne planerischer Abstimmung und Orientierung auf ein Entwicklungsleitbild des Landes, der Region, wird in jedem Falle erkennbar oder nachweisbar sein.

Neben den skizzierten Anforderungen an die sachliche Dimension der Koordinierungsaufgabe der Landes- und Regionalplanung in bezug auf die Kommunal- und Sektorplanungen soll noch kurz auf die zeitliche Dimension eingegangen werden. Jeder, der über hinlängliche praktische Erfahrungen in der Regionalplanung verfügt, weiß, daß Regionalpläne immer zum falschen Zeitpunkt aufgestellt, beschlossen und genehmigt werden. Dies ist vor allem auf ihren umfassenden, komplexen Inhalt und auf den damit verbundenen Zeitaufwand bis zu ihrem Zustandekommen zurückzuführen. Dazu kommt, daß seriöse Regional- und Landesplanung einen zeitlich längerfristigen Zielhorizont haben muß, wenn sie sich vornimmt, Raumstrukturen durch Koordinierung von Raumansprüchen auf ein bestimmtes Leitbild auszurichten. Man denke z.B. nur an das oft praktizierte punktaxiale Siedlungsstrukturmodell als konstitutives Element eines regionalen Entwicklungskonzeptes. Andererseits lehrt ja gerade die Entwicklung der letzten Monate, wie durch "äußere Einflüsse" kurzfristig auftretende Flächenanforderungen etwa im gewerblichen Bereich bzw. etwa im sozialen Wohnungsbau bestimmte davon betroffene Planelemente auch kurzfristig geändert oder ergänzt werden müssen, wenn die räumliche Koordinationsaufgabe situationsbedingt erfüllbar bleiben soll.

Und damit soll schließlich eine weitere Dimension der Ausgangsbedingungen für die Koordinierung raumbeanspruchender Planungen und Maßnahmen betrachtet werden, nämlich die Tatsache des gegliederten Verwaltungssystems und der damit verbundenen komplizierten Entscheidungsstrukturen. Im normalen Aufstellungsprozeß von Plänen der Landes- und Regionalplanung ist die Problemlösung durch die umfassenden Beteiligungs- und Mitwirkungsverpflichtungen weitestgehend gegeben. Es knirscht aber regelmäßig im "System", wenn nicht vorhersehbare Anforderungen während der Geltungsdauer eines Planes verkraftet, verträglich gemacht werden müssen. Zu denken wäre hierbei an so "sperrige" Vorhaben wie Industriegroßansiedlungen, Hochwasserschutzmaßnahmen oder auch an neue Großsiedlungen aus aktueller Wohnungsnot. Gerade für letztere gibt es in diesem unseren Lande Baden-Württemberg gute aktuelle Beispiele der Zusammenarbeit zwischen dem Innenministerium als Oberster Landesplanungsbehörde, den Regierungspräsidien und den Regionalverbänden; gemeint ist die Auswahl neuer Siedlungsschwerpunkte im Rahmen eines Sonderprogramms des Landes. Im Grunde sind die systembedingten Anpassungsschwierigkeiten in solchen Situationen nur durch kooperatives Verhalten aller Beteiligten zu mindern. Dies ist aber kein Problem des Planungsinstruments, sondern des Planungs- und Verwaltungsstils. Und hier spielt der "Personalfaktor" eine große Rolle.

2. In formeller Hinsicht haben die Planungspraxis und die Entwicklung der Rechtsvorschriften zu einer Ausformung der Planelemente raumordnerischer Pläne geführt, die insbesondere unter den Anforderungen an eine adäquate Anpassung von örtlicher, gemeindlicher Planung und einer Beachtung durch die Fachplanung im Laufe von Jahrzehnten erfreulich fortentwickelt wurde.

Die stärkere Unterscheidung zwischen Zielen, an die eine Anpassung erfolgen muß, und Grundsätzen der Raumordnung und Landesplanung, die im Einzelfalle noch untereinander durchaus abwägungsfähig sind, und sonstigen Erfordernissen der Raumordnung hat sich bewährt und erleichtert den Planadressaten die Anpassung ihrer eigenen Planungsabsichten.

Trotzdem sind hierbei, was die Stringenz der Planaussagen und die Widerspruchsfreiheit von Zielen untereinander, bezogen auf bestimmte Bereiche, betrifft, in manchen Plänen und Programmen noch viele Wünsche offen. Beispiele sollen an dieser Stelle nicht genannt werden.

Die Planadressaten verlangen mit Recht nach Klarheit, und zwar entweder nach eindeutiger Bestimmtheit oder genauso eindeutiger "Offenheit", die im ersten Fall eine Anpassungspflicht ergibt und im zweiten Fall einen offenkundigen Abwägungsspielraum eröffnet. Im letzten Fall sind landes- oder regionalplanerische Wunschergebnisse naturnotwendig nicht immer erreichbar. Gesprochen wird hier - für die Insider leichter verständlich -u.a. von den Überlagerungen bei bestimmten Funktionsbereichen, was insbesondere bei Freiraumfunktionen eine gewisse Rolle spielt.

Nicht als Entschuldigung, aber im Sinne der vorhin erwähnten Realitätsnähe sei aber die Bemerkung erlaubt, daß manche Unklarheit im Plan nicht auf das Konto nachlässiger, schludriger Arbeit der Planer gehen muß, sondern auch politisch gewollt und das Ergebnis fauler verbaler Kompromisse sein kann.

3. Unverzichtbar ist der langfristig ausgerichtete Plan als Dokument gemeinsamer Entwicklungsziele und als Koordinations-instrument. In der Erarbeitungsphase des Planes wirkt er bereits im Sinne eines Ausgleichs der Meinungen aller Beteiligten, und nach seiner Aufstellung und Genehmigung dient er als Richtschnur für Entscheidungen bei konkurrierenden Raumansprüchen. Nur: von alleine entfaltet er diese Wirkung nicht. Durch eine Vielzahl administrativer Mittel muß erreicht werden, daß der Plan auch tatsächlich beachtet wird. Dazu gehören die gesetzlichen Beachtungsgebote, Raumordnungsklauseln, Beteiligungsregeln, Informations- und Auskunftspflichten, Raumordnungsverfahren, eine ausreichende Kontaktdichte der Planungsbehörden untereinander, eine offene gegenseitige Beratung und eine ausreichend personell besetzte Planungsverwaltung. Die gelegentlich zu hörende Meinung, die Programme und Pläne der Landesplanung und Regionalplanung mit ihren umfassend und langfristig angelegten Entwicklungskonzepten verlören in Zukunft an Bedeutung vor allem gegenüber den Raumordnungsverfahren, verkennt die Verschiedenartigkeit dieser beiden Instrumente. Das Raumordnungsverfahren ist ein Prüfverfahren, das die Raumverträglichkeit, die Verträglichkeit von Einzelplanungen und Projekten mit den in Programmen und Plänen niedergelegten Zielen und Grundsätzen der Raumordnung und Landesplanung feststellt oder Bedingungen festlegt, unter denen diese Verträglichkeit herzustellen wäre. Im Raumordnungsverfahren werden keine Ziele festgelegt, es setzt diese vielmehr voraus. Damit ist klar, daß Pläne nicht durch punktuelle, projektbezogene Abstimmungsverfahren ersetzt werden können. Dies muß an dieser Stelle insbesondere auch wegen der aktuellen Diskussionslage in verschiedenen Regionen der DDR betont werden. Dort besteht m.E. ein großer Nachholbedarf an integrierender, regionaler Gesamtplanung. Raumordnungsverfahren reichen dort wie hier nicht aus, um die Raumnutzungskonflikte zu lösen.

4. Wesentlich kritischer zu bewerten ist die spezielle Tauglichkeit bestimmter Planelemente im Hinblick auf die sektorale Koordinierung. Die Koordinierungsaufgabe der Landes- und Regionalplanung richtet sich einmal auf die gegenseitigen sachlichen, räumlichen und zeitlichen Bedingungen und Abhängigkeiten verschiedener Sektoraufgaben hinsichtlich eines bestimmten räumlichen Entwicklungsziels. Zum anderen dienen die längerfristigen Vorgaben für bestimmte einzelne Raumnutzungen und Raumfunktionen im Sinne einer wirkungsvollen Frühkoordinierung (z.B. Vorbehaltsbereiche für die Rohstoffgewinnung oder für die Wasserwirtschaft oder für den Hochwasserschutz).

Während die Versuche zur Prioritätensetzung etwa beim Ausbau des Verkehrswegenetzes von den sektoralen Behörden allenfalls geduldet werden (ohne Verpflichtung, nur im Sinne von Vorschlägen), ist die Einflußnahme auf die Bündelung verschiedenster Planungen und Maßnahmen zur Bildung von Synergieeffekten zugunsten einer bestimmten punktuellen Entwicklung in einem bestimmten Zeitraum, aufs Ganze gesehen, bisher eher bescheiden. Wohlwollendere Aufnahme findet dagegen die längerfristige Offenhaltung von Optionen für bestimmte Raumnutzungen durch planerische Vorkehrungen, wie etwa durch die Festlegung von Vorrangbereichen im Vorfeld des Einsatzes fachplanerischer Instrumente.

Was bedeutet es z.B. praktisch, wenn in einem Regionalplan im Rahmen eines regionalen Abbaukonzeptes ein Vorrangbereich, etwa an der Bergstraße (in der Terminologie von Baden-Württemberg ein schutzbedürftiger Bereich für den Abbau oberflächennaher Rohstoffe), für den Porphyrabbau, als Folgenutzung im Sinne auch der "Rekultivierung" die Ablagerung inerter Abfallstoffe, also eine regionale Bauschutt- und Restdeponie festgelegt wird und gleichzeitig als Bedingung für beide eine landschaftsschonende Erschließungsstraße zur Bedingung gemacht wird? Selbst wenn dies alles noch planungstechnisch verfeinert und in die Qualitäten eines verbindlichen Regionalplanes gegossen wird, hat ein solches, auf einen bestimmten Standort bezogenes Nutzungs- und Entwicklungskonzept, das sehr nahe an einem Handlungskonzept liegt, noch einen wesentlich weiter gehenden Abstimmungsbedarf. Hierbei sind während der in zeitlichen Stufen zu erfolgenden Realisierung mindestens die Gemeinden, der Kreis, das Regierungspräsidium, die Naturschutzbehörden, die betroffenen Unternehmen und natürlich zusätzlich auch die Regionalplanung gefordert. Alle müssen eingebunden werden, wenn das langfristige Konzept realisiert werden soll, vorausgesetzt, daß bei allen die Bereitschaft zu kooperativem Handeln gegeben ist....

Wir neigen dazu, bei allem Respekt vor den zuständigen Behörden, den Interessenten und den Betroffenen, daß es auch nützlich sein könnte, vom Träger der Regionalplanung aus besorgt zu sein um den konkreten Fortgang eines solchen komplexen Projektes. Mindestens im Anstoßen ggf. auch im Organisieren entsprechender institutioneller oder organisatorischer Formen zur Bewältigung solcher Aufgaben liegt noch eine wichtige Funktion der Regional- und Landesplanung (letztere bei entsprechend großräumigen Vorhaben).

5. Versteht man die Planelemente der Landes- und Regionalpläne, wie z.B. Strukturräume, Achsen, Zentrale Orte, Industrie- und Dienstleistungsstandorte, Siedlungsbereiche, Versorgungs- und Verkehrssysteme, Vorrang- und Vorbehaltsbereiche für freie Raumnutzungen u.ä. als notwendige "Organisationsmittel" der Raumstruktur, so ist mit deren Festlegung, die meist konfliktbeladen genug ist, bereits ein erster Koordinierungseffekt im Sinne von "Frühkoordinierung" unstreitig verbunden. Denn die Einbindung der Kommunen und der Fachbehörden in der Entstehungsphase eines Planes erlaubt es ihnen, ihre eigenen Planungen und Maßnahmen von und an an einem langfristigen Leitbild für die räumliche Entwicklung zu orientieren.

Ohne Zweifel haben auf diese Weise raumstrukturelle Zielvorstellungen der Landes- und Regionalplanung in einem hohen Maße Eingang in die Planungspraxis und in Entscheidungen der Kommunen und der Fachplanungsbehörden gefunden. Dies kann ohne Übertreibung behauptet werden. Zu denken ist etwa an das System der Zentralen Orte, die Festlegung von regionalen Industrie- und Dienstleistungszentren, die regionalen Grünzüge oder in jüngster Zeit das funktionale Straßennetz, das in seiner Stufung auf die Verbindungs- und Erschließungsfunktion der Raumkategorien und der Zentrale-Orte-Struktur abgestellt ist. Sicher gehören diese Planungsinstrumente auch zu denen, die aus der Natur der Sache heraus kurzfristig keine Korrekturen notwendig haben oder auch gar nicht ertragen können.

Erstaunt stellt jedoch der Beobachter fest, daß selbst bei massiven Veränderungen der politischen, wirtschaftlichen, ökologischen und sozialen Rahmenbedingungen kaum oder nur sehr verspätet Veranlassung zu Korrekturen, Neujustierungen solcher Planelemente gesehen wird, die offensichtlich unmittelbar auf sich ändernde Sachverhalte bezogen sind. Offensichtlich reagiert die Planungspraxis auf andere Weise hierauf als durch Plankorrekturen. Zu denken wäre an Richtwerte, an Flächendimensionierungen oder auch an Standorte für neue, zusätzliche besondere Infrastrukturelemente, z.B. an Golfplätze. Bei der Deckung dieses "Neubedarfs" ist doch offenkundig, daß eine andere Bewertung landwirtschaftlicher Flächen wirksam geworden ist. Und waren und sind davon wirklich keine "landwirtschaftlichen Vorrangbereiche" betroffen? Also wird es offenbar hingenommen, daß eine erklärte oder unerklärte Veränderung der Gewichtung raumordnerischer Belange im Planungsvollzug zur Wirkung kommt. Ist es übertrieben, besorgt zu sein wegen der Glaubwürdigkeit unserer in den Plänen niedergelegten Planungsziele und Grundsätze?

6. Bleibt die Frage, wie die Pläne der Raumordnung und Landesplanung auf allen Ebenen zur Koordination auch aktuell auftretender Erfordernisse tauglicher gemacht werden können oder ob andere Plantypen entwickelt werden müssen. Als aktuelle Beispiele hierfür könnten neue

Anforderungen aus der Öffnung der Märkte in Europa, aus dem wachsenden Zuwanderungs-strom, aus der Integration BRD - DDR, aus besonderen Notständen, wie z.B. in der Abfallwirt-schaft, dienen.

Eine erste Überlegung setzt an der oben erwähnten Unterscheidung der Planelemente in solche an,

- für die längerfristig Beständigkeit verlangt werden muß, wie Struktur der Zentralen Orte, Grobabgrenzung zwischen Freiraum und Siedlungsraum, Funktionsräume für den Schutz der natürlichen Faktoren und für bestimmte Versorgungsaufgaben (Wasser), also Planelemente mit geringerem Veränderungsbedarf, und in solche,

- für die auch in kürzeren Abständen und für kürzere Fristen Veränderungen bei den planerischen Kriterien und Dispositionen gefragt sein könnten, also Planelemente mit größerem Anpassungsbedarf. Dazu gehören sicher, wie vorhin bereits erwähnt, Richtwerte, Flächendimen-sionierungen, Standorte für Versorgungs- und Entsorgungsanlagen u.v.a.m.

Unser Planungsinstrumentarium kennt dafür

- die Planänderung und -ergänzung,
- den sachlichen und räumlichen Teilplan, und selbstverständlich ist bei Planergänzungen von Gewicht auch
- die vorgezogene generelle Planfortschreibung denkbar.

Es besteht also kein Anlaß, im Hinblick auf die notwendige Flexibilität an sich langfristig ausgerichteter Programme und Pläne ernstlich besorgt zu sein. Es ist lediglich eine Frage der problemorientierten Anwendung unserer Planungsinstrumente. Sicher wäre es gelegentlich auch hilfreich, die für die Planaufstellung und -fortschreibung Verantwortlichen auch auf ihre Planungspflicht aufmerksam zu machen, wenn nicht gar die Ausgestaltung von Planungsgeboten angebracht ist.

Anders verhält es sich mit der planerischen Vorsorge für noch nicht genau faßbare oder quantifizierbare Planungserfordernisse oder aus übergeordneten Gründen, aus Bundes- oder Landesinteresse "vor Ort" unterzubringende Projekte und Einrichtungen. Bei der ersten Fallgruppe ist an noch nicht übersehbare Anforderungen etwa aus der Entwicklung des gemeinsamen Europäischen Binnenmarktes oder im Umweltbereich an vermutlich kontami-nierte Bereiche im Vorfeld von Wasserschutzgebieten zu denken. In diesen beispielhaften und sicher extremen Fällen müßte man wohl an besondere Vorbehaltsflächen denken, die gewisse planerische und nutzungsmäßige Beschränkungen, ggf. auch nur für bestimmte Zeit, auslösen sollten. Für die Landes- und Regionalplanung, deren Aufgabe ja die Gestaltung künftiger Entwicklungen ist, gibt es sicher sehr vielfältige und verschiedenartige denkbare und zu vermutende regelungsbedürftige Sachverhalte. Gedacht wird etwa an die sog. Siedlungs-schwerpunkte in der Version der nordrhein-westfälischen, genauer der SVR-Regionalplanung in den sechziger Jahren oder an eine aus anderen Anlässen in diesem Jahr in Baden-Württem-berg gebrauchte Version dieses Planungsbegriffs.

Will man solche Flexibilitäten des Planungsinstrumentariums, so darf man natürlich keinen "Höchstinhalt" von Regionalplänen rechtlich fixieren (wie z.B. in Baden-Württemberg)!

Wiederum anders ist die Problematik der Standortsuche und -durchsetzung für landesweit notwendige Anlagen, Einrichtungen, Vorhaben. Hier wird das Verhältnis der landesweiten Landesplanung zur Regionalplanung als regionale Stufe der Landesplanung und zur kommunalen Planungshoheit berührt oder generell die Durchsetzbarkeit von überörtlichen, großräumigen Zielsetzungen gegenüber den übrigen Planungsinstanzen. In beiden Problemfällen dürfte wohl nicht immer allein die Ergänzung des traditionellen planungstechnischen Instrumentariums ausreichen. Darauf wird später zurückzukommen sein.

IV.   Zur kommunalen Verwirklichung überörtlicher Festlegungen

1.   Die Anpassungspflicht der Bauleitpläne an die "Ziele der Raumordnung und Landesplanung" und ihre Realisierung im Sinne angepaßter Pläne funktionierten durchaus insoweit, als die kommunale Interessenlage der überörtlichen gleichgerichtet ist - wie auch immer dieser Gleichklang zustandegekommen ist.

Um sperrige, unerwünschte, ungeliebte Flächenanforderungen durchzusetzen, bedarf es wohl i.d.R. anderer Mittel und Instrumente "höherer Verwaltungskunst". Ob eine intensivere Ausschöpfung der traditionellen Mittel wie frühzeitige Information, persuasorische Bemühungen, Instrumente des interkommunalen Ausgleichs und der interkommunalen Kooperation (gemeinsame Projekte, Gesellschaften, Zweckverbände), die Vermeidung von örtlichen Überbelastungen mit überörtlichen Standortforderungen u.v.a.m. zu besseren Erfolgen führen könnten, ist von vielen Umständen im Einzelfall, u.a. auch vom Personalfaktor und vom politischen Umfeld, abhängig.

2.   Eine kritische Betrachtung muß u.E. an der planungstechnischen und an der organisatorisch-institutionellen Ebene ansetzen.

Es würde sicher hier zu weit führen, in eine Einzelanalyse von Plänen und Programmen einzutreten, um der Frage nachzugehen, ob die gelegentlich beklagten Vollzugsdefizite bei der Umsetzung in der kommunalen Bauleitplanung und bei den vielen Fachplanungen auf die vielleicht unbefriedigende Präzision der Planziele, in ihrer verbalen, zeichnerischen oder sonstigen Darstellung, in der Begrifflichkeit und Verständlichkeit (Fachsprache!), in der Vernachlässigung des Zeitfaktors, in der mangelhaften Nachprüfbarkeit der sachlichen Voraussetzungen u.a. zurückzuführen sind. Hier ist ein weites Feld für Analysen und Verbesserungsmöglichkeiten, für die sich auch die Planungswissenschaftler nicht zu schade sein sollten.

Lange Zeit stand das Verhältnis der Regionalplanung zur kommunalen Bauleitplanung im Mittelpunkt von Positionskämpfen. Wer hat das Darstellungsprivileg für welche Planelemente? Was darf die Regionalplanung oder was darf sie gerade noch an überörtlichen, regionalen "Festlegungen" treffen? Und inwieweit sind unter Wahrung der Selbstverwaltungsgarantie und der kommunalen Planungshoheit die betroffenen Gemeinden rechtlich daran gebunden? Diese Auseinandersetzungen sind nicht überholt. Nicht nur deshalb, weil die Regionalplanung - soweit man das Problem an der Maßstabsfrage festmachte - keine Aufgabe von Geometern und technischen Zeichnern ist, sondern weil insbesondere die Berücksichtigung von Umweltbelangen (Biotopschutz!) es halt notwendig macht, mehr als bisher genauere Abgrenzungen zu treffen und auch flächenmäßig kleinere, aber nichtsdestotrotz hochwertige schutzwürdigeBereiche im Regionalplan darzustellen. Regionalbedeutsamkeit ist das Kriterium, nicht die Flächengröße!

3. Wenn unser Eindruck richtig ist, so hat sich das Verhältnis zwischen Regionalplanung und kommunaler Entwicklungs- und Bauleitplanung normalisiert; die früher gelegentlich auch etwas vordergründig geschürte Auseinandersetzung ist der Einsicht gewichen, daß ein richtiges Rollenverständnis den Gemeinden und der Region dient.

Daß es naturgemäß Interessengegensätze geben kann und muß, gehört zu diesem gegenseitigen realistischen Rollenverständnis.

Die überwiegend in kommunaler Zuständigkeit liegenden Regelungsbefugnisse über die Flächenwidmung und Flächennutzung bedeuten bzw. bewirken letztlich, daß fast bei allen überörtlichen Planungen, Standortfestlegungen und Funktionsbereichsabgrenzungen die kommunale Interessenssphäre berührt ist. Andererseits ist kaum mehr eine Gemeinde in der Lage, auf eigenem Gemeindegebiet die Lebensbedürfnisse, die Versorgungs-und Entsorgungsaufgaben der eigenen Bürger befriedigen zu können. Das reicht von den Arbeitsplätzen über die Wasserwirtschaft, die Nah- und Wochenenderholung bis hin zur Müllentsorgung. So gesehen stehen die Gemeinden einer Region in vielfältiger Abhängigkeit voneinander. Die Verantwortung der Kommunen für die räumliche Ordnung ihres Umfeldes sollte deshalb nicht abgebaut, sondern auch institutionell gesichert und verstärkt werden. Nicht nur aus Tradition, sondern auch aus wohlerwogenen sachlichen und rechtlichen Gründen liegt die überörtliche, die regionale Planung in der weitaus überwiegenden Zahl der Bundesländer in mittelbarer oder unmittelbarer Verantwortung der Kommunen. Die Vielfalt der Organisationsformen hat ihre historischen, ihre landespolitischen, zum Teil auch ihre landsmannschaftlich bedingten Gründe. Dem kann hier nicht im einzelnen nachgegangen werden. Wir sind aber der Meinung, je stärker der kommunale Einfluß beim Träger der Regionalplanung, desto besser das Klima für die notwendige Zusammenarbeit zwischen örtlichen und überörtlichen Planungsinstanzen und sicher auch für die Verwirklichung überörtlicher Festlegungen "vor Ort".

Auch im Hinblick auf die sich herausbildenden Regionen im europäischen Maßstab ist nur eine europäische Region vorstellbar, die sich auf die Kommunen, ihre Zusammenschlüsse, deren Engagement und deren Gestaltungskraft stützt.

Aus den bisherigen Überlegungen lassen sich einige Forderungen herausschälen, die unseren gemeinsamen Schlußthesen in zwei Gruppen vorangestellt werden sollen. Die erste Gruppe von Forderungen betrifft das planungstechnische Instrumentarium, die zweite Gruppe den Komplex Planung und Umsetzung durch Kooperation der Partner in der Region.

4. Das überwiegend langfristig orientierte Instrumentarium der räumlichen Entwicklungsplanung müßte um geeignete Instrumente ergänzt werden, die für die aktuelle, auch kurzfristig wirksame Koordinierung geeignet sind.

a) Dazu gehören in kürzeren Abständen zu veröffentlichende Daten zur Raum- und Umweltentwicklung (Raum- und Umweltinformationssystem); d.h. anstelle von langen "Rechen-schaftsberichten" über ganze Wahlperioden müßte mehr für die aktuelle Informationsvermitt-lung getan werden. Dies wäre auch unter dem Stichwort "Planungsmarketing" geboten. Die in den vergangenen Jahren eingeführten längeren Abstände für die Vorlage der Raumordnungsberichte des Bundes und der Länder sind in dieser Hinsicht ein Rückschritt.

b) In zunehmendem Maße ergibt sich die Notwendigkeit, für aktuelle Raumordnungsproble-me Festlegungen von kürzerfristigen Anforderungen an die räumliche Entwicklungsplanung in Form von raumordnerischen Vorgaben ("sonstige landesplanerische Erfordernisse") für die Fachplanung und die Regionalplanung als Ergänzung zu den in Raumordnungsprogrammen und Plänen festgelegten langfristigen Grundsätzen und Zielen zu treffen. An die Stelle überflüssiger Auseinandersetzungen über Bevölkerungsrichtwerte und ihre zwangsläufig an die Verbindlich-keit der Pläne gebundene Starrheit sollten in kürzeren Abständen - warum eigentlich nicht jährlich - Bevölkerungsprognosen mit entsprechend hinausgeschobenem Zielhorizont als Orientierungsmittel treten.

c) Als die "Langfrist-Pläne" ergänzenden Planungsinstrumente wären regionale Handlungs-konzepte in besonderen Problemräumen mit mehrsektoraler Aufgabenstellung verstärkt anzuwenden. Sie könnten als kurz- bis mittelfristiges Koordinierungsinstrument dienen und der oben gestellten Forderung nach einem Plantyp für eine stufenweise Entwicklung in der Region entsprechen.

So neu ist diese Vorstellung nicht. Zu denken ist dabei an ganz unterschiedliche Situationen und Konzepte, etwa an das Entwicklungsprogramm Ruhr von 1968, an die Teilraumgutachten bayerischer Manier, an das Raumnutzungskonzept für die Rheinniederung zwischen Iffezheim und der Mainmündung am Oberrhein und an andere Beispiele. Teils haben sie mehr informellen Charakter, teils dienen sie der Vorbereitung für formelle Pläne und Programme mit bestimmten Verbindlichkeiten, mal haben sie Richtliniencharakter für das interne Verwaltungs-handeln. In welcher Form auch immer, derartige Handlungskonzepte können als Mittel regionaler Kooperation eingesetzt werden. Sie könnten dazu dienen, mit den unterschiedlich-sten Partnern eine gemeinsame Zielvorstellung festzulegen und einem abgestimmten Vorgehen der verschiedenartigsten Partner in der Region oder für Teilräume den richtigen Weg zu weisen.

In diesem Sinne, d.h. für die Erarbeitung von Handlungskonzepten bezogen auf Wahl- bzw. Legislaturperioden, hat sich ja auch schon die Akademie für Raumforschung und Landesplanung 1986 in ihren "Anforderungen an die Raumordnungspolitik in der Bundes-republik Deutschland" ausgesprochen.

5. Der zweite Komplex von Forderungen an die Ausgestaltung vor allem des regionalplane-rischen Instrumentariums betrifft die Ebene der Umsetzung regionaler Entwicklungsziele. Die vorher erwähnten Handlungskonzepte sind neben der üblichen Beratungstätigkeit ein weiteres Bindeglied zwischen der konzeptionell-planerischen Funktion und der Realisierung von Planungs-konzepten.

Die die Entwicklung bestimmenden Kräfte und Institutionen, wie die Gemeinden, Kreise, die staatlichen Behörden - seien es die Behörden der allgemeinen Verwaltung auf der mittleren und obersten Ebene oder die Sonderbehörden bzw. Fachbehörden -, die Unternehmen und ihre Verbände, aber auch andere gesellschaftliche Gruppierungen werden ja nur teilweise und auch nur sehr mittelbar, etwa bei Raumbeanspruchungen, durch raumordnerische Pläne im formellen Sinne zu binden sein.

Geht es um reine kommunale Aufgaben etwa der Abfallwirtschaft, des Personenverkehrs oder der kommunalen Wirtschaftsförderung, so bieten sich die Instrumente der kommunalen Zusammenarbeit in Form von Arbeitsgemeinschaften, Vereinbarungen oder Zweckverbänden an. Doch auch diese entstehen nicht von selbst. Hierzu bedarf es oft zunächst der Bildung eines gemeinsamen politischen Willens und der politischen Anstöße zur überörtlichen Zusammenarbeit. Die regionale Planung, durch die die Institutionen zusammengeführt werden, kann hierbei eine wichtige Moderatorenrolle übernehmen.

Häufig, vor allem das Beispiel des ÖPNV belegt dies, muß auch ein Ausgleich der finanziellen Lasten zwischen den Gebietskörperschaften - ein spezieller Lastenausgleich - gefunden werden, um solche regionalen Gemeinschaftsaufgaben zu lösen. Dies wird in den seltensten Fällen ohne finanzielle Mitwirkung der betreffenden Länder gelingen.

Es geht aber künftig nicht nur um eine bessere Zusammenarbeit der Kommunen und der staatlichen Instanzen in der Region; manche regionalen Gemeinschaftsaufgaben sind sicher besser bzw. überhaupt nur in Zusammenarbeit der "öffentlichen Hände" mit der Wirtschaft, ihren Verbänden, den Kammern oder auch mit anderen regionalen Verbänden, wie den Fremdenverkehrsverbänden, anzupacken und zu lösen. Gedacht wird hier etwa an Technologiezentren, aber vor allem auch an regionales Standortmarketing.

Da bei dieser Tagung über eine Reihe von Beispielen für neue Formen regionaler Zusammenarbeit über die Regionalplanung hinaus berichtet wird, kann hier auf Einzelbeispiele verzichtet werden.

Zusammenfassend soll an dieser Stelle festgehalten werden: Um räumliche Entwicklungsprozesse wirklich zu beeinflussen, bedarf es im Rahmen räumlicher Entwicklungsplanung nicht nur neuer planerischer Eckdaten und Entwicklungsperspektiven, sondern konkreter Zusammenarbeit der in der Region wirkenden Kräfte und Institutionen. Ob die jeweilige organisatorische Problemlösung unter Verwendung der vorhandenen Instrumente auch künftig ausreicht oder ob ein neuer Verwaltungstyp "Region" geschaffen werden muß, soll hier offengelassen werden. Jedenfalls darf das Warten auf den großen institutionellen Wurf nicht das heute schon mögliche Handeln ersetzen oder verbauen.

V. Thesen

1. Die Praxis der letzten zwanzig Jahre hat deutlich werden lassen, daß Regionalplanung nicht einfach als die konkretere, in größerem Maßstab arbeitende Ebene der Landesplanung anzusehen ist, sondern ihrer Aufgabe und Art nach als etwas Eigenständiges angesehen und gehandhabt werden muß. Dementsprechend sollte in Zukunft - jedenfalls in den in Regionen zu gliedernden größeren Ländern der Bundesrepublik - klarer zwischen den Aufgaben der Landesentwicklungsplanung einerseits und denen der Regionalplanung andererseits unterschieden werden.

Während die Regionalplanung durch die Wahrnehmung der auf die Bauleitplanung ausgerichteten intersektoralen Koordination, die hinreichend konkrete räumliche Rahmensetzungen erfordert, immer mehr zu einer Raumnutzungsplanung wird und noch mehr werden muß, sollte die Landesentwicklungsplanung sich zukünftig in wesentlich konkreterer Weise als bisher mit den regional nicht lösbaren Landesentwicklungsaufgaben auseinandersetzen und diese gegenüber den örtlichen und regionalen Interessen durchsetzen.

2. Landesentwicklung muß zu einer echten politischen Aufgabe werden, die die ärgerlichen, verschiedene Betroffene in unterschiedlicher Weise berührenden Widersprüche idealer Lösungen aus spezieller Sicht und das Suchen nach den bestmöglichen Kompromissen zwischen den notwendigerweise divergierenden Landes-, Regional- und Kommunalinteressen der Öffentlichkeit in ihren Konsequenzen zu verdeutlichen und verständlich zu machen vermag.

Hierfür könnte es zweckmäßig sein, die landesentwicklungspolitischen Zielaussagen zukünftig in der Weise zu differenzieren, daß einerseits Raumordnungspläne langfristig erstrebenswerte und grundsätzlich erreichbare räumliche Zielstrukturen darstellen und andererseits Landesentwicklungsprogramme jeweils für einen sinnvollen und überschaubaren, etwa fünfjährigen (nach jeweils zwei Jahren fortzuschreibenden) Zeitraum diejenigen konkreten Maßnahmen darstellen, die die Landesregierung selbst durchzuführen bzw. mit deren Durchführung sie die regionalen Institutionen zu beauftragen beabsichtigt. Solche Programme müßten so knapp abgefaßt sein, z.B. auf höchstens zehn Seiten einschließlich einer Karte und einer Übersichtstabelle begrenzt werden, daß sie auch tatsächlich von Politikern aller Ebenen und von anderen interessierten und betroffenen Nicht-Experten gelesen werden können. Landesentwicklungsberichte könnten dann auf die Begründung der jeweils neuen Maßnahmen und gegebenenfalls von Neuorientierungen der Landesentwicklungspolitik ausgerichtet werden.

3. Die Notwendigkeit, den überregional bedeutsamen ''unangenehmen'' Aufgabenerledigungen auch dann zu den erforderlichen Standorten und Trassen zu verhelfen, wenn örtliche und regionale Einschätzungen zu Ablehnungen führen, erfordert sowohl eine Verbesserung als auch eine mutigere Anwendung des Durchsetzungsmechanismus.

Hierfür sind verschiedene, möglicherweise einander ergänzende Konzeptionen in Betracht zu ziehen.

Erstens könnte eine Ausweitung der nach Planfeststellungsverfahren zu erledigenden, landesentwicklungspolitisch bedeutsamen Aufgaben in Frage kommen, allerdings wohl nur dann, wenn die Einbindung dieses Planungsverfahrens sowohl in die überörtliche Raumplanung als auch in die örtliche Bauleitplanung befriedigender geregelt wird als bisher und wenn angemessene Mechanismen zum interkommunalen Ausgleich von einseitigen Vorteilen und Belastungen entwickelt werden können.

Zweitens wäre zu erwägen, die Ausweisung von landesentwicklungspolitisch bedeutsamen Standorten - z. B. für besondere Gewerbeunternehmen - durch Festlegungen im Landesentwicklungsprogramm jeweils der betroffenen Region zur Erledigung innerhalb eines vorgegebenen Zeitraumes zu übertragen, indem beispielsweise das Konzept des Planungsgebots besser ausgestaltet und mutiger angewendet und zugleich die Ersatzvornahme durch die nächsthöhere Ebene klar geregelt wird.

4. Hinsichtlich des landespolitischen Instrumentariums muß künftig vor allem dem Grunderwerb durch die öffentliche Hand zum Zweck der Ermöglichung einer planorientierten Bodenvorratspolitik als Grundlage einer pragmatischen Bodennutzungspolitik wesentlich mehr Beachtung geschenkt werden. Die Länder müssen so schnell wie möglich die finanziellen und die institutionellen Voraussetzungen dafür schaffen, daß eine den Interessen des Landes, der Regionen und der betroffenen Gemeinden Rechnung tragende öffentliche Bodenvorratspolitik größeren Maßstabes ermöglicht und realisiert wird.

5. Die de facto bestehende Quasi-Beliebigkeit der Revidierbarkeit geltender Planinhalte entspricht grundsätzlich dem Erfordernis der Offenhaltens der Abwägung von Grundsätzen der Raumordnung und Raumentwicklung und damit dem politischen Charakter jeder Raumplanung; zugleich wird in bezug auf die bisher weitgehend vernachlässigten und daher weitestgehend zu schützenden natürlichen Grundlagen hier ein grundsätzlicher Mangel unseres bestehenden Systems und seiner Handhabung deutlich. So muß für die Zukunft gefordert werden, daß Neuabwägungen mit dem Ziel des Aufhebens oder Einschränkens früherer schützender Festlegungen nicht nur aus neu eingeschätzter Opportunität, sondern nur dann zulässig sind, wenn neue Tatbestände - insbesondere, aber nicht ausschließlich in bezug auf die zu schützenden natürlichen Elemente - eine Neueinschätzung und ein neues Abwägungsergebnis denkbar werden lassen.

6. Die Erhaltung bzw. Stärkung der bedeutsamen Mitwirkung der Gemeinden an der überörtlichen Planung muß - gerade auch im Hinblick auf neue europäische Diskussionen - eine wesentliche Aufgabe der institutionellen Bemühungen und Absicherungen des nächsten Jahrzehnts sein. Dementsprechend kann es auch nicht sinnvoll sein, den Plänen der regionalen Ebene oder gar Landesplänen maximale Inhalte vorzuschreiben. Ebenso sind im Einzelfall für den Planer unbefriedigende, aber politisch gewollte und wenigstens formal auch politisch verantwortete Nicht-Erledigungen von Planungsaufgaben nicht als grundsätzlich von Übel, sondern in erster Linie als der Preis für das Funktionieren eines kommunalfreundlichen, dezentral und demokratisch organisierten Gemeinwesens anzusehen.

Wir brauchen keine perfekte, Fehlerfreiheit vorgaukelnde Durchinstitutionalisierung, sondern eine gut funktionierende Planungsorganisation für den Normalfall.

7. Der in der Regionalplanung der Bundesrepublik immer mehr hervortretende Charakter einer Prozeßplanung, die ihre wichtigsten Ergebnisse des besseren gegenseitigen Verstehens von konfligierenden Absichten und Interessen und des frühzeitigen Auffindens von pragmatisch-praktikablen Kompromissen im Laufe der Planerarbeitung und im Prinzip unabhängig von der endgültigen Beschlußfassung bzw. Inkraftsetzung erzielt, ist zu stärken durch das Erhalten der Notwendigkeit, Pläne mit klaren Rechtsfolgewirkungen zu erstellen und immer wieder auf einen neuesten Stand zu bringen. Dabei gilt es, den politisch akzeptablen Kompromiß zwischen der Verwirklichung von möglichst viel und möglichst schneller Anpassungsfähigkeit einerseits und der Schaffung und Erhaltung von Kontinuität und Verläßlichkeit andererseits immer neu zu definieren. Raumplanung wird um so glaubwürdiger und um so effizienter sein, je mehr es ihr gelingt, nicht nur die Möglichkeit, sondern vor allem die logische Komplementarität ihrer gleichzeitig auf die Erreichung langfristiger Ziele wie auf die Ermöglichung kurzfristiger Anpassungen gerichteten Bemühungen zu verdeutlichen.

Forum I: Landesplanung der 90er Jahre

Bruno Dietrichs

Einführung

Die Landesplanung sieht sich in den 90er Jahren vor neuen Herausforderungen, denen sie sich gewachsen erweisen muß. Es sind dies die sich zum Teil dramatisch verändernden Rahmenbedingungen - Einführung des Europäischen Binnenmarktes und Integration beider Teile Deutschlands. Unzureichend aufgearbeitet sind zugleich andauernde Herausforderungen aus den 80er Jahren, so die fortschreitende Umweltkrise. Damit ist die Aufzählung der Veränderungen in den Rahmenbedingungen, die für die Landesplanung maßgeblich sind, noch keineswegs erschöpft; zu erinnern ist hier an die immer noch bestehende hohe strukturelle Arbeitslosigkeit, die Tertiärisierung der Wirtschaft in Verbindung mit neuen Technologien sowie die demographischen und sozialen Strukturumbrüche mit jeweils gravierenden Auswirkungen auf die hochverdichteten und strukturschwachen Regionen.

Die Landesplanung kann diesen Herausforderungen nicht allein mit einer Fortschreibung ihrer Programme und Pläne wirksam begegnen, denn ein darin unter anderen Ordnungsaufgaben und Entwicklungsbedingungen etabliertes und großenteils auch bewährtes Instrumentarium läßt sich nicht ohne weiteres auf die neuen Aufgaben umpolen. Ob eine bloße Anpassung der Zielsysteme ausreichen wird, erscheint fraglich - das geforderte ''Umdenken'' zu einer ökologisch orientierten Raumplanung würde mehr verlangen. Es dürfte aber verfehlt sein, dem ''Plan'' als einem zentralen Koordinierungs- und Steuerungsinstrument schwindende Bedeutung beizumessen. Der Plan bleibt unerläßlich, er hat aber andere, z.T. neuartige Zielvorstellungen, Konzepte und Instrumente aufzunehmen.

Zunehmend wird erkannt - Statements der Referenten dieser wissenschaftlichen Plenarsitzung legen davon beredtes Zeugnis ab -, daß statt eines festen Ordnungs- und Entwicklungsrahmens im Plan künftig zu einem erheblichen Anteil einer flexibleren Raumplanung und einer Dezentralisierung der Entscheidungsstrukturen zugunsten der Orts- und Regionalebene Raum gegeben werden muß.

Eine prozessual angelegten Raumordnungspolitik, die auf der Landes- und Regionalebene problemadäquate Lösungen eher im Verhandlungswege als durch Festlegen bzw. Ausfüllen und Konkretisieren landesplanerischer Vorgaben sucht, wird nicht mehr zu regionalisierten Einheitslösungen, sondern zu spezifischen Lösungen je Region führen. Bekannt sind die Diskussionen und Versuche überörtlicher und regionaler Ver- und Entsorgungskonzepte (für Energie, Wasser, Abwasser, Müll). Diese Ansätze einer ''offenen'', vor allem auf Kooperation zwischen Gebietskörperschaften, Behörden, Kammern, Wirtschaftsverbänden, Gewerkschaften und nicht zuletzt Bürgerinitiativen angelegten räumlichen Planung haben sich von den großen geschlossenen Entwicklungsplanungen der 60er und 70er Jahre entfernt. Die durch intensivierte Kooperation im Verhandlungswege schließlich erzielbaren Ergebnisse sind eigentlich nicht geeignet, vorab in einem Plan festgeschrieben und ausgewiesen zu werden.

Eine Reihe von regionalpolitischen Ansätzen betont jeweils eine stärkere Orientierung auf ein wichtiges, künftig stärker zu berücksichtigendes Planungselement; zu nennen sind hier die Themenkreise einer arbeitnehmer-, innovations- und ökologischorientierten Regionalpolitik, ohne daß sie im Regionalplan schon ihren Niederschlag fänden und im Programm bzw. Plan auf Landesebene in deren Obhut genommen würden. Auch läßt sich aus den Plänen auf beiden Ebenen nicht ablesen, wie die seit längerem propagierte Mobilisierung endogenen Entwicklungspotentials der Regionen vonstatten gehen soll.

Folglich müßte bei den anstehenden Fortschreibungen der etablierten Planwerke weiter ausdiskutiert und schließlich entschieden werden, ob und wie diese verschiedenen Politikansätze und Teilkonzepte in die neuen Pläne einbezogen werden sollen. Fortschreibung kann in den 90er Jahren nicht bedeuten, daß diese Ansätze und Konzepte als vage Hinweise und Anhängsel zu den sonst nur marginalen Veränderungen der Zentrenstrukturen und Achsensysteme aufscheinen.

Eine letzte raumordnerische Gesamtkonzeption ist die der großräumig-funktionalen Arbeitsteilung. Diese Konzeption manifestiert sich in den Plänen einiger Bundesländer und Regionen durch verbindliche Ausweisungen von Vorranggebieten, Vorrangflächen, Vorrangstandorten und Vorrangtrassen. Die vorrangigen Nutzungen im ländlichen Raum dienen mit ihrer überwiegend ökologischen Orientierung hauptsächlich den Verdichtungsräumen, die sich wiederum untereinander durch metropolitane Vorränge bzw. Vorrangkombinationen unterscheiden können. Diese Gesamtkonzeption hat in die Landesplanungssysteme der Bundesländer unterschiedlich Eingang gefunden, d.h. sie stößt in einigen Ländern noch auf Ablehnung.

Soweit in den Landesplänen Ausweisungen von Vorrangfunktionen mit verbindlicher Wirkung vorgenommen worden sind, bleiben die weiteren konzeptionellen Fragen noch ungelöst. Dazu gehören die Ausgleichsleistungen für Vorrangfunktionen zugunsten anderer Regionen und Gebiete, speziell die Fragen der Gebühren oder Marktentgelte, sowie Regelungen der Verhandlungspositionen auf beiden Seiten des spezialisierten großräumigen Leistungsaustausches.

Immerhin ist durch diese Konzeption die Rolle der ökologisch orientierten Freiraumfunktionen, d.h. ihre vorrangige Beachtung in der raumordnerischen Abwägung mit anderen Belangen gestärkt und in den Rang überfachlicher Zielvorstellungen und Instrumente gehoben worden, während doch die Landschaftsplanung im herkömmlichen Plan als Fachplanung eingeordnet ist und somit nur nachrangig zu den in überfachliche Konzeptionen eingebundenen siedlungsstrukturellen Elementen - wie Zentrenstrukturen und Achsensysteme - fungieren kann.

Künftig wird es also bei Fortschreibungen der Programme und Pläne darauf ankommen, ausgehend von der Landschaftsplanung den Freiraum als Träger ökologisch bedeutsamer Funktionen auch stärker in die überfachlichen Zielstrukturen und das entsprechende Instrumentarium einzubinden. Die Vorranggebiete-Konzeption hat hierzu Wege aufgezeigt.

Einer dieser Wege - Ausbau der Vorranggebiete-Konzeption zu einer dominanten landesplanerischen Gesamtkonzeption - ist mit dem Vorwurf des Paradigmawechsels belastet. Im ländlichen Raum werde durch diese Konzeption einer passiven Sanierung durch Abwanderung Vorschub geleistet, und dies sei nicht vereinbar mit dem Ziel gleichwertiger Lebensbedingungen in allen Teilräumen. Gleichwohl könnte sich ein mittlerer Weg, nämlich die verstärkte Ausweisung von räumlichen Nutzungsvorrängen auf der Landes- und Regionalebene - ohne erneute

Grundsatzdiskussion über Raumordnungsziele - als hilfreich erweisen, im Rahmen der Pläne einen Beitrag zum Ausgleich des Zielkonflikts zwischen Ökonomie und Ökologie zu leisten. Dies wäre in jedem Fall ein Weg zu einer stärker ökologisch orientierten Raumplanung, die immer dringlicher wird.

In der Landesplanung verbleibt auch in den 90er Jahren die anspruchsvolle Aufgabe, die Fülle der inzwischen entstandenen und in der Regel ebenfalls fortschreibungsbedürftigen Fachpläne aufeinander abzustimmen und deren raumbezogene Zielsetzungen und Instrumente möglichst widerspruchsfrei in ihren übergeordneten Plan einzubinden. Die zunehmende Komplexität der Fachpläne ergibt sich insbesondere durch deren verstärkte Umweltorientierung, und dies erfordert ein höheres Maß an integrativer Raumplanung. Dazu dürften vermehrte Schutzgebietsausweisungen und Vorrangzuweisungen allein nicht ausreichen. Die Raumplanung müßte sich aus ihrer neutralen Schiedsrichterrolle lösen und sich für bestimmte ökologische und zugleich raumverträgliche Konzepte engagieren. Die Koordinierung der häufig konfligierenden fachplanerischen Raum- und Strukturansprüche sollte künftig immer weniger als eine nur nachvollziehende Aufgabe verstanden werden.

Neue Anforderungen an Landes- und Regionalplanung werden sich in den 90er Jahren aus der Einführung der Umweltverträglichkeitsprüfung und ihrer planerischen Einbeziehung in das Raumordnungsverfahren ergeben. Die Landes- und Regionalpläne haben hierfür den Ziel- und Bewertungsrahmen zu liefern, und dies können sie nur durch fachliche und überfachliche Zielkonkretisierungen und -verdichtungen. Auch hier wird ein neues Aufgabenverständnis der Raumplanung erforderlich: stärkere integrative Koordinierung zwischen Fachplanungen und sonstigen Beteiligten und Betroffenen in "offenen" Organisationsformen mit einer stärkeren Rückkopplung zu den überfachlichen Zielen, die letztlich von der Landesplanungsebene vorzugeben sind, und nicht zuletzt erhöhte Transparenz und Nachvollziehbarkeit der gesamtplanerischen Abwägungsprozesse.

Man wird sich nicht auf den bisherigen Standpunkt zurückziehen können, daß durch die Umweltverträglichkeitsprüfung im Rahmen des Raumordnungsverfahrens keine ökologischen Zielsetzungen und vor allem keine umweltbezogenen Raumordnungsziele generiert werden können. Wenn solche Ziele, und zwar ausgestattet mit relativen oder sogar absoluten Vorrängen, in den Plänen nicht ausreichend vorzufinden sind, so werden die Anstöße zur Zielformulierung, -konkretisierung und -verdichtung von der Umweltverträglichkeitsprüfung ausgehen müssen.

Durch die in das 1989 novellierte Raumordnungsgesetz aufgenommene raumordnerische Leitvorstellung "gleichwertige Lebensbedingungen der Menschen in allen Teilräumen des Bundesgebietes" erhält dieses Ziel sowohl durch die europäische als auch die deutsche Integration eine neue Bedeutung. Bisher strukturschwache Regionen werden in ihrer Förderbedürftigkeit einerseits relativiert, andererseits im Gebiet der DDR besonders akzentuiert. Hier entsteht ein erheblicher Bedarf an Grundsatzentscheidungen, wie diese neue Ausgangslage in der räumlichen Gesamtplanung anzugehen ist. Dies wird nicht nur von der Landesplanung in den Ländern, auch in der DDR, gelöst werden können, sondern bedarf nicht zuletzt einer gesamtstaatlichen und europäisch-integrativen räumlichen Planung. Was dies im einzelnen bedeutet und fordert, läßt sich noch nicht absehen und entscheiden. Hierzu ist auch eine Bundesraumordnung und eine europäische Raumordnungspolitik gefordert.

Zu berücksichtigen ist, daß angesichts der anstehenden Probleme herkömmliche Programme und Pläne auf Landes- und Regionalebene allein schon wegen des erheblichen Zeitbedarfs für die Fortschreibung bzw. Neuaufstellung keine rechtzeitigen Lösungen erbringen könnten. Somit kommen neben diesen mittelfristig wohl unerläßlichen Planungsaufgaben vor allem die vorerwähnten kooperativen Politikansätze und Teilkonzepte ins Spiel, weil sie weniger zeitaufwendig, zugleich aber flexibler und effizienter sind.

Vordringlich bleiben die Grundsatzentscheidungen zur Maßstabsfrage und Zeitdimension, d.h. welche Probleme sollen auf welchen Raumplanungsebenen mit welchen Prioritäten und Vorrängen gelöst werden. So kann die Überwindung der Teilung Deutschlands nicht nur durch Verkehrswegeausbau erfolgen, der Standortwettbewerb nicht nur den Regionen überlassen bleiben, die großräumig-funktionale Arbeitsteilung nicht ohne raumplanerische Vorgaben und Spielregeln ablaufen. Da prozessuale Planung vor allem integrative Planung bedeutet, sind nicht nur Ziele und Instrumente z.T. neu zu entwickeln, sondern auch Anpassungen und Neuordnungen in der administrativen Binnenstruktur vorzunehmen, d.h. im Verhältnis von Landes- und Regionalplanung zueinander, zu Fachplanungen und zur kommunalen Planung, auch zu neuen Bereichen wie Entmilitarisierung und neue Technologien und zu alten Bereichen wie Boden und Klima. Dabei sind die Gefahren eines Regionalismus, einer Entkoppelung der Planungsergebnisse von gesamtstaatlichen Zielen und eines Vorbeilaufens internationaler Politikziele zu sehen und zu vermeiden.

KONRAD GOPPEL

Landesplanerisches Instrumentarium

Rahmenbedingungen, Herausforderungen und Handlungsbedarfe unter Berücksichtigung der Grenzöffnungen nach Osten

1. Zur Problemstellung

In der Diskussion über die Zukunft der Raumordnung und Landesplanung zeichnen sich in den 90er Jahren völlig neue Dimensionen und Perspektiven ab. Bedingt durch grundlegend neue Rahmenbedingungen, Herausforderungen und Handlungsbedarfe in der räumlichen Entwicklung und Ordnung sind die Landesplanung sowie der zielgerichtete und koordinierende Einsatz landesplanerischer Instrumente und Steuerungsmechanismen so notwendig wie nie zuvor. So breit und vielfältig die Reichweite und das Einsatzspektrum landesplanerischer Instrumente gerade in Bayern auch sind, so sollten gerade in diesem Kreis drei Fragen zur Diskussion stehen:

a. Welche raum- und planungsrelevanten Rahmenbedingungen sind in den 90er Jahren gegeben?
b. Welchen Herausforderungen steht die Landesplanung in den 90er Jahren gegenüber?
c. Welche landesplanerischen Handlungsbedarfe sind in der Bundesrepublik Deutschland und in der DDR in den 90er Jahren gegeben?
d. Reicht das bestehende landesplanerische Instrumentarium aus? Welche instrumentellen Ansätze sind für die Raumordnung und Landesplanung in einem Gesamtdeutschland notwendig?

2. Raum- und planungsrelevante Rahmenbedingungen in den 90er Jahren

In einem ersten Schritt stellt sich die Frage, welche raum- und planungsrelevanten Rahmenbedingungen für die 90er Jahre prägend sein werden?

Von Bedeutung erscheinen dabei - stichpunktartig - folgende Eckwerte:

a. Allgemeine Rahmenbedingungen

Als allgemeine Rahmenbedingungen, resultierend aus einem gesellschaftlichen und sozialen Wandel, können gelten:

- zunehmender Bedeutungsgewinn marktwirtschaftlicher Entwicklungen und Steuerungsmechanismen, d.h. Rückzug des Staates aus bisher von ihm geregelten Aufgabenbereichen zugunsten der Privatwirtschaft,
- zunehmende Gewichtung der Ökologie als ökonomischer Standortfaktor (für Bevölkerung und Wirtschaft),
- die Beschleunigung des wirtschaftlichen Strukturwandels sowohl branchenintern als auch in

Anpassung an weltwirtschaftliche Bedingungen (Stichwort: Tertiärisierung, neue Technologien - Telematik),
- zunehmende Teilhabe- und Beteiligungsanforderungen seitens der Kommunen und der (Fach)-Öffentlichkeit.

b. Rahmenbedingungen durch die Vollendung des EG-Binnenmarktes

Hiermit verbunden ist

- einerseits eine Erweiterung der Marktpotentiale (Absatz- und Liefermärkte, ca. 335 Mio. Einwohner, einschl. DDR),
- andererseits eine zunehmende Deregulierung und Liberalisierung und damit die Stärkung privatwirtschaftlicher Initiativen;
- eine Verschärfung der regionalen und kommunalen Konkurrenzsituationen um Ansiedlungspotentiale,
- eine Verschärfung des Wettbewerbs um die Zuweisung öffentlicher Fördermittel (im EG-Regional-, Sozial- und Strukturfonds liegt die Förderpriorität eindeutig auf den europäischen ''Südstaaten'').

c. Rahmenbedingungen durch die Öffnung der Grenzen zum Osten

Bedingt durch die Öffnung der Grenzen zu den östlichen Nachbarländern sowie durch die Bestrebungen zur Wiedervereinigung ergeben sich im wesentlichen drei planungsrelevante Rahmensetzungen:

- die Wirtschafts-, Währungs- und Sozialunion zwischen der Bundesrepublik Deutschland und der DDR,
- eine Neu- und Umverteilung der öffentlichen Ressourcen innerhalb eines gemeinsamen Deutschland (vgl. die jüngsten Beschlüsse der Finanzierung des Fonds ''Deutsche Einheit'' möglicherweise zu Lasten der Zonenrandförderung?),
- Veränderung des horizontalen Finanzausgleichs.

3. Herausforderungen für die Raumordnung und Landesplanung in den 90er Jahren

Aus der skizzierten Änderung der Rahmensetzungen ergeben sich folgende planungsrelevante Herausforderungen in den 90er Jahren:

a. Allgemeine Herausforderungen

Als allgemeine Herausforderungen können gelten:

- Anpassung und Spezifizierung der Leitbilder, Ziele und Instrumente der Landesplanung,

- Erarbeitung von Instrumenten und Strategien auf die Forderung
  - Planung von unten,
  - Projekt-Orientierung der Planung,
  - Schaffung eines integrierten Planungssystems.

b. Herausforderungen durch den EG-Binnenmarkt

Neben den allgemeinen Herausforderungen begründet auch der EG-Binnenmarkt eine Reihe von Herausforderungen:

- Erarbeitung von Strategien gegen die Tendenz der materiellen und organisatorischen Zentralisierung, insbesondere im Bereich regional- und strukturpolitischer Steuerungsmöglichkeiten,
- Diskussion über die Position von ländlichen Räumen und Verdichtungsräumen angesichts unterschiedlicher Konzepte von Konrad Goppel für die Entwicklung ländlicher Räume und der Positionsstärkung von bestimmten attraktiven Verdichtungsräumen in der EG,
- Diskussion der Position von Regionen angesichts eines unterschiedlichen "Regions"-Verständnisses (Größe, Funktion, Organisation und Administration) innerhalb der Mitgliedsstaaten der EG,
- zunehmender Wettbewerb zwischen einzelnen Räumen innerhalb der EG.

c. Herausforderungen durch die Öffnung der Grenzen zur DDR und zur CSFR

Durch die Öffnung der Grenzen zu den östlichen Nachbarländern und, damit in Zusammenhang stehend, deren Bereitschaft, das bisherige Gesellschafts-, Politik-, Wirtschafts- und damit vor allem auch das Planungssystem zu überdenken und einer Neuorientierung zuzuführen, ergeben sich sowohl für die Aufgabenstellung und das Handlungsspektrum der Raum- und Landesplanung in der Bundesrepublik Deutschland als auch für die bestehenden und neu aufzubauenden Planungsorganisationen in der DDR neue Herausforderungen:

Herausforderungen für das Aufgabenspektrum der Raum- und Landesplanung in der Bundesrepublik Deutschland unter besonderer Berücksichtigung Bayerns:

Hier zeichnen sich folgende Herausforderungen ab:

- neue Gewichtung und neue Position des (bundesdeutschen) *Grenzlandes* (ehemaliges Zonenrandgebiet):
  - Positivvariante: Entwicklung des Grenzlandes zu einem attraktiven und dynamischen Wirtschaftsstandort;
  - Negativvariante: Durchgangs- und Transitland
  - Gefahr der Zweiteilung des Grenzlandes in bayerisch-tschechisches und bayerisch-thüringisches/sächsisches Grenzland;
- Veränderung der Position und Funktion der (bayerischen)*Verdichtungsräume* (Stichwort: Bedeutungsgewinn des mittelfränkischen Verdichtungsraumes aufgrund der traditionsreichen Achse Nürnberg-Prag; möglicherweise Bedeutungsverlust von bislang dynamischen Verdichtungsräumen durch Verlagerung von head-quarter-Funktionen oder durch den Bau von neuen

Großinfrastruktureinrichtungen, etwa Großflughafen zwischen Berlin und Dresden).
- Veränderung der Position der *ländlichen Räume* angesichts weitreichender Problemsituationen in der DDR.
- grenzüberschreitende Zusammenarbeit mit der CSFR und DDR, aber auch mit Polen, Ungarn und Jugoslawien.

Herausforderungen in Hinblick auf die (zukünftige) Raum- und Landesplanung in der DDR:

- Ersatz des bisherigen Planwirtschaftssystems durch ein räumliches Raumordnungs- und Planungssystem im marktwirtschaftlichen Sinn und damit in Zusammenhang
- Erarbeitung eines organisatorischen und materiellen sowie instrumentellen Planungssystems mit entsprechenden Übergangslösungen (z.B. zuerst staatliche Regionalplanung auf Bezirksebene, dann kommunal verfaßte Regionalplanung);
- Erarbeitung von regionalen und materiellen Planungsprioritäten
  Stichwort: Sanierungserfordernisse in altindustrialisierten Räumen; Entwicklungserfordernisse in ländlichen Regionen;
- Ausgleich der infrastrukturellen Defizite, insbesondere im Bereich der Ver- und Entsorgung sowie im Bereich des Verkehrs.

4. Handlungsbedarfe für die Landesplanung in den 90er Jahren: Diskussion anhand ausgewählter Statements

Die Raumordnung und Landesplanung steht - wie gezeigt werden konnte - in den 90er Jahren vor einer Reihe von Herausforderungen. Nicht nur in Hinblick auf die thematische Ausrichtung der Plenarsitzung, sondern insbesondere auch angesichts des aktuellen Problemdrucks sollen im folgenden jene landesplanerischen Handlungsbedarfe im Vordergrund stehen, die sich aus der bevorstehenden Union zwischen den beiden deutschen Staaten ergeben.

4.1. Handlungsbedarfe für das Aufgabenspektrum der Raumordnung und Landesplanung in der Bundesrepublik Deutschland und in Bayern

Für die Bundesrepublik Deutschland und Bayern ergeben sich aus der bevorstehenden Wirtschafts-, Währungs- und Sozialunion einerseits sowie aufgrund des zunehmenden Interesses der CSFR an einer grenzüberschreitenden Zusammenarbeit folgende Handlungsbedarfe:

Handlungsbedarf 1: Anpassung der Leitbilder

Die Herausforderungen der 90er Jahre begründen die Notwendigkeit zu einer Anpassung der Leitbilder der Landesentwicklung und Landesplanung.

Für die 90er Jahre wesentlich erscheint - gerade angesichts der im Zuge der deutsch-deutschen Vereinigung anstehenden räumlichen Problemsituationen (z.B. Entwicklungsgefälle zwischen der DDR und der Bundesrepublik Deutschland; regionale und sektorale Disparitäten innerhalb der DDR) -, bewährte Leitbilder der Landesplanung und Landesentwicklungspolitik beizubehalten und notwendige neue Leitbilder in das System der Landesplanung zu integrieren. Ausgehend von den Rahmenbedingungen und den sich abzeichnenden Problemsituationen in den 90er Jahren erscheint die Diskussion über folgende Leitbilder notwendig:

- Ökologisch orientierte Landesplanung
  Stichwort: stärkere Gewichtung der Ökologie in der Landesentwicklung

- Sozialverträgliche Landesplanung
  Stichwort: Notwendigkeit der Integration von sozialen Problemgruppen
  Beispiel: Aus- und Übersiedler, Ausländer, die im Zuge des Arbeitskräftemangels in den 90er Jahren zuziehen werden; Integration der Gruppe der "neuen Armen" (ca. 10% in der Bundesrepublik Deutschland);

- Ausgleichsorientierte Landesplanung
  Stichwort: Ausgleich von Disparitäten; nach der Schaffung gleichwertiger Lebensbedingungen evtl. erneute Diskussion der funktionsräumlichen Arbeitsteilung;

- Marktwirtschaftlich orientierte Landesplanung
  Stichwort: anstelle reaktiver landesplanerischer Steuerung verstärkt Angebots- und Nachfrageorientierung; Beispiel: Golfplätze oder Einzelhandelsgroßprojekte;

- Problemorientierte Landesplanung
  Stichwort: Verhältnis problemorientierte Landesplanung zu instrumentalisierter Landesplanung.
  Beispiele: Teilraumgutachten; Landesentwicklungsgesellschaften, regionales Management.

Handlungsbedarf 2: Anpassung der Programme und Pläne

Aufgrund der Notwendigkeit,

- die Position der Länder und Regionen gleichermaßen innerhalb der EG als auch in einem Gesamtdeutschland zu stärken und
- fachliche Einzelmaßnahmen zu koordinieren und zu steuern,

bedarf es eines zielgerichteten und zielgruppenspezifischen Einsatzes von Programmen und Plänen.

Angesichts der weitreichenden Herausforderungen der 90er Jahre werden z.B. in Bayern derzeit die Programme und Pläne an die veränderten Rahmenbedingungen angepaßt, wobei neben

- der Fortschreibung des LEP Bayern insbesondere
- die Sonderfortschreibung "Grenzland" des LEP sowie
- die Sonderfortschreibung der Regionalpläne in den Grenzlandregionen sowie
- die fortgesetzte Durchführung von Teilraumplanungen

zu nennen sind.

a. Materielle Leitziele

Sowohl in einem Gemeinsamen Binnenmarkt als auch in einem Gesamtdeutschland zeichnet sich die Bildung gröerer, schlagkräftiger Raumeinheiten ab (Stichwort: Neustrukturierung der Bundesländer, Zentßralisierungstendenzen in anderen EG-Ländern, z.B. in England). Um die Entwicklungsmöglichkeiten einzelner Räume zu sichern und ggf. Ordnungsansätze einzubringen, ist die Erarbeitung von Programmen und Plänen notwendig.

Im Rahmen des landesplanerischen Instruments ''Programme und Pläne'' wird es dabei zukünftig notwendig werden, vorhandene Prinzipien und Leitlinien neu zu gewichten und neue Überlegungen einzubringen. Daraus ergeben sich folgende Handlungsbedarfe:

Beibehaltung
- des Prinzips der ''Schaffung gleichwertiger Lebens- und Arbeitsbedingungen'',
- des Erschließungs-Prinzips,
- des Vorhalte-Prinzips,
- des Prinzips der Wahrung der regionalen und lokalen Vielfalt,
- des Prinzips der räumlichen Gesamtentwicklung unter Wahrung regionaler Entwicklungsansätze (endogene Entwicklung),
- des Prinzips einer Betroffenen-orientierten Planung.

Verstärkte Einbeziehung
- des Prinzips einer Projekt-orientierten Planung (Stichwort: Sonderfortschreibung München II, Sonderfortschreibung Grenzland);
- des Prinzips der räumlichen und sektoralen Detailliertheit der Programme und Pläne - feinkörnigere Ziele in Programmen und Plänen,
- des Prinzips der Flexibilität der Programme und Pläne, d.h. Aufstellung für einen mittelfristigen Zeitrahmen, um neuen Entwicklungen antizipativ zu begegnen.

b. Überfachliche Ziele

Insbesondere bedingt durch die bevorstehende Wiedervereinigung sowie bedingt durch die marktwirtschaftliche Öffnung von osteuropäischen Ländern bedarf es einer Novellierung von überfachlichen Zielen der Landesplanung.

Die Novellierung überfachlicher Ziele der Landesplanung hat gerade durch die Grenzöffnung eine hohe Aktualität erhalten.

Konsequenzen ergeben sich für dieses landesplanerische Instrumentarium insbesondere in folgenden Teilbereichen:

Zentrale Orte
- Prüfung einer verstärkten Arbeitsteilung bei zentralen Orten,
- Ausweisung grenzüberschreitender Zentraler Orte;

Entwicklungsachsen
- Ausweisung regionaler und überregionaler Entwicklungsachsen zum Zweck der Bündelung von (Verkehrs-)Infrastruktur i.S. einer umweltverträglichen und landschaftsschonenden Infrastrukturplanung;
- Diskussion über neue nationale und internationale Achsensysteme, z.B. London-Hamburg-Rostock-Moskau oder Frankfurt/M.-Leipzig-Berlin;
- Ausweisung großräumiger Erholungsachsen, z.B. Lüneburger Heide - Mecklenburger Seenplatte;

Stärkung der Position und Funktion (bayerischer) Verdichtungsräume
- Substrukturierung von Verdichtungsräumen nach innen (z.B. eigene Gewichtung einer Kategorie Stadt-Umland) und nach außen (Differenzierung zwischen einzelnen Verdichtungsräumen);
- Stärkung bestehender Verdichtungsräume angesichts
- der Herausbildung neuer großer Verdichtungsräume (z.B. Verdichtungsraum Berlin mit 6 Mio. Einwohnern) und
- Ausweisung neuer Verdichtungsräume mittlerer Größe (z.B. Fulda-Suhl oder Hof-Plauen);

Stärkung der neuen Position und Funktion des (bundesdeutschen) Grenzlandes durch
- Anhebung der Standortattraktivität,
- Erarbeitung von Sonderprogrammen (Sonderfortschreibung Grenzland),
- durch Auflage von zielgruppenspezifischen Förderprogrammen als Nachfolgeprogramme der GRW und der Zonenrandförderung;

Stärkung der Position des ländlichen und strukturschwachen Raumes: angesichts der Handlungsbedarfe in der DDR relativiert sich die Situation in ländlichen Räumen in der Bundesrepublik-Deutschland, deshalb
- Substrukturierung der Gebietskategorie ''ländlicher Raum'', um spezifische regional- und strukturpolitische Instrumente und Strategien einsetzen zu können.

c. Fachliche Ziele

Auf der Grundlage der Novellierungsbedarfe bei den überfachlichen Zielen ergeben sich darüber hinaus auch Anpassungs- und Handlungsbedarfe bei den fachlichen Zielen. Gerade hier ist die Koordinationsaufgabe der Raumordnung besonders gefordert.

Im Bereich der fachlichen Ziele werden Handlungsbedarfe insbesondere durch die Öffnung der Grenze begründet. Betroffen davon sind - exemplarisch - folgende fachlichen Bereiche:

Natur und Landschaft
- Sicherung und Ausweisung grenzüberschreitender naturräumlicher Schutzgebiete und -zonen (z.B. Nationalpark Bayerischer Wald - Böhmerwald; Biosphärenreservat Hohe Rhön u.a.);

Siedlungswesen
- Überarbeitung bestehender Siedlungskonzepte
- Erarbeitung grenzüberschreitender Siedlungskonzepte,

- Sicherung von gewerblichem Bauland und Wohnbauland;

Gewerbliche Wirtschaft
- Erhöhung der Wettbewerbsfähigkeit und der Standortattraktivität des Grenzlands durch gewerbliche Bestandspflege und Ansiedlungspolitik, ggf. auch ordnungspolitische Ansätze,
- Sicherung der Wettbewerbsfähigkeit der Wirtschaft in den bayerischen Verdichtungsräumen,
- Nutzung neuer Formen der wirtschaftlichen Kooperation z.B. in Gestalt von grenzüberschreitenden Unternehmenszonen, Gewerbeparks, Technologiezentren, Wissenschaftsparks u.a.;

Bildungswesen
- Mittelfristig Mitversorgung der DDR und CSFR insbesondere im Bereich des höherrangigen Bildungswesens (z.B. Fachhochschulen, Universitäten u.a.);

Fremdenverkehr
- Ausbau grenzüberschreitender Fremdenverkehrsgebiete,
- Schaffung preisgünstiger touristischer Angebotspakete unter Beibehaltung der Qualitätsstandards in den Fremdenverkehrsgebieten;

Verkehr
- Abstimmung der Planungen und Maßnahmen im Schienen- und Straßenverkehr,
- Erarbeitung von grenzüberschreitenden Verkehrsverbundsystemen im Bereich des ÖPNV;

Ver- und Entsorgung
- Aufbau von (Leitungs-)Verbundsystemen.

Handlungsbedarf 3: Verbesserung der Planungsgrundlagen

Angesichts der hohen Informationsbedarfe unterschiedlicher Gruppen über räumliche und sektorale Strukturen und Entwicklungen in den Mitgliedsstaaten der EG, jedoch insbesondere über die DDR und andere osteuropäische Länder, kommt der Verbesserung des Instrumentes ''landesplanerische Planungsgrundlagen'' hohe Bedeutung zu. Zu denken ist dabei insbesondere an räumliche Informationssysteme, die einer Verfeinerung und zielgruppenspezifischen Anwendung bedürfen. Exemplarisch zu nennen sind dabei:

- Rauminformationssysteme, die in einem gemeinsamen Deutschland zunehmend an Bedeutung gewinnen werden,
- Verfahren zur Abschätzung zukünftiger Entwicklungen, z.B. Szenarien und Folgeabschätzungs- sowie Risiko-Analysen;
- die materielle Wirkungs- und Effizienzprüfung der Programme und Pläne,
- Ansätze der Planungsdidaktik,
- Ansätze des Planungs-Marketings,
- Ansätze der argumentativen Planung.

4.2. Handlungsbedarfe in Hinblick auf die (zukünftige) Raum- und Landesplanung in der DDR

Handlungsbedarf 1: Aufbau eines Planungssystems in der DDR und - mittelfristig - eines gesamtdeutschen Planungssystems

Die bevorstehende Wiedervereinigung der beiden deutschen Staaten erfordert den Aufbau eines gemeinsamen Systems der Raumordnung und Landesplanung in rechtlicher, materieller und verfahrensmäßiger Hinsicht. Dies wird auch organisatorische und institutionelle Konsequenzen nach sich ziehen.

Die deutsch-deutsche Wiedervereinigung erfordert

- den Aufbau eines gemeinsamen Planungsrechts (Übernahme des ROG),
- die Überprüfung und ggf. Erweiterung der Grundsätze der Raumordnung durch besondere Handlungsbedarfe in der DDR,
- die Verfügbarkeit eines gemeinsamen Instrumentariums für die Planung und Beurteilung raumbedeutsamer Planungen und Maßnahmen sowie Einzelfallbeurteilungen,
- den Aufbau eines institutionellen Rahmens (ein gemeinsames Bundesraumordnungsministerium, eine gemeinsame BfLR, eine ARL u.a.) ggf. u.a. mit Hilfe von Teildezentralisierungen.

Handlungsbedarf 2 : Erarbeitung von Programmen und Plänen für die DDR insgesamt, für Teilräume in der DDR sowie für Gesamtdeutschland

Was in diesem Zusammenhang die Konsequenzen der Grenzöffnungen für dieses landesplanerische Instrument betrifft, so wird es in der DDR sowie - mittelfristig - in Gesamtdeutschland um die Realisierung folgender Handlungsbedarfe gehen:

- die Erarbeitung von Landesentwicklungsprogrammen und Regionalplänen in den neu strukturierten Ländern und Regionen, die zwischen den Ländern der Bundesrepublik Deutschland und in der DDR koordinierungs- und abstimmungsbedürftig sind (Stichwort: grenzüberschreitende Planungen und Maßnahmen),
- die Erarbeitung grenzüberschreitender Regionalpläne im bayerisch-tschechischen Grenzland,
- die Erarbeitung fachlicher Programme und Pläne nach Art. 15 BayLplG in Zusammenarbeit mit den Ländern Thüringen und Sachsen sowie in Abstimmung mit Böhmen,
- die Erarbeitung von Teilraumkonzepten und -planungen für Räume mit besonderen Problemsituationen innerhalb der bestehenden Bezirke oder der neu zu konzipierenden Regionen in der DDR.

Handlungsbedarf 3: Anwendung von Planungsverfahren

Angesichts des hohen Bedarfs nach der Beurteilung einzelner Planungen und Maßnahmen haben die Herausforderungen der 90er Jahre auch Wirkungen auf die Anwendung bestehender Planungsverfahren.

Gerade in Hinblick auf die Beurteilung einzelner raumbedeutsamer Planungen und Maßnahmen sowie hinsichtlich der hohen Bedeutung der Umweltverträglichkeit der Planungen und Maßnahmen in der DDR stellen die Anwendung und Übertragung der bestehenden Planungsverfahren unter anderen regionalen und sektoralen Situationsbedingungen eine weitere Herausforderung dar. Betroffen davon ist insbesondere

- das Raumordnungsverfahren, vor allem in seiner Ausgestaltung als Umweltverträglichkeitsprüfung - Mitwirkung der Öffentlichkeit,
- die Überführung des Standortentscheidungsverfahrens der Territorialplanung in der DDR in ein echtes raumordnerisches Abwägungsverfahren (ROV und UVP).

Es wird abschließend deutlich, da die Öffnung der Grenzen eine Vielzahl von Herausforderungen und Handlungsbedarfen für die Raumordnung sowie Raum- und Landesplanung im Bund, in den Ländern sowie auch in der DDR mit sich bringt - ein Aufgabenspektrum, das umfassende planerische und politische Handlungskonzepte erfordert.

HANS-DIETER FREY

Internationalität und Dezentralität
Die Raumordnung im Spannungsfeld

I.   Vorbemerkung

Zu den genannten Begriffen gibt es auch das jeweilige Gegenstück zur Dezentralität, die Zentralität; zur Internationalisierung die Regionalisierung; zum Binnenmarkt mit seinen ökonomischen Konsequenzen die Entwicklung der Klein-und Mittelindustrie.

Je nachdem, welche Politikbereiche betrachtet werden, findet man eine bestimmte Orientierung, einen Trend, der heute anders aussieht als noch vor einigen Jahren, z.B.:

- In der Agrarpolitik wird die Regionalisierung angestrebt,
- in der Sozialpolitik sind die kleinen Netze gefordert,
- in der Bildungspolitik wird die Regionalisierung gefordert,
- in der Wissenschafts- und Forschungspolitik werden ebenfalls regionale Aspekte in den Vordergrund gestellt,
- in der Wirtschaftspolitik besteht die Zerreißprobe zwischen den Entwicklungschancen der Großen und den Risiken der Kleinen im Wettbewerb,
- im Energiebereich werden Kleinversorgungsstrukturen entwickelt. Das heißt, bei Anwendung eines bestimmten Zielsystems wird die kleinräumige Struktur gewünscht.

Aus welchen Gründen dies geschieht, ist zunächst nachrangig. Welche Ursachen dahinterstehen, kann hier außer Betracht bleiben.

Andererseits benötigt der einzelne Bereich unter dem fachlichen Aspekt - sozusagen in der Vertikaldimension - die kritische Masse, um leistungsfähige Ergebnisse vorzuweisen. Dies führt zu Konzentrationen. Es erfordert größere Einheiten, als sie unter dem regionalen Gesichtspunkt erforderlich sind. In diesem Spannungsfeld, das grundsätzlich nicht neu ist, aber das noch durch die auftretenden Entwicklungen eine neue Dynamik erhält, bilden sich bestimmte Trends heraus, die derzeit als dominant zu beurteilen sind.

II.   Trends

Wir sind Zeugen weltweiter Umwälzungen vom alten, bipolaren zu einem neuen, multipolaren System. Die Konturen einer diversifizierten, polyzentrischen und interdependenten Weltordnung werden erkennbar.

Die Triebkraft dieser Veränderungen ergibt sich aus dem Verlangen der Menschen nach Freiheit, nach wirtschaftlichem Wohlstand sowie nach sozialer und kultureller Teilhabe.

Auf wirtschaftlicher Ebene gehen die weltweiten Veränderungen mit einer fortschreitenden

Globalisierung der Märkte und der Unternehmensstrategien einher. Damit verbunden ist eine zunehmende internationale Arbeitsteilung und Wirtschaftsverflechtung. Diese führt auf der einen Seite zu höherer Effizienz, zu Wachstums- und Wohlstandsgewinnen; auf der anderen Seite zu steigender Interdependenz und möglichen Instabilitäten.

Was kennzeichnet eine interdependente Welt?

Auf der Soll-Seite mag der Verlust an politischer, aber auch unternehmerischer Handlungsautonomie gesehen werden. Die Funktionsverlagerung ist eine der augenfälligsten neueren Entwicklungen. Der Prozeß der europäischen Integration, die Koordinierung der verschiedenen Politikbereiche auf supranationaler Ebene von der Wirtschafts- über die Währungspolitik bis zur Sozial- und Umweltpolitik ist nur ein Beispiel hierfür.

Auf der Haben-Seite steht dagegen die Überwindung der Konfrontationen, die Überwindung der Handelsbarrieren und der Übergang zum Scenario der Wettbewerbswirtschaft auf internationaler Ebene.

Aus dieser Situation ergibt sich der Zwang, Strukturen der gemeinsamen Verantwortung und Regeln für ein wirksames Management herauszubilden.

Was geschieht in Europa?

Es herrscht Aufbruchstimmung.

- Es wird sowohl zu einer beträchtlichen Umorientierung in der Nord-Süd-Entwicklung kommen, es wird sich eine erhebliche Zunahme der West-Ost-Ströme ergeben, und es droht im vertikalen Bereich eine Verstärkung des räumlichen Gefälles.

- Zentren, Metropolen, wo sich Industrie und Dienstleistungen konzentrieren, werden stürmische Entwicklungen erleben.

- Die Frage, welcher Standort gewählt wird, wird noch mehr Bedeutung erhalten als bislang.

- Ohnehin schon starke Regionen mit guter Branchenstruktur werden am meisten profitieren, und damit werden sich die bestehenden Wachstumszonen weiter verdichten.

- Durch die Öffnung Osteuropas wird sich das wirtschaftliche Zentrum des Kontinents tendenziell zur geographischen Mitte verlagern, was insbesondere sich auf die Bundesrepublik auswirkt.

Wenn die EG- und die EFTA-Länder zu einer Einigung über die weitere Annäherung oder die Mitgliedschaft kommen, wird sich dieser Trend verstärken und Deutschland zur Drehscheibe werden. Neueste Umfragen bei internationalen Unternehmen machen deutlich, daß sie überwiegend in Deutschland investieren wollen, gerade auch im Gebiet der heutigen DDR, erst danach folgen die Sowjetunion und weitere Länder des Ostens.

- Städte und Regionen an den politisch und wirtschaftlich entscheidenden Nahtstellen Zentraleuropas werden nach Ansicht vieler Wirtschafts- und Regionalpolitiker zusätzlich zu ihrer bereits heute bestehenden Dynamik weitere Impulse erhalten, und in diesen Regionen wird sich der Strukturwandel noch weiter beschleunigen, gerade auch im Hinblick darauf, daß neben den neuen Produktionsorientierungen die Entwicklung in Osteuropa erhebliche Verwaltungs-, Finanz- und Managementdienste erfordert. Die Dimension der Anforderungen an die Markterschließung, die Markterweiterung wird zu neuen Zentralitäten führen.

- Neben der geographischen Neuorientierung auf der horizontalen Ebene ergibt sich auf der vertikalen Ebene aus dem politischen Prozeß ein neues Chancen-, aber auch Spannungsfeld. Das kulturelle und ethnische Erbe führt dazu, daß die europäischen Regionen sich verstärkt zu Wort melden. Die Gestaltung eines föderativ strukturierten Europa ist nicht nur ein politisches Erfordernis, sondern sie ist auch deshalb notwendig, um den Menschen gerecht zu werden, um der Vielfalt Europas gerecht zu werden.

- Die Gesellschaften wandeln sich. Die Bezeichnungen, unter denen man diesen Wandel zu erfassen sucht, sind vielfältig. Man spricht von einer ''postindustriellen Gesellschaft'', einer ''postmodernen Gesellschaft'', einer ''Informationsgesellschaft''. Ein Prinzip scheint in dieser ganzen Entwicklung jedoch klar zu sein: Der Weg moderner Gesellschaften zeigt sich in einer Pluralisierung der Lebensformen, in einer wachsenden Vielfalt der Lebensstile.

- Aus der Gesamtentwicklung wird sich auch eine weitere Zunahme des Verkehrs-, Informations- und Kommunikationsvolumens ergeben, das sich noch durch die weiter zunehmende Arbeitsteilung, aber auch durch die neue Konsum- und Freizeitorientierung der Gesellschaft verstärkt.

Die Zusammenballung von Millionen Menschen, die Ansiedlung von noch mehr Industrie, Gewerbe und Dienstleistungen, der zunehmende Trend zur Freizeitgesellschaft, zur zweiten und dritten Urlaubsreise birgt die Gefahr, daß diese allgewaltige Kraft alle Gedanken zur Qualitätsverbesserung der Entwicklung überlagert.

III. Gesellschaftliche Orientierung, Trends und räumliche Planung

Vor allem seit Beginn der 80er Jahre werden drei Bereiche genannt, die den Strukturwandel und damit die Raum- und Siedlungsstruktur maßgeblich beeinflussen werden:

- die Entwicklung in der internationalen Arbeitsteilung,
- der technologische Wandel sowie
- der Wertewandel.

Das Besondere an der Raumordnungspolitik - nicht erst durch die neueren Entwicklungen bedingt - ist nicht die statische und auch nicht die komparativ-statische Betrachtung, sondern es ist das Prozeßhafte einer Entwicklung zu berücksichtigen. Die Raumordnung ist weniger geprägt durch die Situationsanalysen und Situationstherapien, sondern sie ist geprägt durch den ständigen Wandlungsprozeß. Es werden somit die Verhaltensparameter der Wirtschaftssubjekte entscheidend für die Wirkungen auf den Raum und damit für die Ausgestaltung der Instrumente der Raumordnung.

Für die Raum- und Siedlungsentwicklung sind aus diesen Trends vor allem die dahinterstehenden Werthaltungen relevant, die zum Beispiel:

- das generative Verhalten,
- die Ansprüche an das Wohnen,
- die Ansprüche des Wirtschafts- und Beschäftigungssystems,- die Ansprüche an die Gestaltung der Freizeit,
- den Bereich der Bildung von der Aus- bis zur Fort- und Weiterbildung sowie
- den Umgang mit den Naturgütern betreffen.

Die jeweils meßbaren Indikatoren für die Veränderungen der Einstellungen sind natürlich nur ein äußeres Zeichen, hinter denen die wahren Ursachen stecken.

Die Ansprüche an die Raumnutzung sind induziert durch die wirtschaftliche Entwicklung, den technischen Fortschritt, durch Veränderungen in den politischen, kulturellen und sozialen Bedingungen.

Stichworte für die einzelnen veränderten Werthaltungen sind:

- beim generativen Verhalten:
Einkinderfamilie, Singles sowie alle damit zusammenhängenden Fakten wie z.B. höhere Scheidungsrate;

- beim Wohnen:
individuellere und zunehmende Ansprüche an die Qualität, größere Wohnfläche pro Kopf, Abkehr von den größeren Wohnsiedlungen in Mehrfamilienhäusern, natürliche Werkstoffe, Erhalt der Landschaft;

- im Bereich der Berufstätigkeit:
Wandlung vom arbeitsteiligen Prozeß zur Gestaltung von Gruppenarbeitsplätzen, Rationalisierung und Automatisierung, Wandlung der Tätigkeitsmerkmale, Herausbildung neuer Tätigkeitsmerkmale wie Überwachen, Steuern usw.;

- im Bereich Freizeit:
intensive und individuelle Freizeitnutzung in den verschiedensten Bereichen;

- im Bereich der Kommunikation:
Zunahme der Individualkommunikation, neue Informations- und Kommunikationsmedien;

- im Bereich Bildung und Kultur:
zunehmendes Interesse an kulturellen Veranstaltungen, Museumsbesuche, Kennenlernen des kulturellen Hintergrunds, allgemeine Weiterbildung und berufliche Weiterbildung;

- Begrenzung des Anspruches und der Nutzung von Naturgütern.

Diese Elemente sind Ausdruck der gesellschaftlichen Individualisierung. Diese Individualisierung bringt sich in einer Pluralisierung der Lebensformen, in einer wachsenden Vielfalt der

Lebensstile zum Ausdruck. Eine Folge dieser Entwicklung ist einerseits der Zuwachs von Chancen der Lebensgestaltung für den Einzelnen, aber auch eine zunehmende Partikularisierung der Lebensbereiche. Das Individuum lebt in vielen Welten, die oft immer weniger miteinander zu tun haben. Angesichts dieser Entwicklungen - einer Pluralisierung der Lebensformen und Lebensstile einerseits, in der sich das Streben nach individueller Freiheit zum Ausdruck bringen kann, und der Formen gesellschaftlicher Verantwortung und Identität andererseits - könnte der Eindruck entstehen, als handele es sich um Besonderheiten der gegenwärtigen Situation. Dies ist aber nicht der Fall. Vielmehr handelt es sich um die Elemente der demokratischen Gesellschaft, die jeweils im Wettbewerb miteinander stehen und für die Ordnungsprinzipien zu finden sind. Es ist der Wettbewerb zwischen dem Prinzip Freiheit und dem Prinzip Gleichheit bzw. sozialer Gerechtigkeit und damit auch Gleichwertigkeit der Lebensverhältnisse. Deshalb gehört es zu den besonderen Aufgaben einer modernen Gesellschaft, dieser Dialektik der beiden Prinzipien einen Ordnungsrahmen zu verleihen. Das heißt, eine Gesellschaft darf sich nicht mit dem Prinzip "Wandel" begnügen, vielmehr gilt es, innerhalb der Bandbreite der beiden Prinzipien einen Weg zu finden, der sowohl den Ansprüchen des Individuums, aber auch den gesellschaftlichen Erfordernissen Rechnung trägt.

Betrachtet man diesen Korridor in seiner historischen Dimension, so schwanken die gesellschaftlichen Verhaltensweisen im Zeitablauf innerhalb dieses Korridors. Es zeigen sich hier lange Zyklen. In den verschiedenen geschichtlichen Situationen erkennt man jedoch jeweils die relative Dominanz eines Prinzips in den Verhaltensweisen der Menschen. War in den 60er und 70er Jahren das Prinzip Gleichheit dominant, so sehen wir heute das Prinzip Freiheit in einer dominanten Phase. Es kommt nunmehr darauf an, Freiheit als verantwortete Freiheit zu gestalten und gleichzeitig dem Prinzip der sozialen Gerechtigkeit Rechnung zu tragen.

Um ein Beispiel hierfür zu nennen, so bin ich der Auffassung, daß kollektive Systeme, die allein dem Prinzip Gleichheit den Vorrang geben wollten, überholt sind. Ich meine hier nicht nur Gesellschaftssysteme, sondern auch soziale Sicherungssysteme, Steuer- und Abgabensysteme, aber auch räumliche Ordnungsstrukturen.

Es wird deshalb Aufgabe sein, in den Grenzen der charakterisierten Dialektik der Prinzipien "Freiheit und Gleichheit" Eigenverantwortung, Gestaltungsfreiheit, Kreativität und Risikobereitschaft zu mobilisieren, dabei aber gleichzeitig Elemente einer gesellschaftlichen Mitverantwortung auch für zukünftige Generationen zu integrieren. Das heißt, die Ordnungsprinzipien und die Regelungsmechanismen müssen so angelegt sein, daß eine Selbststeuerung erfolgt. Auch der Schutz der Naturgüter, die Vermeidung von Abfällen, die Ressourcenschonung können über solche Incentives und Disincentives erreicht werden.

Das heißt aber auch, die Funktionstrennungen zu überwinden, die Monostrukturierungen zu begrenzen. Die Natur lebt vom Wachsen und Vergehen, natürliches Wachstum hat biologische Grenzen. Wir sollten uns stärker an diesen natürlichen Regelungsmechanismen orientieren.

IV. Folgerungen auch für die Raumordnung

Aus der wachsenden wechselseitigen Abhängigkeit folgt unmittelbar die Notwendigkeit einer Erfassung und Regelung des Globalisierungsprozesses durch tragfähige und faire Vereinbarungen und Koordinierungsmechanismen. Globale Interdependenz bedarf klarer Regeln und eines effizienten Managements. So wie es im nationalen Bereich Ordnungsprinzipien und eine Ordnungspolitik gibt, so benötigen wir dies auch für den interdependenten Teil der Weltwirtschaft im Rahmen einer Ordnungspolitik.

Interdependent sind wir nicht nur in wirtschaftlicher Hinsicht, sondern auch im Hinblick auf unsere natürlichen Lebensgrundlagen, also im ökologischen Sinne wie auch im Hinblick auf unsere Mitverantwortung für die Menschheit, also in einem sozialethischen Sinne. Interdependenz heißt deshalb: gemeinsame Verantwortung tragen und wahrnehmen.

Wenn sowohl die Wettbewerbsfähigkeit, die Standortqualität, aber auch die Lebensqualität gesichert werden sollen, so ist es zwingend erforderlich, Vorsorgestrategien aufzubauen.

Wir können auch einen großen Schritt im Hinblick auf mehr Lebensqualität tun, indem wir Wohnen und Arbeiten wieder besser zusammenführen. Hierzu gibt es genügend Möglichkeiten, in der raumbedeutsamen Entwicklung darauf hinzuwirken.

Um den Weg zu mehr Zentralität und zur weiteren Expansion der Metropolen mit allen dazukommenden Infrastrukturproblemen, von der Umweltbelastung bis zur Verkehrsbelastung, von den Warteschleifen im Flugverkehr bis zum Belastungskollaps der Städte, zu gestalten, ist eine großräumige moderne Infrastrukturerschließung oberstes Gebot. Modernste Telekommunikations- und Informationsinstrumente, modernste klassische Infrastruktur auf der Schiene und der Straße zur Bewältigung des überregionalen Güter- und Personenverkehrs sind dringend erforderlich. Die Konzepte müssen europäisch angelegt sein, sie müssen technisch aufeinander abgestimmt sein, sie müssen sich ergänzen und nicht verdrängen.

Wie die Raumordnung auf diese veränderten Einstellungen und Werthaltungen reagiert, ergibt sich daraus, welche Leitbilder, Ziele oder Grundsätze bestehen. Raumordnung kann und soll die Rahmenvorstellungen entwickeln. Es entspricht unserem Verständnis von einem freiheitlichen, demokratischen und sozialen Rechtsstaat, daß innerhalb des Ordnungsrahmens die Entscheidungen der Individuen frei sind. Raumordnung soll sich deshalb weitgehend der Einflußnahme auf die Prozeßpolitik (vergleichbar der Konjunkturpolitik, Stichwort Fiscal Policy, Keynesianismus) enthalten. Sie soll durch die Vorgabe von Ausschließlichkeitskriterien und Orientierungswerten den Gestaltungscharakter betonen.

Sie soll die Aufgabe des Managements betreiben. Sie soll aber auch die Elemente unserer Ordnung, den Preismechanismus, einsetzen, um raumordnerische Effekte zu erzielen.

Meine Damen und Herren, natürlich gibt es keine festen Rezepte, jedoch gibt es bereits heute sichtbare Erscheinungen, die verdeutlichen, welche Entwicklungen vermieden werden müssen. Bei allem dynamischen Drang darf eines nicht geschehen, daß die Lebensqualität leidet. Der Drang zur Größe, der Drang zur Monostrukturierung von ganzen Gebieten muß verhindert werden. Die Auflösung der Grenzen darf nicht dazu führen, daß die reichen Regionen reicher und die armen Regionen ärmer werden. Es muß gewährleistet sein, daß die komparativen Vorteile der Grenzöffnungen zum Zug kommen, es muß aber auch gewährleistet werden, daß die betriebswirtschaftliche Kostenrechnung stärker denn je auf eine volkswirtschaftliche Kostenrechnung ausgerichtet wird.

Nur wenn es gelingt, eine soziale und ökologische Marktwirtschaft aufzubauen, wenn externe Kosten in reale betriebswirtschaftliche Kostenelemente verwandelt werden, wird sich eine marktwirtschaftliche Umstrukturierung ergeben, die auch raumwirksam ist.

GERD-RAINER DAMM

Verhältnis Land - Bund / Landesplanung - Fachplanungen

Zum Thema meines Statements erlaube ich mir die folgende Vorbemerkung: Ich betrachte das Thema aus der Sicht des kleinsten Flächenlandes der Bundesrepublik, dem Saarland, einem Bundesland, in dem aufgrund seiner Größe die Landesplanung eher dem Maßstab der Regionalplanung entspricht. Deshalb werden einige Aussagen pointierter ausfallen, als sie vielleicht aus der Sicht eines größeren Landes formuliert würden.

Aktuelle Änderung der Rahmenbedingungen und Anforderungen

Die äußeren Rahmenbedingungen und die Anforderungen für Raumordnung und Landesplanung haben sich geändert:

- Die Zuwanderungsströme in das Bundesgebiet haben deutlichen Einfluß auf die Raumstruktur.
- Die bevorstehende Vereinigung der Bundesrepublik Deutschland und der DDR als auch die Öffnung der Grenzen nach Osten stellen die Raumordnung und Landesplanung vor neue Aufgaben.
- Der EG-Binnenmarkt nach 1992 setzt raumrelevante Kräfte frei und führt zu räumlichen Veränderungen.

Diese Rahmenbedingungen eröffnen auf der einen Seite neue Handlungsspielräume für die Raumordnung und Landesplanung und erzeugen auf der anderen Seite einen akuten Handlungsbedarf. Wir befinden uns in einer Situation, die durch eine Aufbruchstimmung in der Raumordnung und Landesplanung gekennzeichnet sein müßte! Neue Leitbilder der räumlichen Ordnung und räumlichen Organisation müßten in den Köpfen der Planer entstehen. Wo aber sind die räumlichen Entwicklungsschwerpunkte auf dem Gebiet der heutigen DDR? Welche Aufgaben und Funktionen übernehmen die heutigen ''noch Grenzräume'' an der innerdeutschen Grenze und an der Grenze zu unseren EG-Nachbarn? Welche Aufgaben kommen auf die innereuropäischen Kommunikationsstränge zu, welche neuen Kommunikationsstränge werden notwendig?

Hat die Raumordnung ihre Chance erkannt, wird sie der aktuellen Anforderung gerecht? Sicherlich ist festzustellen, daß Bewegung in die Diskussion über die Raumplanung gekommen ist.

Bundesraumordnung und Landesplanung

Ich werde in meinem Statement einen Blick auf das Verhältnis Bund - Land werfen. Wie stellt sich das Verhältnis aus der Perspektive eines Bundeslandes dar?

Eine Bundesraumordnung ist nur schwer erkennbar; eine eigene Raumordnungskonzeption ist auf Bundesseite nicht vorhanden. Zwar wird in unserem föderativen Staatsaufbau kein Land eine ausgefeilte und differenzierte Bundesraumordnungsplanung fordern - sie wäre nach dem Grundgesetz auch gar nicht zuläs-sig -, das für die Vergangenheit zu beklagende Defizit liegt jedoch in der fehlenden Verzahnung der raumrelevanten Fachplanungen des Bundes mit der Landesplanung. Seitens des Bundesraumordnungsministers wird den Fachplanungen kein raumordnerisches Konzept gegenübergestellt, an dem sich diese ausrichten oder an dem zumindest raumbedeutsame Auswirkungen überprüft werden können.

Beschlüsse der Ministerkonferenz für Raumordnung können keine fehlende Bundesraumordnungskonzeption ersetzen, und ich sehe auch nicht, wie Beschlüsse der Ministerkonferenz für Raumordnung in die jeweiligen Fachpolitikbereiche hineingetragen werden. Dies gilt auch für die Empfehlungen des Beirates für Raumordnung, deren Umsetzung nur wenig zu erkennen ist. Die Kritik läßt sich aktuell festmachen, insbesondere an der Verkehrswegeplanung, aber auch im Bereich der Telekommunikation und der damit verbundenen Gebührenpolitik.

In diesem Zusammenhang ist auch darauf hinzuweisen, daß die ''Programmatischen Schwerpunkte der Raumordnung'' der Bundesregierung von 1985 nicht die im Raumordnungsprogramm geforderte Fortschreibung dieses Programms sind.

Was wäre von einer Raumordnung des Bundes vor dem Hintergrund der aktuellen Rahmenbedingungen zu fordern?

Neues räumliches Leitbild erforderlich?

Hier ist als erstes die Entwicklung eines neuen, erweiterten räumlichen Leitbildes zu nennen, eines Leitbildes, das die gewünschte räumliche Orientierung Europas nach 1992 und die Entwicklungsperspektiven im Zuge der Vereinigung der beiden deutschen Staaten definiert.

Dieses Leitbild muß beinhalten die Entwicklungsräume, die Verkehrsbänder und die großmaßstäbig zu sichernden Freiraumpotentiale. Ein solches Leitbild kann eingehen in eine Fortschreibung des Bundesraumordnungsprogramms, ist jedoch in seinen Grundzügen bereits eher aufzustellen, um die in naher Zukunft zu erwartenden Entwicklungsprozesse beeinflussen zu können.

Die Entwicklung eines solchen Leitbildes kann sich nicht beschränken auf ein Zusammenfügen der jeweiligen Landesentwicklungspläne, sondern wird eine eigenständige inhaltliche Qualität erhalten müssen.

Fortschreibung des Bundesraumordnungsprogrammes

Die zweite Forderung an die Adresse des Bundes ist die Fortschreibung des Raumordnungsprogrammes.

Schließung definitorischer Lücken

Ein dritter Aufgabenblock sind die Definition weiterer Gebietskategorien, insbesondere der zurückgebliebenen Gebiete, sowie Handlungsstrategien für die Gebietskategorien.

Erst diese bundesseitig zu erbringenden oder zumindest zu organisierenden Aufgaben ermöglichen eine Verzahnung von Raum- und Fachplanungen und der Fachplanungen untereinander. Dies ist um so wichtiger, als die Fachplanungen sowohl auf Bundes- als auch auf Landesseite sehr viel schneller auf aktuelle Probleme und neue Rahmenbedingungen reagieren können und reagieren werden.

Auch gegenüber der EG müssen die räumlichen Leitvorstellungen im Bundesgebiet stärker verdeutlicht werden. Der Begriff des "Kohäsionszieles" in Artikel 130 a des EG-Vertrages wird für das Gebiet der Bundesrepublik Deutschland nicht gleichzusetzen sein mit dem Ziel der anzustrebenden gleichwertigen Lebensbedingungen in allen Teilräumen, wie sie das ROG fordert. Vielmehr wird der Begriff der gleichwertigen Lebensbedingungen gegenüber den Entscheidungen der EG-Kommission inhaltlich auszufüllen sein.

Dieses bundesseitig notwendige Raumordnungsgerüst ist aber auch deshalb erforderlich, weil Ansprechpartner der EG zunehmend die Regionen sein werden. In diesem Handlungsfeld EG - Region, von dem das Saarland z.Zt. durchaus profitiert, dürfen die jeweils betroffenen und nicht betroffenen Regionen nicht vereinzelt werden.

Neubestimmung des Verhältnisses von Landes- und Fachplanung

Im Verhältnis Landesplanung - Fachplanung wird seitens der Landesplanung die Dominanz der Fachplanung beklagt. Die Fachplanung passe sich schnell geänderten oder neuen Aufgabenstellungen an, ohne die raumwirksamen Auswirkungen ausreichend zu berücksichtigen. Hier möchte ich auch an die Diskussion um das Wohnungsbauerleichterungsgesetz erinnern. Dies liegt z.T. an der vertikalen Ausrichtung der Fachplanung. Fehlt auf der Bundesebene die notwendige Verzahnung, ist sie auf Landesplanungsebene nur schwer herstellbar. Gleiches gilt für die Situation im Verhältnis der Ebenen von Landesplanung und Regionalplanung.

Beeinflussung durch EG-Politiken

Dieses grundsätzliche Dilemma zwischen der Landesplanung auf der einen Seite und den Fachplanungen auf der anderen Seite wird auch durch die selektiven und sektoralen Politikansätze der EG unterstützt. Da die meisten Regelsysteme der EG unmittelbar auf die Vollzugsebene der Länder abzielen, gewinnen diese gegenüber der Bundesebene eine bedeutendere Stellung.

Die Notwendigkeit einer querschnittsbezogenen Integrationsaufgabe der Landesplanung wird dadurch noch notwendiger. In der aktuellen EG-Förderpolitik sind auch Ansätze zu finden, Fördermaßnahmen in einen querschnittsbezogenen Zusammenhang zu stellen, zumindest auf der Analyseebene vor Aufnahme in ein Programm. Ob diese Aufgabe der Landesplanung zufallen wird, ist jedoch nicht gesichert, vielmehr bemühen sich die für die Regionalförderung zuständigen Ressorts um diese Aufgabe.

Zunehmender Bedarf an Konfliktregulierungen

Neben diesen die Fachplanungen gegenüber der Landesplanung stärkenden Tendenzen wird die Landesplanung jedoch vermehrt als konfliktregulierendes Instrument verlangt und angerufen. Obgleich der Landesplanung, teilweise zu Recht, das Versäumnis vorgeworfen wird, die Aspekte des Naturhaushaltes und des Schutzes ökologisch wertvoller Flächen gegenüber anderen Flächennansprüchen ungenügend gesichert zu haben, so wird doch zunehmend das Instrumentarium der Koordination und Abstimmung mit den natürlichen und ökologisch relevanten Belangen anerkannt. Sowohl die Sicherung und Durchsetzung ''unangenehmer'' Standorte und Trassen als auch die Freihaltung sensibler Räume von neuen Nutzungsansprüchen sollen mittels der landesplanerischen Instrumentarien erfolgen, wobei die Grenze zwischen landesplanerischer und fachplanerischer Zuständigkeit oftmals verschwimmt.

Bedeutungsgewinn natürlicher Belange

Eine grundsätzliche Schwierigkeit für die Landesplanung ist die Tatsache, daß die Aufgabe der Erhaltung der natürlichen Lebensgrundlagen anderen fachplanerischen Belangen nicht unter- und nachgeordnet werden kann. Dieser Belang ist aber in seiner konkreten Einzelausprägung in den Wirkungszusammenhängen zu wenig naturwissenschaftlich bewertbar, um ihn systematisch in einen Abwägungsprozeß einzustellen.

Die durch die gesetzlichen Vorgaben bedingte mediale Betrachtungsweise der Umwelt in den einzelnen Fachplanungen und Fachbehörden verlangt dann die Zusammenführung dieser Einzelbetrachtungen durch die Landesplanung. Sie wird dadurch schnell in die von ihr nicht gewünschte Rolle einer ''Öko-Behörde'' gedrängt. Die Umweltverträglichkeitsprüfung im Rahmen des Raumordnungsverfahrens wird diese Rolle verstärken. Es wird - zumindest gegenüber der Öffentlichkeit - schwer zu verdeutlichen sein, wo eine UVP im Rahmen des Raumordnungsverfahrens aufhören muß, wo eine Projekt-UVP beginnt und wo die Gesamtverantwortung für ein Projekt und seinen Standort anzusiedeln ist.

Entwicklungstrends innerhalb der Landesplanung selbst

Mit Blick auf die Zukunft wird die Landesplanung weniger ihr Verhältnis zur kommunalen Ebene überprüfen - hier gibt es mit der Bauleitplanung ein bewährtes Instrument -, als vielmehr das ''eigene Haus'' ordnen müssen. Dazu wird auf der einen Seite eine Entfeinerung der landesplanerischen Festlegungen gehören, aber auf der anderen Seite eine Verdeutlichung, Präzisierung und nachvollziehbarere Begründung der landesplanerischen Ziele und Inhalte.

Die Diskussion über neue Instrumente der Landes- und Regionalplanung, der weicheren Instrumente wie Information, Koordination, Regionalkonferenzen usw. ist sicherlich notwendig.

Diese neuen Managementinstrumente finden ihre primäre Berechtigung in der Regionalplanung. Auf der Ebene der Landesplanung darf diese Diskussion neuer Instrumente nicht zum Verzicht des bisherigen Instrumentariums von positiven und negativen Planausweisungen und Zielen führen.

Die sog. ''weichen Strategien'' sind zur Lösung von Einzelfällen förderlich. Die mehr prozessual ansetzenden Instrumente beinhalten jedoch die Gefahr, strukturelle Probleme oder strukturelle Veränderungsbedarfe durch ''weiche Problemlösungsmodelle'' zu verdecken. Deshalb muß ihr Einsatz vor dem Hintergrund eines ausformulierten landesplanerischen Gerüstes erfolgen. Dies gilt um so mehr, wenn die Landesplanung den Auftrag des Schutzes der natürlichen Lebensgrundlagen deutlicher als überfachliche Aufgabe durchsetzen will, als sie es bisher tun konnte.

KARL-HERMANN HÜBLER

Ökologischer Umbau der Industriegesellschaft
Anforderungen an die räumliche Planung

1. Vorbemerkungen

Weltweite Klimaveränderungen, das Ozonloch, Mülltourismus in Länder der 3. Welt oder die Verwüstung von Ackerböden in Afrika, aber auch z. T. nicht mehr reparable Grundwasserbeeinträchtigungen oder das Artenaussterben hierzulande sind Schlagworte, die wir täglich in den Zeitungen lesen. Ich will versuchen, einige Zusammenhänge zwischen diesen die Menschheit bedrohenden Sachverhalten und dem Gegenstand unserer Plenarsitzung herzustellen und daraus einige Schlußfolgerungen für die Fortentwicklung der Raum- und insbesondere der Landes- und Regionalplanung in der Bundesrepublik Deutschland zu ziehen. Dabei steht außer Zweifel, daß diese Überlegungen in gleicher Weise auch für die anderen Planungs- und Entscheidungsebenen, also die der Bauleit- und die der Bundesraumordnung gelten, hier aber aus Zeitgründen nicht vertieft werden können.

Die Wissenschaftliche Plenartagung soll Anregungen für die Fortentwicklung des Planungsinstrumentariums ''räumliche Planung'' für die 90er Jahre vermitteln. Der Bestandsaufnahme der Kollegen Schmitz und Treuner stimme ich weitgehend zu. Ausgehend von den derzeitigen politischen Rahmenbedingungen schätze ich aber die Situation der räumlichen Planung, was ihren politischen Stellenwert und ihre Zukunftsperspektiven in diesem unseren Land anbetrifft, wesentlich kritischer ein, als das in den verschiedenen Referaten und Diskussionsbeiträgen dieser wissenschaftlichen Plenarsitzung hier vorgetragen wurde.

Einmal ist ein deutliches Nord-Süd-Gefälle im Stellenwert der räumlichen Planung - gemessen an ihren eigenen Ansprüchen - zu konstatieren, so daß es weder gerechtfertigt noch begründet ist, von der Landes- oder der Regionalplanung in der Bundesrepublik Deutschland zu sprechen.

Zum zweiten ist der Begriff der ''staatlichen Planung'' derzeit hierzulande obsolet, egal, ob uns das gefällt oder nicht. Nachzudenken wäre darüber, wie jene aufgeklärt werden können, daß die Vorstellung von Planwirtschaft in den ehemals sozialistischen Ländern nichts mit dem gemein hat, was wir mit Planung bezeichnen, weil dieser sogenannten Planung fast alle konstitutiven Merkmale von Planung fehlten (Planen in Alternativen, Beteiligung von Parlamenten und Öffentlichkeit u.a.).

Und drittens erscheint es relativ plausibel, daß die strategischen Zielsetzungen und methodischen Ansätze der Raumplanung in den neunziger Jahren bei uns wesentlich verändert werden müssen. In dem Grundsatzreferat der Kollegen Schmitz/Treuner ist das vorsichtig angedeutet. Ich will nachfolgend nur einen - wenn auch m.E. besonders wichtigen - Aspekt behandeln.

Kritisch einzuschätzen ist also das Erreichte in der Raumplanung! Diese Kritik nur als die Einschätzung von Interessenvertretern oder von Außenseitern abzutun, die von der Praxis keine Ahnung haben, wäre leichtfertig[1]). (Die Anmerkungen befinden sich am Schluß des Beitrages.)

Zwar ist es gelungen, die regionalen Disparitäten (im großräumigen Maßstab) in der Infrastrukturausstattung weitgehend zu beseitigen (die Bundesrepublik Deutschland kann m.E. im internationalen Vergleich durchaus als ein Beispiel für Industrieländer des gleichen Entwicklungsstandes gelten), aber schon bei der Erwerbsstruktur sieht es nicht so positiv aus. Und wenn ich als ''Meßlatten'' die Freiflächenversiegelung oder die Erhaltung natürlicher Ressourcen (z.B. Artenaussterben, Nitratbelastung des Grundwassers) heranziehe, so ist schlicht zu konstatieren, daß diese Ziele, die ja auch in den einschlägigen Planungs- und Fachgesetzen normativ bestimmt sind, verfehlt sind, ja eine Zielerreichung sich nicht einmal andeutet. Demzufolge ist die räumliche Planung eben nicht so effizient, wie vielerorts behauptet wird.

Wenn die Notwendigkeit eines ökologischen Umbaues der Industriegesellschaften hierzulande ernsthaft kaum noch bestritten wird, so stellt sich dessenungeachtet auch für die räumliche Planung die Frage, welchen Beitrag sie dabei zu leisten vermag? Reicht es aus, Vorranggebiete für bestimmte ''grüne'' Funktionen (Landwirtschaft, Freizeit und Erholung, Wasserwirtschaft) auszuweisen (wobei es dann mit der Implementation solcher Konzepte schon schwierig wird) oder bei der planerischen Abwägung die Gewichte etwas stärker in Richtung ''Ökologie'' zu verschieben oder den Flächenanteil für Naturschutzgebiete zu vergrößern? Und wie steht es mit den raumordnerischen Konzeptionen der zentralen Orte, der Achsen oder der Ordnungsräume? Eine Prüfung der Umweltverträglichkeit dieser Konzeptionen insgesamt, aber auch im Detail, die ja vor allem unter den Prämissen des quantitativen Wachstums und der regionalen Umverteilung im Sinne der gleichwertigen Versorgung in den 60er Jahren entwickelt und erprobt wurde, steht noch immer aus.

Beim Ausmaß der Bedrohung und Zerstörung der natürlichen Lebensgrundlagen und der Geschwindigkeit des Zerstörungsprozesses weltweit, aber auch in den meisten Regionen, muß festgestellt werden, daß offensichtlich diese Art der Raum- und Ressourcennutzung, wie wir sie bisher betrieben haben und die vom Prinzip her zu umschreiben ist mit der Maxime, mit den endlichen natürlichen Ressourcen etwas sparsamer als bisher umzugehen, in die Sackgasse verläuft, weil eben vielerorts und in verschiedenen Bereichen ''the point of no return'' bereits überschritten und vieles nicht mehr reparabel ist. Ich erinnere nur an die Freiflächenversiegelung: der Prozeß der Versiegelung freier Flächen beschleunigt sich derzeit wieder, nicht zuletzt dank des Bauerleichterungsgesetzes.

Nun könnte argumentiert werden, dieses Problem zu lösen, sei zuvörderst eine Aufgabe der Umweltpolitik, und die räumliche Planung habe allenfalls flankierende Funktionen. Die Umweltpolitik, wie sie bei uns, aber auch in unseren Nachbarstaaten und in der EG ausgebildet ist, hat ihren Schwerpunkt immer noch in der Nachsorge und in der Gefahrenabwehr; sie dokumentiert ihre Erfolge trotz anderslautender Bekundungen der Politiker vor allem in der Anzahl der erlassenen Rechtsvorschriften, nicht aber am sich weiter verschlechternden Zustand der Umwelt.

Diese weiteren Verschlechterungen sind eigentlich deswegen zwangsläufig, weil am Prinzip des ressourcenvergeudenden Wirtschaftens, des Verkehrens, der Freizeitverbringung usw. durch Umweltpolitik seit 20 Jahren im Prinzip nichts geändert wurde: das Energiewirtschaftsgesetz von 1935 gilt uneingeschränkt, bei der Verkehrspolitik wurde mit dem Katalysator für die Öffentlichkeit Kosmetik betrieben (aber das Konzept des Massenindividualverkehrs nicht in Frage gestellt), und die Agrarpolitik, die nach wie vor auf eine Externalisierung der Umweltschäden programmiert ist, hat sich noch keinen Deut in Richtung auf eine umweltverträglichere Bodennutzung bewegt. Und auch die Bodenordnung, die ja durch das BBauG und später durch das BauGB judifiziert wurde, ist trotz der salvatorischen Klauseln zum Umwelt- und Bodenschutz im §1 dieses Gesetzes auf weitere Bodenzerstörung (oder Versiegelung) programmiert.

Ich müßte hier nun auf die Zusammenhänge von Wachstum und Ressourcenzerstörung eingehen und den damit im Zusammenhang stehenden Fortschrittsbegriff hinterfragen, weil diese Überprüfung auch für die derzeit gültigen Entwicklungskonzepte der Raumplanung erforderlich ist, kann dies aber aus Gründen des mir vorgegebenen Zeitrahmens nicht tun.

Einsichtig ist dessenungeachtet, daß wir an der "Stellschraube" der Ressourcen - und damit auch der Raumnutzung - maßgeblich "drehen müssen", wenn dieser oben skizzierte Prozeß zumindest im Trend abgeschwächt oder gar umgekehrt werden soll.

2. Der Umgang von Industriegesellschaften mit natürlichen Ressourcen; ein vereinfachtes Modell

Vergegenwärtigen wir uns einen sehr vereinfacht dargestellten Kreislauf, in dem sich der Umgang von hochindustrialisierten Systemen mit der Umwelt wie folgt beschreiben läßt:

- der Verbrauch von Umweltgütern erfolgt ohne Rücksicht auf Begrenzung und Endlichkeit, ohne Berücksichtigung von Irreversibilitäten. Die für den Verbrauch bestimmenden Regeln (Preise, internationale Verträge u.a.) erfassen diese Sachverhalte nur unzureichend oder nicht (z.B. bei sogenannten freien Gütern); Verbote erfolgen vom Prinzip nur bei Gesundheitsgefährdungen;
- für die Produktion benötigte Ausgangsstoffe, die auf der Erde nicht vorkommen und oft toxisch sind, werden mit hohem "Fremd"- Energieaufwand synthetisch hergestellt und oft unter Freisetzung hoher Mengen toxischer Stoffe zu Gütern verarbeitet;
- diese Güter werden sodann (ebenso wie die Vorprodukte) mit hohem energetischem Aufwand (gelagert und) verteilt (Verkehrssystem);
- beim Verbrauch werden die Konsumenten wiederum mit großen Mengen von toxischen Stoffen beeinträchtigt und zur Abfallproduktion veranlaßt;
- der Abfall wird entweder mit hohem Energieaufwand beseitigt oder als "Zeitbombe" zwischengelagert und der Natur wieder übergeben.

Solche Systeme sind in hohem Maße ökologisch und ökonomisch ineffizient[2]. Ökonomisch deswegen, weil die Mehrzahl der negativen Folgewirkungen externalisiert wird: entweder zu Lasten der Allgemeinheit oder zu Lasten der Zukunft.

Für die Raumplanung sind dabei vor allem zwei Aspekte bedeutsam:

- einmal werden durch diesen Umgang mit den Ressourcen die konstitutiven Elemente des Raumes nachteilig, z. T. irreversibel, verändert (Boden, Grundwasser, Landschaft);
- zum zweiten dadurch, daß Stoffe und Ressourcen, die für den Produktionsprozeß gebraucht werden, von den Peripherien zu den Zentren transferiert und Emissionen, insbesondere Abfälle, von den Zentren zu den Peripherien transportiert werden. Diese Regel gilt sowohl im nationalen räumlichen Bezugsrahmen (Zwischenlager für Kernbrennstoffe, Standorte von Sondermüll-

verbrennungsanlagen usw.) als auch im internationalen Maßstab (Mülltourismus in Länder der 3. Welt). Auch hier - aber nicht nur hier - gibt es Zusammenhänge zu den eingangs erwähnten globalen Bedrohungen.

Planungspraktiker werden nun zu Recht fragen, was haben toxische Stoffe mit unserer Aufgabe, den "Raum zu ordnen", zu tun? Sie werden behaupten, dies sei Sache der Fachpolitiken wie der Abfallbeseitigung, der Chemikalien- und Pflanzenschutzmittelzulassung oder des Immissionsschutzes.

Ich würde einer solchen Aussage mindestens zwei Argumente entgegenhalten: ein eher pragmatisches und praktisches und ein eher grundsätzliches.

- Wenn heute über den Standort einer Abfalldeponie oder eines großen Produktionsbetriebes zu entscheiden ist, kann dies nicht mehr verantwortlich getan werden, ohne die stofflichen Vorbelastungen des Raumes exakt zu analysieren und zugleich zu prognostizieren, welche zusätzlichen Raumbelastungen durch die geplante Investition zu erwarten sind. Gleiches gilt für eine Verkehrs- oder Stromtrasse; eine Selbstverständlichkeit, die ja in anderen Bereichen, z. B. im Hinblick auf die Auswirkungen dieser Investition auf den Arbeitsmarkt oder die Infrastrukturnutzung in der Raumplanung seit Jahrzehnten Stand der Technik ist.

- Die eher grundsätzliche Begründung ist die, daß wir mit den Raum- und Flächenkategorien, mit denen sich Raumplanung bisher befaßt (oder begnügt) hat, bei Entscheidungen für die Zukunft nicht mehr auskommen. Vorranggebiete für die Landwirtschaft werden ebenso nach der Intensität der Nutzung (und Zerstörung des Naturhaushaltes) differenziert werden müssen wie jene mit gewerblicher oder infrastruktureller Nutzung. Die Altlastenproblematik zeigt dies deutlich.

Festzustellen ist, daß diese weitergehende Differenzierung ja in der Planungspraxis schon vielfach vorgenommen werden muß, aber oft im Rahmen von Ad-hoc-Entscheidungen, ohne daß diese aktuellen Sachverhalte bereits Eingang in übergreifende planerische Konzepte gefunden hätten (sieht man von allgemeinen Aussagen in Plänen und Programmen ab, die dann aber diesbezüglich nicht instrumentiert sind).

3. Die Novelle des Raumordnungsgesetzes des Bundes (ROG); Anforderungen an die künftige Raumplanung

Mit der Novellierung des ROG 1989, die jetzt noch von den Ländern implementiert werden muß, ist eine vorsichtige "Ökologisierung" durch den Bundesgesetzgeber vorgenommen worden. Ich kann hier aus Zeitgründen eine Exegese der Vorschriften der neuen 1 und 2 sowie 6a nicht vornehmen. Anmerken möchte ich lediglich, daß meine ursprünglichen Forderungen weitergehend waren[3]). Neben einer allgemeinen Aufwertung ökologischer Belange (sie sind nach §1 nicht mehr nur zu beachten, sondern zu berücksichtigen) und wesentlich differenzierteren Grundsätzen zu den ökologischen Erfordernissen (§ 2 Abs. 1) erscheinen mir zwei Normaussagen im Zusammenhang mit meinem Thema besonders bedeutsam:

a. In §1 Abs. 1 ROG ist auch der Raumplanung die Verpflichtung auferlegt, "Gestaltungsmöglichkeiten der Raumnutzung langfristig" offen zu halten.

b. In § 2 Abs. 1, Ziff. 8 (wenn auch etwas versteckt), und in § 6 a (der das Raumordnungsverfahren regelt) ist der Auftrag an die Raumplanung normiert, auch die Wechselwirkungen der Eingriffe auf den Naturhaushalt zu erfassen und zu berücksichtigen[4]).

Wenn dies keine Leerformeln bleiben sollen, wird sich die Raumplanung mit den stofflichen Veränderungen des Raumes befassen müssen. Denn wie anders können Optionen offengelassen werden, wenn nicht auch die Veränderungen des Raumes selbst - soweit er durch Stoffeinträge verändert wird, und das ist wohl in der Bundesrepublik Deutschland flächendeckend die Regel - erfaßt, bewertet werden und darauf planerisch entsprechend reagiert wird?

Und auch die Notwendigkeit der Erfassung der Wechselwirkungen wird die Raumplanung zwingen, von der bisher geübten Praxis abzuweichen und die Umweltveränderungen fein säuberlich getrennt nach Zuständigkeiten oder Gesetzen (oder Umweltmedien) zu analysieren und zu planen. Die Frage ist, in welchem inhaltlichen Bezugsrahmen das erfolgen soll?

G. Schmitz hat 1988[5]) für die Regionalplanung der Zukunft die folgenden drei vorrangigen Anforderungen formuliert, die m.E. für die Raumplanung auf allen Ebenen gleichermaßen gelten:

1. Ein neues Verständnis für die Knappheitsbedingungen der Ressource Raum, das die qualitativen Veränderungen (Mehrfachnutzungen und -funktionen) mit einschließt.
2. Eine höhere Bewertung der natürlichen Ressourcen in Abhängigkeit von der jeweiligen Leistungsfähigkeit.
3. Offenlegung der Abwägungskriterien für Prioritätsentscheidungen.

Ich denke, daß diese Anforderungen konkret mit den Denkweisen und Instrumentarien heutiger Planungspraxis nicht erfüllt werden können, wenngleich mittlerweile Einzelbeispiele vorliegen, die Ansätze aufzeigen, wohin der Weg gehen könnte[6]).

4. Stoff- und Energiebilanzen als Instrument der Regionalplanung?

Wenn jährlich 50 Mrd. cbm Wasser in der Bundesrepublik Deutschland gewonnen, genutzt und wieder abgeleitet werden, 65 Mio. t Heizöl und 37 Mio. t Motorentreibstoffe verbrannt werden, 300 Mio. t Abfall zu beseitigen sind und immer noch 3 Mio. t Streusalz verwendet werden, soll mit diesen Daten beispielhaft aufgezeigt werden, welche Veränderungen auf dem Raum oder im Raum der Bundesrepublik Deutschland, wenn auch in regional unterschiedlichem Ausmaß, täglich durch diese Stoff- und Energieumsätze erfolgen.

Die Raumplanung hat sich bisher vorwiegend mit den räumlichen Konsequenzen dieses Stoff- und Energieumsatzes befaßt, sie war insofern weitgehend reagierend - und nicht agierend - mit der Bewältigung der Folgen tätig, weil

- dies - soweit der Staat darauf überhaupt Einfluß nahm - in die Kompetenz der einschlägigen Fachbehörden fällt (Gewerbeaufsicht usw., die aber von diesen nicht ausgefüllt werden) und
- seitens der Raumplanung bisher eine Bewertung von privaten Investitionen (ob und wie) aus ordnungspolitischen Gründen vom Prinzip her nicht vorgenommen (sondern als raumord-

nungspolitisch zweckmäßig unterstellt) wurde und lediglich über das "wo" mitentschieden wurde. Mir scheint, daß Leute, die in dem Zusammenhang sogar verfassungsrechtliche Einwände gegen Stoff- und Energiebilanzen vorbringen, die Funktion solcher Bilanzen noch nicht verstanden haben.

Mein Plädoyer geht dahin, diese Zurückhaltung aufzugeben und die stofflichen und energetischen Veränderungen in gleicher Weise zum Gegenstand raumplanerischer Analyse, Bewertung und Entscheidung zu machen, wie das die Raumplaner/innen seit langem mit den demographischen, wirtschaftsstrukturellen oder infrastrukturellen Sachverhalten machen.Erst die Analyse der stofflichen Veränderungen in einer Region - auch für die Bürger transparent gemacht - kann zu verantwortlichen Entscheidungen über Standort, Trassen und letztlich auch Entwicklungskonzepte führen.

Festzustellen ist, daß in jüngster Zeit auch in der Regionalplanung Ansätze in diese Richtung festzustellen sind. Ich verweise beispielhaft auf einige bayerische Teilraumgutachten. Der Vollzug des ROG, § 6 a, und auch des Gesetzes über die Einführung der Umweltverträglichkeitsprüfung wird die Notwendigkeit der Erfassung der stofflichen und energetischen Veränderungen beschleunigen. Schon die analytische Erfassung dieser Veränderungen wäre im Sinne der Vervollständigung der Informationen für Entscheidungen ein Gewinn und könnte vielfach zu besseren Abwägungen (Ergebnissen) bei konkurrierenden Nutzungsinteressen führen.

Die Raumplanung sollte die Erfahrungen, die in der Industrie dazu seit Jahren gesammelt wurden, auswerten, denn solche Stoff- und Energiebilanzen sind in der betrieblichen Planung keine neue Sache: sie werden seit langem im Anlagenbau angewendet und dienen dort prospektiv als Instrument der Technikentwicklung, Standortauswahl, Produktauslegung und Anlagenprojektierung. Ex post findet die Stoffbilanz Verwendung als umweltbezogene Prozeßkontrolle und dient z.B. auch zur Entscheidungsvorbereitung bei Anlagensanierungen.

Auch gibt es mittlerweile schon eine Reihe von Stoffbilanzen im regionalen und im Landesmaßstab, die S. Hofmeister in ihrer Dissertation nach dem Stand von 1989 dargestellt hat[7]), so z.B. die CKW-Bilanz für den Regierungsbezirk Darmstadt.

Mit der Anwendung des stofflichen Bilanz-Prinzips in der Regionalplanung könnten die Informationen darüber mit in die Planungsüberlegungen einbezogen werden, welche Stoffe tatsächlich und potentiell dem Naturhaushalt der Region entnommen, welche wieder abgegebenen Stoffe quantitativ umgesetzt werden und welche unkontrolliert an die Natur abgegeben werden?

Mit dem Auftrag an die Regionalplanung, die stofflichen Veränderungen mit in das Entscheidungskalkül einzubeziehen, wären vom Prinzip die gleichen Arbeitsschritte zu gehen, die in der Planungspraxis üblich sind, wobei auch bei diesem Ansatz die normative Bestimmung von Zielwerten (im Sinne der Vorsorge, also unterhalb der Grenzwerte) besonders bedeutsam und schwierig zugleich ist.

Mit den Ergebnissen solcher Bilanzen können aber auch Einspar- und Recyclingpotentiale aufgezeigt werden und damit könnte die Regionalplanung auch in stärkerem Maße als bisher die vielerorts geforderte regionale Moderatoren- oder Agenturfunktion für die gewerbliche Wirtschaft und andere Investoren ausfüllen.

In dem Gutachten (vgl. Fußnote 6) haben wir einmal die Ansätze für eine solche Bilanzierung, wie sie von der Regionalplanung durchgeführt werden könnte, aufgezeigt und uns zugleich auch mit einer Reihe von Einwänden auseinandergesetzt, die gegen solche Bilanzen vorgebracht werden könnten (z.B. Datenschutz).

Bilanzmodell (Regionale Planungsebene)

Bilanzart	Bilanzobjekt	Bilanzraum	Bilanzumfang, Merkmale	Verwendung der Ergebnisse
prozeßbezogene Bilanzen	gesamter Stoff-(Energie-)fluß, Produktionsprozeß, Verfahren (-steile)	Werk, technische Anlage, Anlagenteile, Apparaturen	weitgehende Vollständigkeit der Abbildungen von Stoff- (Energie-)umsätzen, Realisierung des Bilanz-Prinzips;	betriebsinterne Umweltplanung; Vorbereitung von RoVs und UBPen, Genehmigungs- und Zulassungsverfahren, Altanlagensanierung, Altlastenanalysen; Hinweise auf Risikostoffe und -bereiche;
stoffbezogene Verteilungsbilanzen (Produktion)	Stoffgruppen, Einzelsubstanzen	Werk, technische Anlage, Anlagenteile, Apparaturen	Realisierung des Bilanz-Prinzips; dient der Konkretisierung prozeßbezogener Bilanzen (z.B. "Spurenstoffe"); ergänzt die stoffbezogene Regionalbilanz;	Ermittlung des Anwendungsbereiches von Risikostoffen; stoffbezogene Bilanzierung (Region); Hinweise auf gefährdete Umweltbereiche in der Region;
stoffbezogene Bilanzen	Stoffgruppen, Einzelsubstanzen	Planungsregion (als geographisch abgegrenzter Raum), ggf. Teilräume	Bilanz-Prinzip läßt sich nicht vollständig realisieren; Ergänzungsbedarf um prozeßbezogene Bilanzen oder stoffbezogene Verteilungsbilanzen für die Anwenderbetriebe	Analyse der Gefährdungspotentiale und Problemstellen (Region); Grundlage stoffbezogener Maßnahmen (Substitution, Wiederverwendung); Ermittlung von Recyclingpotentialen; Hinweise auf Gefährdungspotentiale ("Frühwarnsystem") und Handlungsbedarf für prozeßbezogene Bilanzierungen

Aus: S. Hofmeister/K.-H. Hübler (1990): Stoff- und Energiebilanzen als Instrument der räumlichen Planung, ARL (Hrsg.), Beiträge 118, Hannover 1990.

Gegen eine solche Einführung von Bilanzen spricht eine Vielzahl von technischen Gründen (Datenerfassung, Arbeitsaufwand und dergl.); dessenungeachtet könnte mit ihnen eine bessere Qualität der regionalen Planung erreicht werden, in der die Grenzen und Möglichkeiten des Naturhaushaltes ebenso in die planerischen Entscheidungen in der Region mit einbezogen werden könnten wie die von außen auf die Region zukommenden Anforderungen. Bei der Infrastrukturplanung ist dieses Vorgehen ja schon immer gang und gäbe.

Ich sehe deshalb ein solches Instrument der Bilanzierung auch als geeignet zur Förderung der Eigenständigkeit der Regionen und zugleich als Möglichkeit, vorhandene regionale Potentiale nachhaltiger als bisher zu nutzen.

Daß solche Bilanzergebnisse als Naturhaushalts(Wirtschafts)berichte integraler Bestandteil der regionalen Raumordnungsberichte werden sollten und die Bewertung der Bilanzergebnisse in die planerischen Entscheidungen einbezogen werden muß, bedarf keiner besonderen Erwähnung.

Zu fragen ist, und ich habe eingangs schon auf das Argument verwiesen, ob dies nicht expressis verbis Sache der Umweltpolitik ist?

In verschiedenen Umweltgesetzen sind zwar Ansätze enthalten, die stofflichen Veränderungen der Umwelt zu minimieren oder zumindest zu kontrollieren zu versuchen. Zu verweisen ist auf das Chemikaliengesetz, das Arzneimittelgesetz, das Pflanzenschutzgesetz, das Wasch- und Reinigungsmittelgesetz, mit denen sogar z.T. medienübergreifend auf die Produktion von Stoffen Einfluß genommen werden soll. Diese Instrumente sind freilich auch wegen der langen Prüfverfahren wenig flexibel und hinsichtlich ihrer rechtlichen Anforderungen relativ begrenzt wirksam. Ihre Wirksamkeit ist auch deswegen eingeschränkt, weil die Umweltauswirkungen von Stoffen im Regelfall von den konkreten Eintrittsbedingungen in die Umwelt (Ökosysteme) abhängig sind. Der strenge Nachweis der Ursache-Wirkungszusammenhänge kann daher nicht immer Bedingung für umweltpolitisches Handeln sein, wie es derzeit geltendes Recht ist. Damit stehen diese Regelungen eigentlich in einem grundsätzlichen Widerspruch zum Vorsorgeprinzip, das an der Risiko- und Zukunftsvorsorge orientiert ist.

Aber auch die anderen Umweltgesetze sind nur in begrenztem Maße geeignet, vorsorgend Umweltschäden zu vermeiden. In ihnen sind zwar Ansätze vorhanden, die stofflichen Beziehungen systematisch zu erfassen. Verwiesen wird auf die Luftreinhalteplanung (basierend auf den Instrumenten Emissions-, Immissions- und Wirkungskataster (§§ 46 und 47 BImSchG)), die wasserwirtschaftliche Rahmenplanung (§ 36 WHG), die Bewirtschaftungsplanung von Gewässern (§ 36 b WHG) sowie in begrenztem Maße die Abwasserbeseitigungsplanung (§ 18 a Abs. 3 WHG) und die Abfallbeseitigungsplanung (§ 6 AbfG).

Die Erfahrungen der letzten Jahre haben freilich gezeigt, daß diese medialen oder sektoralen Instrumente nicht hinreichend waren - von Ausnahmen abgesehen -, Umweltvorsorge in der Form zu etablieren, daß die zerstörenden Trends zumindest hätten abgeschwächt werden können. Die Gründe hierfür können im einzelnen nicht dargelegt werden. Nur soviel: sie liegen einmal am medialen Ansatz und deren Implementierung, mit denen ökosystemaren Zerstörungen offensichtlich nicht beizukommen ist, sie liegen am konzeptionellen Ansatz (Gefahrenabwehr) und am Naturverständnis, wie es in unserem Rechts- und Wirtschaftssystem seit langem manifestiert ist (BGB u.a.).

Eine medienübergreifende Umweltvorsorgepolitik und -programmierung sowie deren Instrumentierung gibt es demzufolge hierzulande immer noch nicht (sieht man von verbalen Erklärungen auf einem hohen Abstraktionsniveau ab). Und wenn Raumplaner hin und wieder behaupten, in Regionalplänen oder Raumordnungsverfahren würde dieser Anspruch eingelöst, so läßt sich nachweisen, daß hierzu verbal (in den Zielen und Grundsätzen) positive Anforderungen formuliert werden. Weil aber die stofflichen Aspekte und damit wesentliche entscheidungsrelevante Sachverhalte ausgeblendet werden, fallen die Entscheidungen sodann zumeist nicht im Sinne der Prinzipien der Umweltvorsorge aus.

5.   Argumente für die Raumplanung

Wenn es zutrifft, daß die große Herausforderung an das Leistungsvermögen unseres Wirtschafts- und Gesellschaftssystems die Lösung der ökologischen Frage im Rest dieses Jahrtausends ist und wenn die Hypothese zutrifft, daß diese ökologische Frage vor allem durch den Umgang der Gesellschaft mit natürlichen Ressourcen in Produktion und Reproduktion bestimmt wird - oder anders formuliert - die stofflichen und energetischen Veränderungen und ihre Risiken in das Zentrum staatlicher Rahmensetzungen im nationalen und internationalen Maßstab und privatwirtschaftlicher Überlegungen rücken wird und muß, tellt sich die Frage, ob und wie die Raumplanung an dieser Rahmensetzung mitwirken soll und kann?

Ich habe versucht, die verschiedenen Möglichkeiten, die sich aus der Novelle des ROG für die Einbeziehung der stofflichen Diskussion eröffnen lassen, zu skizzieren. Ich habe weiter einen instrumentellen Ansatz aufgezeigt, mit dem es möglich wäre, diese stofflichen und energetischen Veränderungen analytisch, bewertend und entscheidend mit zu erfassen. Ich möchte abschließend, mehr als Plädoyer und pragmatisch begründet, einige Argumente nennen, die dafür sprechen, daß sich die Raumplanung auf allen Ebenen im Sinne einer Umweltvorsorgeprogrammierung alsbald umorientieren sollte. Dies auch eingedenk des neuerdings vielzitierten Bibelwortes: Wer zu spät kommt, den bestraft des Leben!

Die Institutionen der Raumplanung sollten sich mit den stofflichen und energetischen Veränderungen deswegen befassen, weil

- sie flächendeckend und raumbezogen arbeiten (im Gegensatz zu allen anderen staatlichen Institutionen, die jeweils nur funktions- oder sektorbezogene Kompetenzen und Erfahrungen haben);
- ihr ressortübergreifender Koordinierungsauftrag (stoffliche Veränderungen in der Umwelt erfolgen nicht nur durch die Produktion, sondern auch durch Verkehr, Freizeit, Wohnen usw.) die Möglichkeit bietet (§ 4 Abs. 1 ROG), ''die Wechselwirkungen'' umfassend in den Entscheidungsprozeß einzubeziehen und ''als Anwalt des Raumes'' im besonderen Maße diese Veränderungen offenzulegen und soweit als möglich zu vermeiden;
- die Institutionen der Raumplanung in der Bundesrepublik, wenn auch in unterschiedlichem Ausmaß (Nord-Süd-Gefälle?), arbeitsfähig sind. Der Neuaufbau einer Institution Umweltplanung, der hin und wieder diskutiert wird, würde 5 - 10 Jahre dauern.

Mein Plädoyer für eine landesweite und regionale Naturhaushaltswirtschaft soll Optionen für die Zukunft eines eingeführten Instrumentes staatlicher Daseinsvorsorge eröffnen. Mit dieser Naturhaushaltswirtschaft kann hier und heute begonnen werden, sie kann schrittweise entwickelt werden, und sie kann letztlich auch regional bewußtseinsbildend wirken! Und ich meine schließlich, die Umsetzung eines solchen Ansatzes könnte ein nachweisbarer Beitrag zur Verringerung der eingangs erwähnten globalen Bedrohungen sein, der auch die Verantwortung und den Beitrag eines reichen Industrielandes zur Lösung dieser Probleme deutlicher macht als die vielen verbalen Bekundungen.

Anmerkungen

1) Zusammenfassend: K.-H. Hübler (1990): Naturhaushaltswirtschaft - ein Aufgabenfeld der Raumplanung? In: Aktuelle Aspekte der Regionalplanung (Festschrift H. Weyl) (Hrg.: Akademie für Raumforschung und Landesplanung), Hannover

2) Den ökologischen Effizienzbegriff umschreibe ich mit den Parametern: Minimierung des Stoff- und Energieverbrauchs (der Inputs), Minimierung der Emissionen (Produktion, Konsum, Wohnen, sich erholen usw. (der Outputs), Möglichkeit der Wiedereinbringung von Abfall- und gebrauchten Stoffen in den ökologischen Kreislauf, Minimierung der nicht recyclebaren Stoffe.

3) Vgl. Novellierung des Raumordnungsgesetzes - Vorschläge des Ad-hoc-Arbeitskreises der Akademie (herausgegeben von der Akademie für Raumforschung und Landesplanung), Hannover, 1988, Anlage 2.

4) Dieser Begriff ist einer Vorschrift der EG von 1985 über die Durchführung der Umweltverträglichkeitsprüfung entlehnt.

5) G. Schmitz (1988): Anforderungen an die Landschaftsrahmenplanung aus der Sicht der Regionalplanung, in: Integration der Landschaftsplanung in die Raumplanung, Bd. 180 der Forschungs- und Sitzungsberichte der Akademie für Raumforschung und Landesplanung, Hannover.

6) Vgl. die Auswertung ausgewählter Regionalpläne von S. Hofmeister/K.-H. Hübler (1990): Stoff und Energiebilanzen als Instrument der räumlichen Planung . ARL (Hrsg.), Beiträge 118, Hannover.

7) S. Hofmeister (1989): Stoff- und Energiebilanzen - zur Eignung des physischen Bilanzprinzips als Konzeption der Umweltplanung, Nr. 58 der Schriftenreihe für Landschaftsentwicklung und Umweltforschung der TU Berlin, Berlin.

Forum II "Regionalplanung der 90er Jahre

DIETRICH FÜRST

Einführung

Nachdem gestern Grundsätzliches über die Raumplanung in den 90er Jahren gesagt wurde, sehe ich meine Aufgabe im Einführungsreferat für das FORUM II darin, die im FORUM zu diskutierenden Themen in einen systematischen Zusammenhang zu bringen. Dazu werde ich nochmals kurz die wichtigsten Herausforderungen der Regionalplanung in der überschaubaren Zukunft benennen, dann die notwendigen Anpassungen der Regionalplanung auf konzeptioneller, verfahrensmäßiger und institutioneller Ebene ansprechen und damit schließen, daß Regionalplanung politischer werden muß.

1.   Die Herausforderungen

Regionalplanung hat jetzt und noch mehr in den 90er Jahren die Chance, einen bisher nicht erlebten Bedeutungsgewinn realisieren zu können - allerdings muß sie die für sie günstigen Rahmenbedingungen aktiv nutzen, insbesondere angesichts der wachsenden Konkurrenz von Querschnittplanungen in der Landschafts- und Umweltplanung und in raumbeanspruchenden Fachplanungen wie der Forstwirtschaft, der Wasserwirtschaft oder der Abfallentsorgung!

Für den Bedeutungsgewinn sprechen in Stichworten:

(a) auf der inhaltlichen Ebene

- erstens die in Zukunft weiter zunehmende Nachfrage nach ökologischer Vorsorgeplanung: Stichworte sind die wachsende Bedeutung der "weichen Standortfaktoren", der "ökologische Umbau der Industriegesellschaft", die Internationalisierung der Umweltpolitik;

- zweitens der zunehmende Bedarf, Fachplanungen zu regionalisieren.

(b) Auch auf der institutionellen Ebene beobachten wir Herausforderungen, die zugunsten der Regionalplanung wirken. Wenigstens zwei sind zu nennen:

- erstens schreitet die faktische Dezentralisierung fort, sei es über die zunehmende Politisierung aller Lebensbereiche, sei es über die Regionalisierung von Fachplanungen, sei es in Reaktion auf die Zentralisierung und Internationalisierung von Entscheidungszentren in Politik und Wirtschaft durch "EG 1992". Oder sei es über Entlastungsstrategien des Staates, um auf dezentraler Ebene politische und fachliche Puffer zu bekommen, so daß nicht immer die Leistungsfähigkeit des Staates getestet und die Staatsautorität in Frage gestellt wird;

- zweitens wächst der Bedarf nach Institutionen, die zwischen sektoralisierten Handlungsträgern fachübergreifend vermitteln können (sog. "intermediäre Institutionen"). Die staatlichen Koordinationsformen "von oben" reichen dazu nicht aus. Vielmehr ist der dezentrale Ansatz, die Koordination "von unten", und zwar projektbezogen, komplementär dazu notwendig. Schlagworte hierzu sind: "Regionale Entwicklungsprogramme" oder Regional-Management.

(c) Schließlich ergeben sich auf der Verfahrens-Ebene für die Regionalplanung günstige Rahmenbedingungen

- erstens infolge der Politisierung der Planung durch Betroffene - vor allem über UVP und noch stärker, wenn die Verbandsklage eingeführt werden sollte;

- zweitens engagieren sich immer mehr private Unternehmen für die Entwicklung ihrer Standort-Region. Nicht zufällig bilden sich in den vom Strukturwandel besonders betroffenen Regionen regionale Initiativen von Unternehmern, die die Konkurrenzfähigkeit der Region erhöhen wollen - Beispiele sind der Initiativkreis Ruhrgebiet, das Hamburger "Unternehmenskuratorium Nord", die Initiative der Kasseler IHK "Pro Nordhessen", der "Hannover-Pakt". Die Grenzen zwischen öffentlichem und privatem Bereich sind ohnehin fließend geworden. Sie werden noch offener - das Schlagwort der public-private partnership steht dafür;

- drittens werden die metropolitanen Verdichtungsräume von den Ländern neu bewertet: von deren internationaler Bedeutung hängt auch die Bedeutung des Landes (mit) ab; die Verdichtungsräume können aber im System internationaler Metropolenkonkurrenz nur ihre Position halten oder verbessern, wenn
  - der Staat die notwendige Infrastruktur bereitstellt (DENTE 1990, 67 u.69);
  - der Staat die erforderliche Anpassungsfähigkeit an sich ändernde internationale Wettbewerbsbedingungen fördert (KNIGHT 1989).

Dieses Denken in wechselseitiger Abhängigkeit intensiviert die Kooperation zwischen Region und Land; es kennzeichnet vor allem Baden-Württemberg (Finanzplatz Stuttgart; Standortvorsorgeplanung) und NRW, möglicherweise in Zukunft auch Niedersachsen mit Expo 2000.

2.   Konzeptionelle Anpassungserfordernisse

Was folgt aus den Herausforderungen für die konzeptionelle Diskussion?

Zunächst, daß das Verhältnis von räumlicher Ordnungsplanung und strategischer Entwicklungsplanung neu durchdacht werden muß. Natürlich brauchen wir den ordnungspolitischen Zweig der Raumplanung als Kernbereich der Regionalplanung. Aber er darf nicht zur berüchtigten Negativplanung verkommen, und er bedarf eines spürbaren Gegengewichts durch politisch attraktivere regionale Gestaltungs- und Entwicklungsspielräume der Regionalplanung.

Was zum Kernbereich der Regionalplanung gehört, dürfte endlose Diskussionen herausfordern, da er jeweils anders zu definieren ist, je nach Funktion, die man der Regionalplanung zuweist. Das muß für Verdichtungsräume inhaltlich anders als für ländliche Räume diskutiert werden. Aber im Kern werden neben ordnungspolitischen Steuerungsstrukturen Konzepte der eigenständigen Regionalentwicklung damit verbunden sein müssen. Eigenständige Regionalentwicklung ist nicht "Münchhausen"-Strategie, sich "endogen" aus der Strukturschwäche herauszuziehen, sondern es ist ein politischer Ansatz, sich als Region wieder zum Herrn der eigenen Entwicklung zu machen. Das heißt je nach Region Unterschiedliches: In Verdichtungsräumen sind Entwicklungskonzepte für die ganze Region unrealistisch komplex und konsensaufwendig. Hier reduziert sich eigenständige Regionalentwicklung zunächst auf drängende übergemeindliche Gemeinschaftsaufgaben, z.B. regionale Freiraum- und Naherholungskonzepte, regionale Wasserversorgungskonzepte, Energieversorgungskonzepte, Abfallbeseitigungskonzepte etc. Die Regionalplanung kann hier Bedeutungsgewinn erzielen, indem sie als Initiator und Moderator solche Kollektivleistungen organisiert und zu einem Ergebnis führt. Das wird heute schon in einzelnen Verdichtungsräumen praktiziert, wobei die Regionalplanung sogar die konzeptionellen Anstöße gibt - Beispiele dazu finden sich in der Abfallbeseitigung und im Nahverkehr.

Dazu gehört auch, daß im Zuge von "EG 1992", aber noch mehr der DDR-Öffnung, zumindest im strategischen Denken der Handlungsträger die interregionale Regionenkonkurrenz wachsen wird. Bei der enorm gewachsenen Zahl international vergleichbarer Standorte und bei der hohen Kapitalmobilität ist entscheidend, welchen Beitrag zu unternehmerischen Problemlösungen ein Standort bietet - öffentliche Verwaltung, Forschungs- und Fortbildungsangebote, Lebensqualität für Mitarbeiter spielen eine ebenso große Rolle wie gute Verkehrs- und Kommunikationsverbindungen. Für diese Konkurrenzfähigkeit einer Region ist dann entscheidend,

- wie funktionsfähig sie ihre übergemeindlichen und überfachlichen Konsensfindungsprozesse organisiert;
- wie kooperationsfähig, innovationsbereit und effizient die regionalen Handlungsträger gemeinsame Problemlösungen entwickeln;
- wie flexibel eine Region auf wirtschaftlichen, sozialen und ökologischen Anpassungsbedarf reagieren kann.

Komplementär gewinnt aus umweltpolitischen Gründen die ordnungspolitische Funktion der Raumplanung an Gewicht, Leitlinien, Abwägungskriterien und Kontrollindikatoren vorzugeben. Dieser ordnungspolitische Steuerungsbedarf wird durch die den fachplanerischen Genehmigungsverfahren vorausgehenden Prüfverfahren - UVP, ROV - verstärkt werden.

Allerdings sollte man nicht übersehen: Die interregionale und internationale Regionen-Konkurrenz und die wachsende Abhängigkeit vom Staat senken deutlich den regionalen Handlungsspielraum. Um so entscheidender wird, daß die Region durch wirkungsvolle Organisation von vorausschauenden Planungs- und Entscheidungsprozessen die noch unausgeschöpften Reserven im Gestaltungsspielraum möglichst effektiv nutzt.

3. Institutionelle Konsequenzen

Höhere Anforderungen an die Gestaltungs- und Entwicklungsfunktionen der Regionalplanung verlangen auf der anderen Seite komplementäre Korrekturen im Institutionensystem. Das betrifft vor allem das Verhältnis der Regionalplanung zur Landesplanung. Die Regionalplanung der 90er Jahre braucht sowohl mehr dezentralen Gestaltungsspielraum als auch mehr ordnungspolitische Vorgaben der Landesplanung. Nordrhein-Westfalen beschreitet diesen Weg, indem es Aufgaben der Freiraumsicherung über ordnungspolitische Regelungen zentralisiert, gleichzeitig aber über die Zukunftsinitative Montanregionen (ZIM) und Zukunftsinitiative Nordrhein-Westfalen (ZIN) Anreize für eigenständige Regionalentwicklung schafft.

Die in vielen Ländern beobachtbare Tendenz der Landesplanung, sich konzeptionslos aus der Raumplanung zurückzuziehen, führt zur Überforderung der Regionalplanung. Insbesondere der landesplanerische Koordinationsverzicht gegenüber Fachplanungen belastet die Regionalebene. Im Gegenteil wird die koordinierende Querschnittfunktion der Landesplanung um so wichtiger, je mehr die Zentralisierung und Sektoralisierung von Politikfeldern durch die EG vorankommt!

Die Regionalplanung braucht deshalb landesplanerische Ordnungsregelungen in mindestens drei Feldern:

- erstens dort, wo die mit der Planung verbundene Konfliktregelung die Regionalebene überfordern würde. Hier müßte die Landesebene parametrische Vorgaben machen. Eine zunehmende Bedeutung werden deshalb Umweltqualitätsziele gewinnen;

- zweitens dort, wo die Regionalplanung ohne Hilfe der Landesplanung die Koordination der Fachplanungen nicht hinbekommen würde - die Landesplanung hat hier gewisse Orientierungspflichten gegenüber Fachplanungen zu übernehmen, z.B. bei der Verkehrsplanung, bei der Telekommunikation, bei der wirtschaftlichen Strukturpolitik, bei der Städtebauförderungspolitik; einen solchen Weg geht die Schweiz mit ihren ''Konzepten'' und ''Sachplänen'' auf der Bundesebene;

- und drittens dort, wo die Regionalplanung unendlich mühsamer eine Initiative für eine regionale Gemeinschaftsaufgabe durchsetzen müßte, als wenn auf Landesebene Aufforderungen für solche Initiativen vorgegeben würden, beispielsweise durch landesplanerische Ziele, regionale Konzepte für die Ver- und Entsorgungs-Infrastruktur zu entwickeln.

Auf der anderen Seite sollte der Kompromißspielraum der regionalen Ebene erweitert werden. Sie müßte die Möglichkeit erhalten, auftretende lokale Verteilungskonflikte (z.B. bei Vorranggebieten) über monetäre Vorteilsregelungen abzugleichen oder zumindest mit Hilfe ökonomischer Lenkungsinstrumente zu reduzieren (vgl. RAUTENSTRAUCH 1990). Hier könnten instrumentelle Angebote der Landesplanung hilfreich sein, z.B. finanzielle Ausgleichsfonds. Erforderlich wäre aber auch, daß die Landesplanung sich in die Diskussion zu ökonomischen Lenkungsinstrumenten einmischt und aus raumplanerischer Sicht, etwa zum Bereich des Bodenschutzes, Vorstellungen entwickelt.

4. Verfahrensmäßige Konsequenzen

Komplementär zum Vorangegangenen sollte sich Regionalplanung in Zukunft intensiver in der Mitarbeit an übergemeindlichen und überfachlichen Akutproblemen engagieren. Das ist notwendig, wenn Regionalplanung nicht irrelevant werden will. Denn:

- Erstens: Regionalplanung, die sich auf restriktive Ordnungsplanung beschränkt, gerät immer mehr in eine politische Randlage. Dagegen sollte sie ihre komparativen Vorteile der Problembearbeitung nutzen, und die liegen in ihrer Moderationsfunktion oder im Regional-Management bei der wachsenden Zahl der zu vernetzenden Handlungsträger und Variablen.

- Zweitens: Koordination ist heute mit klassischer ''Negativ-Koordination'' - man reagiert nur dort, wo man direkt betroffen ist - nicht mehr abgetan. Vielmehr heißt Koordination immer mehr auch: Kooperation in dem Sinne, daß die Regionalplanung Handlungsbeiträge von verschiedenen Fachplanungen, Gemeinden und sogar privaten Unternehmen problemspezifisch einfordert - aber nicht irgendwie, sondern nach bestimmten Handlungskonzepten der Raumplanung. Solche Koordinationsleistungen sind auf Regionsebene viel besser zu erbringen als durch eine staatliche interministerielle Gruppe. Die seit Jahren empfohlene Idee des ''Runden Tischs'' wird immer häufiger praktiziert. Hessen und Niedersachsen initiierten Regionalkonferenzen. NRW hat zudem über das Programm ''Zukunftsinitiative Montanregion (ZIM)'' finanzielle Anreize geschaffen und über die Regierungspräsidenten Organisationskompetenz bereitgestellt, um die Koordination von unten über regionale Aktionsprogramme praktisch werden zu lassen. Die ersten Erfahrungen sind grundsätzlich positiv. Die programmsystematische Koordination von unten gegenüber den zahlreichen staatlichen Finanzierungstöpfen kann eine Zukunftsaufgabe der Regionalplanung werden. Bei der großen Zahl der Fördertöpfe können über die problemspezifischere Koordination Doppelfinanzierungen vermieden und synergetische Effekte erzeugt werden. Beispiele gibt es aus Landwirtschaft, Naturschutz und Wasserschutz. Die Extensivierungs- und Stillegungsprogramme sind mit Naturschutzbelangen nicht koordiniert. Landwirte können bei der Agrarverwaltung Gelder für Extensivierungsmaßnahmen kassieren und gleich danach bei Naturschutzbehörden Subventionen aus dem Ackerwildkräuter-Programm und bei der Wasserwirtschaft aus dem Gewässerrandstreifenprogramm abholen. Umgekehrt könnte durch bessere räumliche Steuerung der Stillegungs- und Extensivierungsprogramme ein wesentlich höherer Zielerreichungsbeitrag für wasserwirtschaftliche und Naturschutz-Belange erzielt werden.

- Drittens wird Konsens-Management mit der Integration der UVP der ersten Stufe in das ROV eine große Aufgabe. Mit dieser UVP/ROV-Verknüpfung ist eine Eigendynamik freigesetzt worden, die auch das System der Regionalplanung ändert und politischer macht (LOTTERMO-SER 1990; FÜRST 1988). Zwar ist formal das ROV Angelegenheit der Landesplanungsbehörden, nicht der Planungsinstanzen. Formal kann das ROV keine neuen Raumordnungs-Ziele setzen. Aber für die UVP muß die Regionalplanung entsprechende Zielvorgaben machen, muß Grundsätze des Abwägens entwickeln und vor allem sicherstellen, daß die relevanten Problemdimensionen rechtzeitig und differenziert genug diskutiert werden.

Das bedeutet also: Die Regionalplanung wird immer stärker in die Funktionen des Planungs-Management, der Organisation, Moderation und Orientierung von kooperativen Planungs- und Handlungsprozessen hineinwachsen. Aber in dieser doppelten Erweiterung der Regionalplanung in die ordnungspolitische und in die entwicklungspolitische Dimension zeichnet sich ein Dilemma ab: Einerseits müßte aus umweltpolitischen Gründen die Aussagedichte der Regionalpläne zunehmen, andererseits wäre gerade dieses kontraproduktiv für ein wirksames Planungs-Management. Die Lösung wird zwar auch in konzeptionellen Antworten liegen müssen:

- im Einsatz von mehr ökonomischen Lenkungsinstrumenten;
- in der Entwicklung ökologisch verträglicherer Raumnutzungskonzepte.

Aber darüber hinaus wird sie in den institutionellen Weiterentwicklungen zu suchen sein:

- in der schon angesprochenen Arbeitsteilung mit der Landesplanung;
- in ergänzenden problemspezifischen Handlungsformen außerhalb der Regionalplanung, die dichtere Aussagen zulassen.

Einige Länder praktizieren sie bereits: Nordrhein-Westfalen mit den ''Raumplanerischen Leitbildern''; Bayern mit dem ''Teilraumgutachten''; Rheinland-Pfalz mit dem ''Regionalen Raumnutzungskonzept''.

Und es wird die Bereitschaft der regionalen Handlungsträger weiter zu entwickeln sein, zugunsten regionaler Kollektivbelange die kurzfristigen ökonomischen Interessen zurückzustellen. Das erfordert komplementär die Pflege und Entfaltung eines Regionsbewußtseins als kognitiv-normative (ideologische) Komponente des Prozesses. Ob auch dieses noch Aufgabe der Regionalplanung sein sollte, wage ich zu bezweifeln. Aber ihre Aktivitäten tragen in jedem Falle dazu bei.

5. Fazit

Die Regionalplanung der vergangenen 20 Jahre entwickelte drei beunruhigende Tendenzen:

- erstens zog sie sich immer mehr auf eine Fachplanung Raum zurück und unterließ die Auseinandersetzung mit Fachplanungen;
- zweitens nutzten umgekehrt Fachplanungen immer häufiger die Regionalplanung, um diese für sie Stellvertreter-Kämpfe in der Durchsetzung von Standort- und Flächenansprüchen ausfechten zu lassen: Wasserwirtschaft, Abfallwirtschaft, Energiewirtschaft sind Beispiele;
- drittens wurde ihr Beitrag zur Lösung gesellschaftlicher Probleme immer weniger sichtbar, je mehr sich daneben Landschaftsplanung und neuerdings Umweltplanungen etablieren.

Daraus leite ich die Konsequenz ab: Regionalplanung der 90er Jahre wird sich aus ihrer dominant ordnungspolitischen Funktion lösen und ihr Instrumentarium in Richtung der strategischen Planung sowie zu einem System des Planungs-Management weiterentwickeln müssen. Strategische Planung heißt dabei, Probleme frühzeitig wahrzunehmen, systematisch Stärken und Schwächen zu analysieren, Handlungskonzepte anzustoßen, Chancen und Risiken ihrer Umsetzung abzuschätzen und die Kooperation der Handlungsträger zu organisieren und zu moderieren.

Regionalplanung muß politischer werden und sich aus ihrer politischen Randlage befreien. Konkret heißt das: Sie muß sich stärker in fachpolitische Problemfelder einmischen. Sie muß die ökologischen Belange viel dezidierter und präziser vertreten, und sie muß die Fachplanungen auffordern, diese Belange in ihren Planungen stärker zu berücksichtigen. Notfalls muß sie Anregungen geben, wie das geschehen könnte. Konzeptionell sind dazu genug Ansätze auf dem Markt.

Was fehlt, ist das breite politische Bewußtsein von der Nützlichkeit der Regionalplanung zur Lösung der Probleme der 90er Jahre. Diese Nützlichkeit ist politischer Art. Was wir brauchen, sind Beispiele offensiver Regionalplanung in der Mitwirkung an aktuellen regionalen Problemlösungen. Die heutige Tagung könnte Anregungen dazu geben.

Literatur

Dente, B., Metropolitan governance reconsidered, or how to avoid errors of the third type, in: Governance, 3(1990), 55-74

Fürst, D., Aktivitätsfolgeabschätzung - zu ihren Auswirkungen auf Planungssysteme, in: Die öffentliche Verwaltung 41(1988), 49-56

Lottermoser, E., Was bedeutet die Umweltverträglichkeitsprüfung für die Praxis? In: Linien der Verwaltungsentwicklung, Oldenburg 1990 (Verwaltungswiss. Diskussionsbeiträge der Universität Oldenburg 16/1990), 31-41

Knight, R.V., City building in a global society, in: R.V.Knight, G.Gappert, Hg., Cities in a global society, in: Urban Affairs Annual Review 35(1989), 326-334

Rautenstrauch, L., Entwicklung von Organisationsstrukturen im Stadt-Umland-Bereich: Das Beispiel Rhein-Main, in: Aktuelle Aspekte der Regionalplanung, Hannover 1990 (Akademie f. Raumforschung u. Landesplanung), 133-145

DIETER GUST

Auftrag und Anwendung der Regionalplanung

In den 25 Jahren seit ihrer Verankerung im Bundesraumordnungsgesetz von 1965 hat die Regionalplanung Höhen und Tiefen erfahren. Die "Planungseuphorie" der 60er Jahre wurde abgelöst von der "Planungsfeindlichkeit" der 70er Jahre, und noch Anfang der 80er Jahre sprach man von der "Krise der Regionalplanung" in der Bundesrepublik[1]). (Die Anmerkungen befinden sich am Schluß des Beitrages.) In vielen Bundesländern führte der Wandel in der Grundstimmung zu organisatorischen Konsequenzen, die sich in der Beschneidung der selbstverwalteten Planungsverbände dokumentieren. In Baden-Württemberg haben die Regionalverbände als eigenständige Organisationen diese Krise - wenn auch mit Mühe - überstanden.

Inzwischen hat sich die Regionalplanung konsolidiert, auch wenn dies nicht von allen Beteiligten so gesehen wird. Die Kritiker sind vorsichtiger geworden, weil sie die wachsende Notwendigkeit der Aufgabe erkennen. Deshalb richtet sich die noch vereinzelt vorgebrachte Kritik mehr auf formale Fragen, zum Beispiel: wie kann man die Regionalplanung billiger haben? - und weniger auf inhaltliche Fragen, nämlich: ist die Regionalplanung notwendig?

Die Lobby der Regionalplanung wächst vor allem auf der kommunalen Ebene. Noch vor wenigen Jahren waren es hauptsächlich die kleinen, ländlichen Gemeinden, die zu der Regionalplanung standen, weil sie in ihr einen Partner gegenüber der mächtigen Bürokratie der Fachverwaltungen sahen. Heute sind es nun auch größere Städte in den Verdichtungsräumen, die auf die Regionalplanung zukommen.

Es ist u.a. das Problem der Flächenverfügbarkeit, das sie der Regionalplanung zutreibt. Die Fläche ist nicht vermehrbar, und die durch die Verwaltungsreformen (Eingemeindungen) gewonnenen Handlungsspielräume sind häufig aufgebraucht. Die Aufgaben der Städte haben aber nicht abgenommen, im Gegenteil, sie nehmen tendenziell noch zu. Gleichzeitig kommen verstärkt Flächenansprüche von seiten des Naturschutzes auf die Gemeinden zu.

Die geschilderten Probleme erfordern zunehmend die Kooperation über die Gemeindegrenzen hinweg. Dazu ist eine Plattform notwendig, die die Wirkungsverflechtungen des gemeinsamen Territoriums, des "Funktionsraums", erfaßt, und auf der gleichberechtigte Partner miteinander verhandeln können. Diese Plattform bietet die Regionalplanung. Sie hat sich vor allem dort bewährt, wo sie nicht der verlängerte Arm einer hierarchisch arbeitenden zentralen Planungsorganisation ist, sondern als Drehscheibe - als Vermittlungsscharnier - zwischen regionalen Interessen und fachlichen Sachzwängen fungiert.

Diese Drehscheiben- und Plattformfunktionen bestimmen den inhaltlichen Auftrag an die Regionalplanung, der in den Begriffen "Gegenstromprinzip", "Koordination" und "räumliche Gesamtplanung" angelegt ist, aber vielfach nur ungenügend verdeutlicht wird. Man kann es auch griffiger formulieren:

Die Aufgabe der Regionalplanung liegt in der Regionalpolitik. Daraus zieht sie einen

80

wesentlichen Teil ihrer Existenzberechtigung, und darauf muß sie verstärkt ihre Arbeitsweise ausrichten.

Nur zu einem Teil besitzt die Regionalplanung auch planungstechnische Funktionen im Sinn der Aufbereitung von Entscheidungsgrundlagen, also die Werkstattfunktion. Diese bleibt aber immer auf der Ebene der Politikberatung, denn die inseEinzelne gehende Ausarbeitung liegt bei den Fachplanungen und Fachpolitiken, der Kommunalplanung und Kommunalpolitik oder aber im Rahmen der Genehmigungsverfahren nach den jeweiligen Fachgesetzen.

In dem folgenden Schaubild wurde der Versuch unternommen, die Funktionen der Regionalplanung systematisch einander zuzuordnen:

Abb. 1: Regionalplanung: Arbeitsfelder, Aufgaben und Rollen

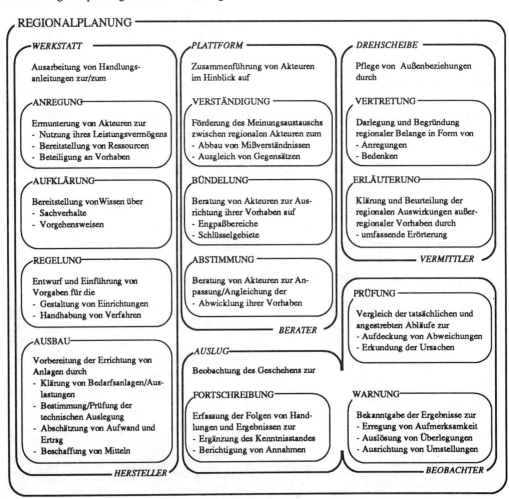

Quelle: Heidemann (1990)[2]

Vor diesem Hintergrund erweist sich die vermeintliche Schwäche der Regionalplanung, nämlich die fehlenden Umsetzungskapazitäten in Form von Investitionsmöglichkeiten und Genehmigungskompetenzen, zunehmend als eine politische Stärke. Als neutraler Sachwalter regionaler Interessen steht die Regionalplanung außerhalb partikularer, sektoraler Ansprüche. Sie hat somit die Chance zur Konfliktregelung auf horizontaler und vertikaler Ebene und die Möglichkeit, gemeinsame Initiativen zu Schlüsselproblemen und Engpaßbereichen anzustoßen. Es gibt mittlerweile viele Beispiele, die dies belegen und anhand derer man die Wirksamkeit der Regionalplanung nachweisen kann, auch wenn sie dabei oft nicht nach außen hervortritt.

Mit dieser Beschreibung des Auftrags und der Aufgaben der Regionalplanung rückt der Aspekt der Regionalpolitik sehr stark in den Vordergrund. Heidemann[2]) sieht dies als Folge des Reifeprozesses der Regionalplanung; dazu die folgende Abbildung:

Es stellt sich die Frage, ob diese Verlagerung der Betätigungsschwerpunkte nicht eine unausweichliche Notwendigkeit ist, wenn die Regionalplanung die zukünftigen Veränderungen, die ja noch gar nicht vollständig erkennbar sind, meistern will. Stärker als bisher müssen darauf die Instrumente ausgerichtet werden.

Die klassischen Instrumente der Regionalplanung sind unbestritten und haben sich mittlerweile einen festen Platz in der öffentlichen Verwaltung gesichert.

Abb. 2: Funktionswandel der Regionalplanung

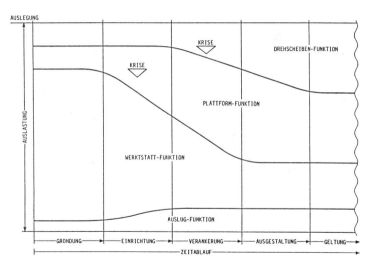

Quelle: Heidemann (1990)[3]

Die *Regionalpläne* liegen in fast allen Bundesländern flächendeckend vor. Ihre Plansätze sind durch entsprechende Genehmigungsvermerke (die die früheren Unbedenklichkeitsbescheinigungen ersetzt haben) zu verbindlichen Zielen der Raumordnung und Landesplanung avanciert. Ihr Stellenwert wächst, was sich an den aufwendigen Änderungsverfahren zeigt, die notwendig werden, wenn diese Plansätze einem konkreten Vorhaben entgegenstehen. Ein fast klassisches Beispiel dafür ist die Daimler-Benz Ansiedlung in den Rheinauen bei Rastatt.

Die *Beteiligung an Raumordnungsverfahren* und sonstigen Fachverfahren, zu denen auch die Bauleitplanung gezählt werden kann, ist unterschiedlich geregelt. Die Verankerung ist einmal durch die sog. Raumordnungsklauseln in den Fachgesetzen gegeben und zum andern durch die Einstufung der Regionalplanungsinstanzen als Träger öffentlicher Belange in einigen Bundesländern, wie z.B. in Baden-Württemberg.

Es darf nicht verkannt werden, daß diese Beteiligungsverfahren die eigentlichen, formalen Umsetzungs- oder Anwendungsinstrumente der Regionalplanung im Sinn der Beeinflussung von Entscheidungen sind. Dort, wo die Raumordnungsverfahren oder raumplanerischen Verfahren zu einem gängigen Instrument der Genehmigungspraxis geworden waren, hat die Regionalplanung schon seit langem einen erheblichen Einfluß geltend machen können.

Zwar gibt die Regionalplanung auch nur eine von vielen Stellungnahmen ab, ihr Gewicht im Verfahren zieht sie jedoch aus der vorgenommenen Abwägung der verschiedenen Belange, aus der Neutralität gegenüber sektoralen Ansprüchen und - wo vorhanden - aus der demokratischen Legitimation, entweder direkt durch eine Beschlußfassung über die jeweilige Stellungnahme in einem politischen Gremium oder durch die Anwendung eines beschlossenen Planes, der den regionalpolitischen Willen zum Ausdruck bringt.

Ein Teil der Durchschlagskraft dieses Instruments drohte verlorenzugehen, als die EG-Richtlinie zur Einführung der UVP zur Diskussion stand. Ein eigenständiges UVP-Verfahren neben einem Raumordnungsverfahren hätte wohl erhebliche methodische Probleme verursacht und beiden geschadet: der Landschaftsplanung ebenso wie der Regionalplanung.

Mit den *Teilraumgutachten* oder den Inselgutachten[4] kommt ein weiteres Arsenal von Instrumenten als neuer Ansatz ins Gespräch. Bei näherem Hinsehen stellt er sich als die Fortführung bereits etablierter Instrumente dar; es sind die räumlichen oder fachlichen Teilpläne, wie sie in manchen Landesplanungsgesetzen verankert sind.

Von Anfang an hat sich die Regionalplanung teilräumlichen und sektoralen Problembereichen mit vertiefenden Studien gewidmet. Es sei erinnert an Gutachten zur regionalen Bevölkerungsverteilung, zum Wanderungsverhalten, zu Defiziten der Wirtschaftsstruktur, zur Verkehrseinbindung, zur Energieversorgung, zum Siedlungsklima und zu vielen anderen Themen. Man könnte auch die Landschaftsrahmenpläne hier einordnen, zumindest in ihrem analytischen Teil[5]).

Diese Studien haben sich in ihrer Ausrichtung mit dem Reifeprozeß der Regionalplanung geändert. Ursprünglich dienten sie der Vorbereitung der Regionalpläne. Neuerdings werden sie verstärkt als Instrumente zur ''Umsetzung'' der Regionalpläne diskutiert. Dies wird teilweise in der Bezeichnung schon deutlich, wie z.B. in den häufig propagierten ''Regionalen Energieversorgungskonzepten'', den ''Regionalen Nahverkehrskonzepten'' oder auch den ''Regionalen Abfallentsorgungskonzepten''. Wer die Diskussion über solche Konzepte aufmerksam verfolgt, erkennt die Chancen, aber auch die Gefahren, die sich in diesem Ansatz verbergen. Die Chancen liegen in der Tat darin, daß die Regionalplanung mit solchen Teilplänen ihre Plansätze fachlich verdeutlichen kann; das ist zu begrüßen. Es besteht aber die Gefahr, daß sich die Regionalplanung dabei auf fachplanerische Ebenen begibt, für die sie weder eine Legitimation noch die notwendigen fachlichen Kompetenzen und erst recht keine Durchsetzungsbefugnisse hat.

Der Anspruch des Begriffs ''Konzept'' im Sinn einer Vorgabe zur technischen Realisierung weckt Erwartungen, die die Regionalplanung nicht erfüllen kann, und führt in der Folge davon zu den bekannten Frustrationen. Auch verbirgt sich dahinter eine fundamentale planungstheoretische und planungsmethodische Problematik, die aus der Aufgabenstellung der Regionalplanung herrührt. Die oben beschriebene Koordinationsaufgabe der Regionalplanung im Sinn der Regionalpolitik erfordert einen Ansatz, der über das ingenieurmäßige, technische Planungsverständnis hinausgeht, was sich auch auf die Methoden der Regionalplanung auswirken muß.

In Zukunft wird es darauf ankommen, stärker als bisher den ressort- und verwaltungsgrenzenübergreifenden Ansatz in den Mittelpunkt solcher regionaler Teilkonzepte zu stellen. Das erfordert eine Überprüfung der Methoden für die Erarbeitung solcher Teilkonzepte.

Vor diesem Hintergrund ist auch eine Überprüfung der "klassischen" Inhalte der Regionalpläne wie z.B. das *"Zentrale-Orte-Konzept"*, das *"Achsenkonzept"*, "das *Konzept der Vorrangbereiche"* etc. notwendig. Sie werden allzuoft als ingenieurtechnische Planungskonzepte verstanden und angewandt, deren sachliche Begründbarkeit von verschiedener Seite in Zweifel gezogen wird. Hingegen ist ihre Funktion innerhalb des regionalpolitischen Auftrags der Frühkoordination von Nutzungsansprüchen an den Raum unbestritten.

Probleme der Abgrenzung der Regionalplanung gegenüber den Fachplanungen

Für die gesamträumliche, sektorübergreifende Koordinationsaufgabe kann es keinen Algorithmus geben, der - einmal in Gang gesetzt - gewissermaßen zwangsläufig die beste Lösung hervorbringt. Hier besteht ein grundsätzliches Methodendefizit.

Häufig geht die Regionalplanung mit dem Anspruch der sektorübergreifenden Betrachtung an ein Thema heran, gerät dann aber in fachplanerische Betrachtungsweisen, weil sie methodisch nicht ausreichend gerüstet ist. Oft gelingt es ihr deshalb nicht, in ihrem Regelungsanspruch den spezifischen Ansatz der Regionalplanung deutlich zu machen. Sie verwischt dabei nicht nur ihr Profil, sie bleibt auch in ihrem Einfluß hinter ihren Möglichkeiten zurück.

Diese Problematik wird verstärkt durch die geforderte "räumliche und sachliche Konkretisierung der Ziele der Regionalplanung", die die "Entfeinerungsdiskussion der Regionalpläne" Anfang bis Mitte der 80er Jahre teilweise abgelöst hat[6]). Worin unterscheidet sich aber ein Vorrangbereich bzw. ein schutzbedürftiger Bereich für Naturschutz- und Landschaftspflege von einem Naturschutzgebiet, wenn dort im Sinn der Konkretisierung eine möglichst exakte Abgrenzung und eine möglichst detaillierte Auflistung der dort vorgesehenen Beschränkungen vorgenommen wird?

Wären dann nicht die regionalplanerischen Vorrangbereiche eine vorweggenommene Ausweisung von Naturschutzgebieten oder Landschaftsschutzgebieten? Welche Aufgaben blieben dann noch den Fachplanungsträgern und welcher Entscheidungsspielraum den Genehmigungsbehörden? Kann oder soll die Regionalplanung die Aufgaben der Fachverwaltungen übernehmen oder vorwegnehmen?

Ein Beispiel aus der Praxis[7]):

Bei der Fortschreibung eines Regionalplans wurde der Versuch unternommen, die Vorrangbereiche zur Sicherung von Grundwasservorkommen räumlich und sachlich so konkret wie möglich darzustellen. Das Ergebnis waren klar abgegrenzte Flächen, und in den dazugehörenden Plansätzen waren ebenso deutlich die Bindungswirkungen angegeben:

Kein Einsatz von Herbiziden, Pestiziden und Düngemitteln in der Landwirtschaft, keine baulichen Anlagen, kein Umbruch von Wiesen etc.

Im Anhörungsverfahren kam es dann zu heftigen Einsprüchen von seiten der Wasserbehörden, was zunächst überraschte, denn eigentlich war ja vorgesehen, die Wasserwirtschaft mit den regionalplanerischen "Zielen" zu unterstützen. Deshalb wurde die Kritik lediglich als der Versuch der Wasserbehörden betrachtet, ihren Kompetenzbereich gegenüber der Regionalplanung zu verteidigen. Aber die Ursachen für die Einsprüche liegen tiefer.

Zu Recht verwiesen die Vertreter der Fachbehörden auf den gesetzlichen Rahmen ihrer Tätigkeit. Ihre Ausweisungen - im gewählten Beispiel die Ausweisung von Wasserschutzgebieten - haben konkrete Auswirkungen auf die einzelnen Bürger, d.h. auf die Verfügungsgewalt über ihr Eigentum und dessen Wert.

Eingriffe in das Eigentum unterliegen nach dem Grundgesetz jedoch einer sehr kritischen Beurteilung und Begründungsnotwendigkeit. Deshalb sind für die Ausweisung von Wasserschutzgebieten sehr differenzierte Verfahrensschritte vorgeschrieben, die zum Ziel haben, das Eigentum des Bürgers vor staatlicher/planerischer Willkür zu schützen. Das ist nicht nur richtig, sondern auch notwendig[8]). Es bedeutet, daß der Ausweisung von Wasserschutzgebieten mit Probebohrungen und Pumpversuchen exakte Analysen vorausgehen müssen, die die Notwendigkeit von Beschränkungen eindeutig, d.h. gerichtsfest nachweisen. Selbstverständlich ist daher auch eine exakte, d.h. parzellenscharfe Abgrenzung notwendig.

Stellen wir dieser Notwendigkeit nun die regionalplanerischen Vorrangbereiche zur Sicherung von Wasservorkommen gegenüber. Sie können schon vom Ansatz her diese Anforderungen nicht erfüllen. Zum einen hat die Regionalplanung weder die technische noch die personelle Ausstattung für solche Analysen, zum anderen würde sich - wenn sie diese Analysen durchführen könnte - die regionalplanerische Ausweisung sachlich in nichts von der fachplanerischen Ausweisung unterscheiden. Wo liegt dann ihre Rechtfertigung?

Die regionalplanerischen Ausweisungen haben nur dann eine Berechtigung, wenn sie sich von den fachplanerischen Ausweisungen unterscheiden. Ein wesentliches Unterscheidungsmerkmal ist der zeitliche Planungshorizont. Wenn die Regionalplanung im Sinn der rahmensetzenden Frühkoordination langfristig vorsorgende "Ziele" aufstellen soll, dann muß sie im Vorfeld fachplanerischer Festsetzungen tätig werden, sie muß früher und damit schneller agieren können. Wenn sie schneller agieren will, müssen zwangsläufig die Analyse- und Planungsmethoden andere sein als bei den Fachplanungen. Dementsprechend müssen auch die Aussageschärfe und die Bindungswirkung der Regelungen differieren. Schließlich werden deshalb die Aussagen der Regionalplanung ja nur behördenverbindlich, d.h., daß sie einer weiteren Konkretisierung durch die dafür zuständigen Behörden bedürfen, bevor sie eine Bindungswirkung gegenüber dem Eigentümer bzw. dem Bürger entfalten.

Dies nun war der Kernpunkt der Kritik der Wasserbehörden an den Plansätzen zu den Vorrangbereichen zur Sicherung von Wasservorkommen. Die Wasserbehörden können sich durch derart konkretisierte "Ziele" des Regionalplans nicht an Aussagen binden lassen, die die fachlichen Genehmigungsverfahren vorwegnehmen. Schließlich sind die notwendigen Analysen als Voraussetzung für die Abgrenzung der unterschiedlichen Schutzzonen noch nicht durchgeführt.

Dieses Beispiel kann man verallgemeinern. Die dargestellte Problematik gilt für alle anderen Fachplanungen und auch für die Bauleitplanung gleichermaßen, ob dies nun Naturschutzgebiete, Landschaftsschutzgebiete, Rohstoffsicherungsgebiete oder Wohnbaugebiete sind. Sie gilt auch für Straßentrassen, Leitungstrassen und sonstige Infrastruktureinrichtungen. Mit jedem Versuch, der geforderten räumlichen und sachlichen Konkretisierung der "Ziele der Regionalplanung" mit fachplanerischen Methoden und Begründungen gerecht zu werden, begibt sich die Regionalplanung in die Zuständigkeiten der Fachbehörden oder in die Planungshoheit der Gemeinden. In vielen Fällen ist sie deshalb zum Scheitern verurteilt. Die Ursache dafür liegt in dem geltenden Verwaltungs- und Rechtssystem und nicht nur in der politischen Schwäche der Regionalplanung, wie oft behauptet wird.

Die Konsequenz daraus ist, daß die Frage "Entfeinerung oder Konkretisierung", die "stärkere ökologische Orientierung", aber auch die "regionalpolitische Ausrichtung der Regionalplanung" nicht ohne eine grundsätzliche Erörterung der Aufgaben und des Stellenwerts der Regionalplanung im System der Planung und Verwaltung behandelt werden darf. Lange wurden diese institutionellen und verwaltungsorganisatorischen Aspekte in der regionalplanerischen Methodendiskussion zu gering bewertet oder sogar verdrängt.

Die formale Unterscheidung zwischen regionalplanerischen Vorrangbereichen und den fachplanerischen Schutzgebieten reicht nicht aus, wenn nicht gleichzeitig auch das regionalplanerische Instrumentarium methodisch auf eigene Füße gestellt wird. Das heißt, daß vor allem auch die institutionellen Rahmenbedingungen einbezogen und die Regelungsansprüche auf die regionalplanerische Aufgabe, nämlich die Koordinationsaufgabe, ausgerichtet werden. Ansätze dazu sind vielfach vorhanden, man müßte sie systematisch zusammenführen.

Methodische Ansprüche an die Regionalplanung im Sinn von Regionalpolitik

Die aktuellen Veränderungen und die noch auf uns zukommenden Ansprüche daraus fordern die Regionalplanung auf vielen fachlichen Ebenen heraus, sei es im Verkehr, im Umweltschutz oder in der Energieversorgung, im Wettbewerb um Standorte für Industrieanlagen oder bei Umstrukturierungsprozessen in der Landwirtschaft, bei der Angleichung von Normen in der EG oder bei Veränderungen der Bevölkerungsstruktur, um nur einige zu nennen. Die Regionalplanung muß sich verstärkt um diese Veränderungen selbst, insbesondere aber um die Wechselwirkungen zwischen ihnen bemühen.

Die Regionalplanung ist deshalb gefordert, diese Veränderungen dezentral in den Rahmen eines räumlichen und sachlichen Bezugssystems zu stellen, um ihre Folgen und Wirkungen umfassend und systematisch erfassen zu können. Einen Ansatz dazu liefert das folgende Schaubild:

Abb. 3: Das begriffliche Gliederungsschema der Regionalplanung

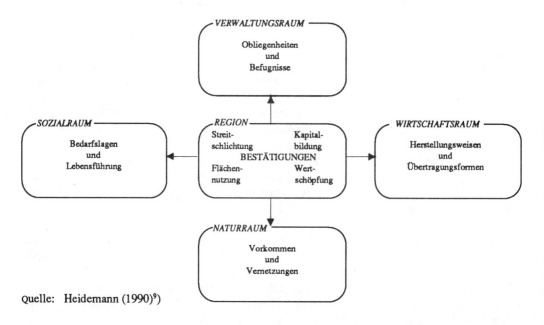

Quelle: Heidemann (1990)[9])

Der Planungsraum, hier die Region, wird als ein Wirkungsgefüge verstanden, bei dem institutionelle, soziale, ökonomische und ökologische Randbedingungen (''settings'') zu unterscheiden sind.

Dieses Schema eignet sich hervorragend als Gliederungsraster, als methodischer Ansatz für raumplanerische Analysen. Es ist allerdings sehr generell. Für die konkrete Anwendung bedarf es der sachlichen Zuspitzung, z.B. für den Anwendungsfall einer (hypothetischen) Wüstenregion (s. Abb. 4).

Der sachliche Bezugsrahmen wird nun leicht verständlich:

- kein Wasser (ecological setting) - keine Vegetation;
- keine Vegetation - keine Landwirtschaft;
- keine Landwirtschaft (economic setting) - keine Nahrungsmittelproduktion - keine Ernährungsgrundlage;
- keine Ernährungsgrundlage (social setting) - keine Bevölkerung;
- keine Bevölkerung - keine Organisationen bzw. Verwaltung (institutional setting) - keine Maßnahmen usw.

Was soll damit gezeigt werden?

Zunächst zeigt dieses Schema in seiner Einfachheit sehr deutlich, wie Veränderungen in einem Teilbereich eines Planungsraums in andere Teilbereiche übergreifen und damit das gesamte Gefüge in Bewegung bringen. Nicht die Wirkung einer Veränderung innerhalb eines Teilbereichs ist der Gegenstand regionalplanerischer Überlegungen, sondern die Wirkungen, die davon

Abb. 4: Vereinfachtes Wirkungsgefüge am Beispiel einer konstruierten Wüstenregion

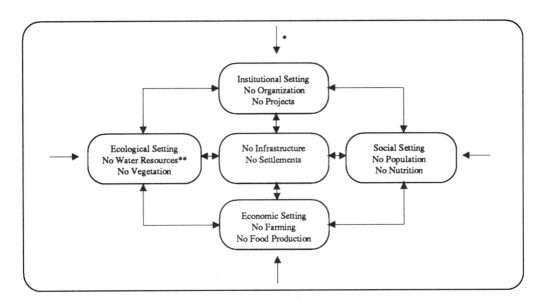

*) Any input or change within a specific setting will influence the components of the other settings.
**) You can replace water bei any other natural recource; instead of "no" you can fill in "more" or "less".

Quelle: Gust, D.:Vorarbeiten für das "Regional Planning Manuel for Liberia", Monrovia 1987.

in den anderen Teilbereichen ausgehen. Es sind die Verbindungspfeile in dem Schaubild, die den Gegenstand der Regionalplanung charakterisieren. Darauf sollte die Regionalplanung verstärkt ihre Analysemethoden ausrichten, denn für diese Wechselwirkungen sind keine Fachbehörden zuständig.

Zum anderen aber wird an diesem Schema die Problematik des deterministischen finalen Planungsverständnisses deutlich, das dem ingenieurwissenschaftlichen und auch ökonometrischen Planungsbegriff häufig zugeschrieben wird. Dieser Planungsbegriff führt zu dem bekannten Muster der Arbeitsorganisation: Analyse - Planung - Realisierung oder Planung - Bau - Betrieb.

Es stellt sich die Frage, ob ein solcher Planungsbegriff der Aufgabe der Regionalplanung gerecht werden kann oder ob das weitgehend offene System der Region nicht zu verzweigt ist, als daß man es modellhaft auf ein vorgebbares "Ziel" hin planen könnte.

Damit ist die Kernfrage angesprochen: Es ist der (planungs)philosophische Unterschied zwischen Platon und Popper.

Platon sieht (vereinfacht) die Welt als Knospe, die dem in ihr angelegten Idealzustand als Blüte zustrebt. Man muß nur die Knospe kennen, um zu erkennen, ob daraus eine Rose oder eine Kirschblüte wird.

Popper bestreitet, daß es einen solchen Idealzustand der Welt geben kann, der einer gesellschaftlichen Planung zugrunde gelegt werden könnte. Er sieht die Welt in einem ständigen Wandlungsprozeß mit offenem Ende. Man kann also keinen Idealzustand als "Entwicklungsziel" konstruieren und entsprechend Unterziele bzw. Maßnahmen ableiten, die es zu verwirklichen gilt. Daher sein Vorschlag des schrittweisen Vorgehens, des sog. "piece-meal-engineering".

Die Konsequenzen daraus werden in den folgenden sechs Thesen zur Diskussion gestellt[10]):

These 1:

Regionalplanung ist grundsätzlich zu begreifen als eine Aufgabe der Informationsvermittlung im Sinn der Wissensverarbeitung, d.h., es geht um die Gewinnung, Aufbereitung, Verknüpfung und gezielte Verbreitung solcher Kenntnisse, die für die Empfänger nützliche Hilfen und in bestimmten Fällen auch verbindliche Vorgaben für das Handeln in der Region darstellen.

Wissen und Kenntnisse, also "Information", umfaßt dabei nicht nur Analyseergebnisse (Befunde) und Vorausschätzungen, sondern auch Konzepte sowie wertende/normative Aussagen, die die Handlungsmöglichkeiten und den politischen Willen zur Beeinflussung der Verhältnisse und Vorgänge in der Region ausdrücken.

These 2:

Regionalplanung umfaßt diejenigen planerischen Aktivitäten, die die vielfältigen Akteure der Region (Institutionen, Unternehmen, Individuen) zu einer besseren Abstimmung ihrer Handlungen befähigen bzw. veranlassen sollen.

Zwar soll die Regionalplanung konkrete Maßnahmen anregen und unterstützen, dennoch muß die Aufgabe der sektorübergreifenden Planung gesondert betrachtet werden von den Aufgaben der Verwirklichung. Einzelne Maßnahmen bedürfen in der Regel der weiteren Präzisierung und Ausgestaltung durch sektoral zuständige Stellen.

These 3:

Regionalplanung als Prozeß der Wissensverarbeitung im Sinn der "Informationsvermittlung" ist eingebunden in ein organisatorisches Bezugssystem, das im wesentlichen gekennzeichnet ist durch

- die Planungsorganisation als die Instanz, die das notwendige Wissen aufarbeitet und aussendet,
- die zu vermittelnden "Informationen", also Kenntnisse als Mitteilungen in Form von Nachrichten und Anleitungen, wozu auch der "Plan" zu zählen ist,
- die Adressaten der Mitteilungen als Empfänger, also die Akteure innerhalb und außerhalb der Region, die es zu beeinflussen gilt.

Der Erfolg der Nachrichtenübermittlung, d.h. in diesem Fall der Erfolg der Regionalplanung, hängt sehr wesentlich von der Kenntnis der Adressaten und deren Handlungsmöglichkeiten ab.

Die Richtung und der Inhalt der abgegebenen Kenntnisse und Handlungsanleitungen müssen auf den Adressaten abgestimmt sein, wenn sie Wirkungen erzielen sollen.

Die Konsequenz für die Regionalplanung ist deshalb:

Nicht nur die sachliche Aufbereitung ist wichtig, sondern auch die genaue Kenntnis des Instanzengefüges, in dem das ausgesandte Wissen und die Handlungsanleitungen wirken sollen.

Dies bedingt, daß sich auch die Art der regionalplanerischen "Informationsaufbereitung" (z.B. als Bericht, Gutachten, Plan, Resolution etc.) an dem räumlichen, dem organisatorischen und dem sachlichen 1 Bezugssystem orientieren muß.

Darauf gehen die nächsten Thesen ein.

These 4:

Der Planungsraum muß als ein räumliches (territoriales) Bezugssystem verstanden werden mit dem Grundgedanken, daß dieser Planungsraum in einer jetzt nicht näher zu definierenden Form als Einheit zu verstehen ist, als ein Raum mit eigenen Kreisläufen (Zyklen), mit spezifischen Interessen und Potentialen, die dezentral zur Geltung gebracht werden sollen.

Interessenausgleich im Innern und Interessenvertretung nach außen sind die Aufgaben der Regionalplanung.

These 5:

Dieser so definierte Planungsraum stellt jedoch vom Ansatz her auch ein sachliches Bezugssystem dar. Innerhalb der Region agieren verschiedenste Akteure mit sehr unterschiedlichen Ansätzen und Absichten. Ihre Aktivitäten sind auf das Erreichen von sektoralen bzw. individuellen Zielen ausgerichtet.

Innerhalb der Sektoren laufen die Entscheidungen nach festgefügten Mustern ab, ein Koordinationsbedarf im Innern dieser Entscheidungslinien ist in aller Regel nicht gegeben. Der Koordinationsbedarf und damit die Aufgabe der Regionalplanung entsteht an den Stellen, wo die Wirkungen einzelner Handlungen die Sektoren verlassen. Dort tut sich der spezielle, originäre Ansatzpunkt der Regionalplanung auf.

These 6:

Die Raumplanung steht somit auch in einem organisatorischen Bezugssystem, also in enger Verflechtung mit der Verwaltung und der Politik. Dies erfordert eine sorgfältige Analyse der Interdependenzen der sektoralen Aktivitäten einerseits und des vernetzten Wirkungsgefüges eines offenen Systems andererseits.

Durch gezieltes Einbringen von fach- und grenzübergreifenden Erkenntnissen in dieses Wirkungsgefüge koordinierend einzugreifen, ohne Ansprüche auf formale Fachkompetenzen zu erheben, ist die schwierige Aufgabe der Regionalplanung. Sie ist damit hochpolitisch und erfordert ein hohes Maß an sachlicher Kompetenz und Diplomatie gleichermaßen.

Schlußfolgerungen und Ausblick

Die rapiden Veränderungen, die sich für die 90er Jahre abzeichnen, ja schon eingeleitet sind, stellen die Regionalplanung nicht nur vor erhöhte fachliche Aufgaben. Die Ausweitung der Aktionsräume und die Verlagerung von Kompetenzen im Rahmen des EG-Binnenmarktes sowie der Öffnung Osteuropas begründen die Notwendigkeit und eröffnen damit die Chance dafür, daß die Regionalplanung in ihrer dezentralen regionalpolitischen Ausprägung ein stärkeres Gewicht erlangt.

Dazu ist es notwendig, daß die Regionalplanung stärker als bisher die ihr eigene Sichtweise auch in einer unverwechselbaren Arbeitsweise erkennbar werden läßt, d.h., daß sie ein eigenes unverwechselbares Profil bekommt. Soll die Regionalplanung ihre Aufgaben der Beratung und Vermittlung im Sinn der dezentralen regionalpolitischen Frühkoordination erfüllen, müssen die das Geschehen in einer Region beeinflussenden Akteure wissen, was man der Regionalplanung zumuten und was man von ihr erwarten kann.

Wir Planungspraktiker sollten deshalb überprüfen, ob wir die uns eigene sektor- und verwaltungsgrenzenübergreifende Sichtweise in unseren regionalpolitischen Initiativen und regionalplanerischen Ausarbeitungen bislang ausreichend berücksichtigen.

Verschaffen wir uns also eine größere Klarheit darüber, was eine stärkere regionalpolitische Orientierung der Regionalplanung für unsere Arbeitsweise bedeutet, und fordern wir dann von den Fachdisziplinen gezielt die notwendigen Grundlagen, die wir für diese Aufgaben benötigen.

Fordern wir gleichzeitig aber auch von den Disziplinen, die sich mit der Raumplanung beschäftigen, Unterstützung bei der Suche nach einem klaren methodischen Konzept für die in Zukunft stärker auf die dezentrale Regionalpolitik ausgerichtete Tätigkeit.

Anmerkungen

1) Bundesforschungsanstalt für Landeskunde und Raumordnung (Hrsg.): Informationen zur Raumentwicklung Heft 12, Regionalplanung in der Krise? Bonn 1980

2) Heidemann, C.: Regional Planning Methodology, The First and Only Annotated Picture Primer on Regional Planning, IfR Diskussionspapier Nr. 16, Preliminary Pre-Print Edition 3/90, Karlsruhe 1990

3) Heidemann, C.: Grundlagen der Regionalwissenschaft, Vorlesungsskript WS 1989/90

4) Akademie für Raumforschung und Landesplanung (Hrsg.): Teilraumgutachten in der Raumplanung, 11. Seminar für Landesplaner in Bayern, Hannover 1988

5) Gust, D.: Der Landschaftsrahmenplan, Fachplan für Naturschutz und Landschaftspflege oder integrierter Bestandteil der Regionalplanung? Der Ansatz Neckar-Alb. Vortrag für die Akademie für Raumforschung und Landesplanung, LAG Baden-Württemberg, Manuskript, Tübingen 1988; siehe auch: Gust, D.: Der Landschaftsrahmenplan, eine weitere Beschränkung der kommunalen Planungshoheit oder Gestaltungschancen für die Gemeinden? In: Die Gemeinde (BWGZ) 5/88, Gemeindetag Baden-Württemberg, Stuttgart 1988

6) Anordnung des Innenministeriums über die Aufstellung von Regionalplänen und Empfehlung der Arbeitsgemeinschaft der Regionalverbände zum Inhalt des Regionalplans vom 27.06.1986, Gemeinsames Amtsblatt des Landes Baden-Württemberg (GABl. S. 646 u. 661), Stuttgart 1986

7) Gust, D.: Aufgaben und Ansprüche an die Regional- und Landesplanung, Grundlagen zur Methodendiskussion aus der Sicht der Planungspraxis, Vortrag an der Universität Dortmund, unveröff. Manuskript, Tübingen 1989; siehe dazu auch:

8) Schmidt-Aßmann, E.: Rechtswirkungen fachgesetzlicher Schutzgebiete und regionalplanerischer Vorrangbereiche, am Beispiel des Grundwasserschutzes. In: Akademie für Raumforschung und Landesplanung, Arbeitsmaterialien Bd. 128, Hannover 1987

9) Heidemann (1990), siehe Anmerkung (2)

10) Bundesministerium für Wirtschaftliche Zusammenarbeit: Sektorkonzept Regionalplanung, Grundsätze für die Vorbereitung und Durchführung von Vorhaben der entwicklungspolitischen Zusammenarbeit in der raumbezogenen Planung, Bonn 1988; siehe auch: Gust, D.: UVP-Katalog Raumplanung, Regionalentwicklung; im Auftrag der Deutschen Gesellschaft für Technische Zusammenarbeit (GTZ), Tübingen/ Eschborn 1989

Lothar Finke

Vorranggebiete für Naturraumpotentiale

1. Einleitung

Wie bereits mehrfach an anderer Stelle (1987, 1989) hat D. FÜRST (s.i.d.Band) aus meiner Sicht völlig zu Recht darauf hingewiesen, daß die Regionalplanung mittelfristig eine immer größere Bedeutung erlangen wird. Dieser zu erwartende Bedeutungsgewinn der Regionalplanung ergibt sich daraus, daß sie sich immer mehr zu einer ökologisch orientierten Vorsorgeplanung entwickeln wird und vor dem Hintergrund dieses gewandelten Selbstverständnisses ihren Beitrag zur sogenannten 'Ökologisierung' der Fachplanungen wird leisten müssen. Im ökologischen Bereich ergibt sich der zu erwartende Bedeutungszuwachs der Regionalplanung m.E. aus zwei unterschiedlichen Zusammenhängen:

1. Aus einem inhaltlich-sachlichen Zusammenhang, der sich z.B. als Stadt-Umland-Problematik im Bereich der Ver- und Entsorgung (Müll, Wasser, Abwasser etc.) bereits eklatant zeigt. Besonders in derartigen problematischen Aufgabenbereichen gilt das Schlagwort 'Regionalplanung tut not ' (FRITZ-VIETTA, 1987).

2. Die gesellschaftspolitischen Veränderungen der letzten 20 Jahre erfordern, daß auch die Regionalplanung den inzwischen manifesten gesellschaftlichen Wertewandel nicht nur zur Kenntnis nimmt, sondern künftig im Abwägungsprozeß neue Prioritäten setzt (s. hierzu z.B. HÜBLER, 1989). In Zukunft wird die in das ROV integrierte UVP 1. Stufe eine qualifizierte Öffentlichkeitsbeteiligung erforderlich machen, die Verbandsklage für anerkannte Natur- und Umweltschutzverbände wird voraussichtlich überall eingeführt werden, die etablierten Natur- und Umweltschutzverbände werden - auch ohne formal-rechtliche Beteiligung - sich immer stärker in umweltrelevante Planungen einmischen, und die Bewegung sich spontan etablierender Bürgerinitiativen ist nicht mehr wegzudenken.

Aus dem Gesamtbereich dessen, was als 'Ökologisierung der Regionalplanung' (FINKE 1989a; FÜRST 1987 u. 1989) bezeichnet wird, greife ich im folgenden lediglich einen Teilaspekt heraus, die Problematik der Ausweisung von Vorranggebieten für Naturraumpotentiale. Damit bleiben andere methodische und instrumentelle Ansätze wie z.B.:

- Umweltqualitätsziele
- Umweltstandards
- Umweltverträglichkeitsprüfung
- Flächenhaushaltspolitik u.a.m.

weitgehend außen vor - sie werden lediglich erwähnt, nicht näher betrachtet.

2.   Naturraumpotentiale

Unter Naturraumpotentialen wird folgendes verstanden (s. AK Lüttig, FINKE 1986):

- Naturschutzpotential - biotisches Regenerationspotential
- Rohstoffpotential
- Wasserdargebotspotential
- Biotisches Ertragspotential
- Klimaökologisches Ausgleichs-/Regulationspotential
- Erholungspotential
- Entsorgungspotential
- Bebauungspotential.

Je nach Fragestellung ließen sich auch andere Potentiale definieren und erfassen, wie z.B. die im Zusammenhang mit der Diskussion um Bodenschutzkonzeptionen diskutierten Filter- und Pufferpotentiale. BIERHALS, KIEMSTEDT und PANTELEIT (1986) haben in einer Arbeit über Verbesserungsmöglichkeiten der ökologischen Fachbeiträge für die Landschaftsplanung in Nordrhein-Westfalen vorgeschlagen, statt von Naturraumpotentialen in Anlehnung an den Begriff der 'Leistungsfähigkeit des Naturhaushaltes' im Bundesnaturschutzgesetz von 'Leistungen des Naturhaushaltes' zu sprechen, womit gleichzeitig die Leerformel des Begriffes der 'Leistungsfähigkeit des Naturhaushaltes' mit konkretem Inhalt gefüllt würde. Da der Begriff 'Naturraumpotential' bereits in der wissenschaftlichen Literatur (z.B. in der geographischen Literatur der DDR) eine lange Tradition hat und auch innerhalb der Akademie ein Arbeitskreis (unter Leitung von Gerd Lüttig) sich mehrere Jahre mit dieser Thematik befaßt hat (s. ARL-Arbeitsmaterial EV 168), wird hier vorgeschlagen, diesen Begriff beizubehalten.

3.   Erfassung der Naturraumpotentiale

Es liegt schlichtweg in der Logik eines methodisch sinnvollen Vorgehens, daß die o.g. Naturraumpotentiale zunächst einmal flächenhaft und möglichst vollständig erfaßt werden müssen, in einem zweiten Schritt einer Bewertung aus regionaler Sicht zu unterziehen sind und es überhaupt erst danach einen Sinn macht, darüber nachzudenken, ob, wo und welche Naturraumpotentiale überhaupt geschützt und gegebenenfalls entwickelt werden sollen. Erst wenn eine derartige Zielformulierung erfolgt ist, sollte man sich anschließend darüber den Kopf zerbrechen, mit welchen planerischen Instrumenten diese Ziele erreicht werden sollen/können.

Trotz sehr begrüßenswerter Erfolge in den letzten 15 Jahren (s. hierzu z.B. ARL-Arbeitsmaterial EV 168) sind wir insgesamt von einer flächendeckenden, umfassenden und im gesamten Bundesgebiet vergleichbaren Erfassung **aller** Naturraumpotentiale noch weit entfernt.

Trotz immer noch vorhandener erheblicher fachlicher Mängel darf sicherlich festgehalten werden, daß das Naturschutzpotential in Form der Erfassung besonders schutzwürdiger Biotope das wohl besterfaßte aller Naturraumpotentiale darstellt. Relativ gut erfaßt ist seit Beginn der Reichsbodenschätzung in den 30er Jahren auch das biotische Ertragspotential unter dem Aspekt des landwirtschaftlichen Ertragspotentials, weiterhin dürfen das Rohstoffpotential und das Wasserdargebotspotential als relativ gut, jedoch keineswegs umfassend und flächendeckend erfaßt gelten. Große Lücken klaffen hingegen noch bei der Erfassung der übrigen Potentiale, insbesondere des klimaökologischen Ausgleichspotentials, was sich z.B. im LEP III des Landes Nordrhein-Westfalen explizit nachweisen läßt. Über die vom Boden ausschließlich oder weitgehend bestimmten Filter- und Pufferpotentiale gibt es keine neueren, exakten Karten - hier existieren lediglich kleinmaßstäbige, erste grobe Übersichtskarten.

Vergleicht man den heute erreichten Kenntnisstand über Naturraumpotentiale mit anderen planerischen Aufgabenfeldern, dann muß jedoch eindeutig festgestellt werden, daß trotz vorhandener Lücken der Bereich der ökologischen Grundlagen keinen Vergleich zu scheuen braucht - ganz im Gegenteil. Es kommt jetzt darauf an, aus diesen Informationsgrundlagen die erforderlichen planerischen Konsequenzen abzuleiten.

4. Bestimmung der Schutzwürdigkeit einzelner Naturraumpotentiale

Nachdem die vorab definierten Naturraumpotentiale möglichst flächendeckend erfaßt worden sind, kommt es darauf an, sie hinsichtlich ihrer Schutz-, Sanierungs- und Entwicklungserfordernisse zu bewerten. Eine derartige Bewertung wird üblicherweise von der zuständigen Fachbehörde bzw. von Wissenschaftlern vorgenommen. Hier müßte dringend gefordert werden, Bewertungsgrundsätze und Bewertungsmethoden aus der Sicht der Regionalplanung zu entwikkeln, da vermutet werden darf, daß solcherart gewonnene Ergebnisse auch sehr viel leichter in die räumliche Gesamtplanung auf der regionalen Ebene integrierbar sein werden.

Sehr weit entwickelt wurde in den letzten Jahren die Methodik zur Erfassung und Bewertung des biotischen Potentials in Form der sog. Biotopkartierungen. Gemeint ist ja bekanntlich die Erfassung besonders schutzwürdiger Biotope. Die Bewertungsmaßstäbe hierfür begründen sich aus den Roten Listen gefährdeter Arten und Biotoptypen. Der daraus ableitbare Schutzgedanke hat sich für besonders gefährdete Biotoptypen bereits im Bundesnaturschutzgesetz im § 20c (Schutz bestimmter Biotope) niedergeschlagen.

Andere Potentiale, wie z.B. das landwirtschaftliche Ertragspotential, werden seit Mitte der 30er Jahre als Folge der Reichsbodenschätzung mit dem Acker- bzw. Grünlandschätzungsrahmen erfaßt. Diese Ergebnisse könnten in naher Zukunft für eine naturnähere Landwirtschaft wieder sehr viel größere Bedeutung erlangen, als ihnen derzeit beigemessen wird.

Andere - selbst wirtschaftlich interessante - Naturraumpotentiale sind bisher nur insular erfaßt - dies gilt z.B. für das Wasserdargebotspotential und für Rohstoffe. In naher Zukunft muß es darauf ankommen, die vom Boden bestimmten bzw. wesentlich mitbestimmten Potentiale flächenhaft zu erfassen. In Ballungsräumen könnte man z.B. davon ausgehen, daß Flächen mit noch erhaltener natürlicher Bodenhorizontierung inzwischen sehr selten geworden sind, wodurch ihnen im Rahmen eines ernstgemeinten Bodenschutzkonzeptes sicherlich eine hohe Schutzbedürftigkeit zukäme.

5. Regionalplanung als entscheidende Planungsebene zum Schutz der Naturraumpotentiale

Das Ziel, die natürlichen Lebensgrundlagen des Menschen langfristig zu sichern, darf heute nicht nur als allgemein akzeptiert, sondern als ein Ziel mit hoher Priorität gelten. Um dieses Ziel zu erreichen, langt es allerdings nicht, lediglich die noch erhaltenen Reste der Natur zu schützen, sondern dann gewinnen der Entwicklungs- und der Sanierungsaspekt mehr und mehr an Bedeutung. Im Bereich des Biotop- und Artenschutzes, dem klassischen Bereich des Naturschutzes, ist dies seit einigen Jahren erkannt und hat in der theoretischen Grundlegung und ersten praktischen Erfolgen über Biotopvernetzung in Form sog. Biotopverbundsysteme seinen Niederschlag gefunden.

In Form der sog. 'regionalen Grundzüge` hat sich die Regionalplanung mit dieser Thematik schon seit langem befaßt - erstmals im GEP 66 des damaligen Siedlungsverbandes Ruhrkohlenbezirk. Heute kann eine sehr viel detailliertere fachlich-inhaltliche Begründung für Freiraumsysteme gegeben werden, in denen der Schutz und die Entwicklung von Naturraumpotentialen angestrebt werden sollen. Voraussetzung für die inhaltliche Begründung derartiger Freiraumsysteme ist die Erfassung und Bewertung der Naturraumpotentiale/Leistungen des Naturhaushaltes.

Diese Aufgabe ist m.E. auf der regionalen Ebene zu leisten, wobei noch nicht ausgemacht ist, *wer* diese Aufgabe zu erfüllen hat. Die Ebene der Landesplanung ist für die Ausweisung von Schutz-, Sanierungs- und Entwicklungsräumen für Naturraumpotentiale viel zu grob - dies zeigen die Erfahrungen im Zusammenhang mit der Erarbeitung des LEP II in NRW. Die kommunale Ebene ist für diese Aufgabe zu klein, da hier die landschaftsökologisch-funktionalen Zusammenhänge nur unzureichend berücksichtigt werden können. Hingegen erscheint die regionale Ebene am ehesten geeignet, auch jenseits kommunaler Egoismen die landschaftshaushaltlichen Stadt-Land-Beziehungen sachlich und angemessen berücksichtigen zu können.

Das Erfordernis einer 'Ökologisierung der Regionalplanung` (FINKE 1989a; FÜRST 1987 und 1989) ist bereits dargelegt worden, allerdings ohne bisher darauf einzugehen, was sich hinter diesem Schlagwort der 'Ökologisierung` eigentlich verbirgt. Angesichts der Tatsache, daß selbst in der Umweltpolitik immer häufiger gefordert wird (z.B. KNAUER 1985 und 1990; SRU 1987, u.a.), endlich den sektoralen, medienbezogenen Politikansatz zugunsten einer medienübergreifenden, ökosystemaren Umweltpolitik zu beschreiten, d.h. endlich zu einer Ökologisierung der Umweltpolitik zu gelangen, darf zunächst einmal vermutet werden, daß die Einlösung von Zielen wie 'Ökologisierung der Regionalplanung` und 'Ökologisierung der Fachplanungen` auf erhebliche inhaltliche und institutionelle Schwierigkeiten stoßen wird. Dafür sprechen die von einer ganzen Reihe von Autoren geschilderten Negativerfahrungen der Regionalplanung (s. hierzu RAUMFORSCHUNG UND RAUMORDNUNG H. 1-2/1987 und IZR H. 2/3.1989). Selbst für den Umweltbereich kommt der Rat der Sachverständigen für Umweltfragen (1987) zu dem Ergebnis, daß der durchaus medienübergreifende Ansatz des Bundesnaturschutzgesetzes mit seiner Eingriffsregelung und dem Landschaftsplan letztlich gescheitert ist und daß sich die Naturschutzpolitik ebenfalls nur zu einer sektoralen Fachpolitik entwickelt hat.

Es fragt sich, wie die Regionalplanung ihren ökologischen Optimierungsauftrag (ERBGUTH 1990) eigentlich erfüllen will, wenn sie selbst kein ökologisches Leitbild oder gar Umweltqualitätsziele in entsprechender räumlicher Differenzierung besitzt. Üblicherweise bekommt die

Regionalplanung ökologische Zielvorstellungen von der Landschaftsrahmenplanung geliefert. Diese ist jedoch weit davon entfernt, den inhaltlichen Auftrag des § 1 des Bundesnaturschutzgesetzes, d.h. die Erfassung des gesamten Naturhaushaltes in seiner räumlichen Differenzierung, zu liefern. Wenn es, wie eingangs dargestellt, für erforderlich gehalten wird, sämtliche Naturraumpotentiale/Leistungen des Naturhaushaltes zu erfassen, zu bewerten und als Grundlage einer sog. Ökologisierung der Regionalplanung zu benutzen, dann gibt es zwei Wege:

- entweder einen entsprechenden Ausbau der Landschaftsrahmenplanung oder

- die Erarbeitung eines Gesamtplanes zum Schutz, zur Sanierung und zur Entwicklung von Naturraumpotentialen, z.B. in Form eines sog. 'Ökologischen Funktionsplanes' (FINKE 1987, 1989).

Dieser Begriff des 'Ökologischen Funktionsplanes' erscheint mir auch deswegen gerade für die Regionalplanung sehr geeignet, da sowohl der Begriff als auch der dahintersteckende Aufgabenbereich unvorbelastet und noch nicht belegt sind. Die Regionalplanung könnte hier die Chance ergreifen, sich selbst als kompetenter Kenner und Sachwalter der Naturraumpotentiale auf der regionalen Ebene darzustellen und aus der Kenntnis der systemaren Zusammenhänge des Naturhaushaltes und seiner Teilpotentiale ihre Aufgabe der Moderation inhaltlich tatsächlich ausfüllen zu können. Mit einem derartigen ökologischen Funktionsplan läge der Regionalplanung ein räumlich differenziertes Zielkonzept des z.B. von ERBGUTH (1990) bereits aus dem bestehenden Recht heraus interpretierten ökologischen Optimierungsauftrages vor.

Ich frage mich seit langem allen Ernstes, wie die Regionalplanung eigentlich ohne eigenes Know-how über die Naturraumpotentiale in der Lage sein will, darüber zu entscheiden, was wichtig und was unwichtig ist, was in das räumliche Zielkonzept aufzunehmen ist und was nicht. Solange die Regionalplanung über kein eigenes ausdifferenziertes ökologisches Zielkonzept verfügt, sieht sie sich in der Situation bzw. wird von anderen darin gesehen, an sie herangetragene ökologische Anforderungen aus Fachplanungen - z.B. aus dem Landschaftsrahmenplan - abwehren zu müssen zugunsten freiraumverbrauchender Nutzungsformen. Sie wird es daher, ohne eigenen Kompetenzgewinn z.B. mit Hilfe eines 'Ökologischen Funktionsplanes', m.E. auch in Zukunft schwer haben, den Ruf einer letztlich ökonomisch orientierten Planung zu überwinden.

Sollte es der Regionalplanung nicht gelingen, sich ein eigenes räumlich differenziertes, umweltpolitisches und vor allem ökologisches Zielkonzept zu erarbeiten, dann wird es ihr kaum gelingen, in Zukunft mehr Einfluß auf die Fachplanungen zu gewinnen - ich vermute eher, daß es mittelfristig einer ökologisierten Umweltpolitik sehr viel eher gelingen wird, größeren Einfluß auf die Fachplanungen und andere konkurrierende Nutzungsansprüche zu gewinnen (so z.B. gefordert von KNAUER 1990).

6.   Methodische und instrumentielle Umsetzung

Zur Methodik der Erarbeitung dessen, was ich mit dem Arbeitstitel 'Ökologischer Funktionsplan' bezeichnet habe, habe ich mich an anderer Stelle ausführlicher geäußert (FINKE 1987 und 1989). Von der Methodik der Erarbeitung her würde sich bei einer Überlagerung aller kartierten und bewerteten Naturraumpotentiale zunächst ergeben, daß an sehr vielen Stellen mehrere Potentiale gleichzeitig vorkommen. An dieser Stelle muß sich die Regionalplanung entscheiden, wie sie diese Informationen über die räumliche Verteilung und Differenzierung einzelner Naturraumpotentiale für ihre eigenen Zwecke weiterverarbeiten will. Mein Vorschlag lautet: Ausweisung von Vorranggebieten. Derartige Vorranggebiete für Naturraumpotentiale werden i.d.R. als Gebiete verstanden, in denen der *Schutz* der dort noch vorhandenen Naturraumpotentiale Vorrang vor allen anderen konkurrierenden Nutzungen hat. In einem erweiterten Sinne könnte man sich auch vorstellen, daß auf der Ebene der Regionalplanung noch zwei weitere Kategorien ausgewiesen würden, nämlich

- Vorranggebiete für die *Sanierung* von Naturraumpotentialen
- Vorranggebiete für die *Entwicklung* von Naturraumpotentialen.

Insgesamt wird eine auf die Naturraumpotentiale/die Leistungen des Naturhaushaltes bezogene Regionalplanung sehr viel eher in der Lage sein, das zu leisten, was mit Initiator-, Moderator- und Monitorfunktion der Regionalplanung bezeichnet wird (z.B. FÜRST 1986).

Die u.a. von FÜRST (1989) beklagte zu geringe Konfliktfähigkeit der Regionalplanung bei Umweltschutzaufgaben wird automatisch in dem Moment nicht nur gestärkt, sondern sogar zu einem Problem, wenn man sich vergegenwärtigt, daß eine sich ernsthaft um den Schutz, die Sanierung und die Entwicklung von Naturraumpotentialen bemühende Regionalplanung in diesem Bereich sehr viel kleinräumigere Aussagen wird treffen müssen als bisher - vor allem mit Blick auf Funktionen des Bodens ist von sehr kleinteiligen Aussagen und Festsetzungen auszugehen (hierzu z.B. FINKE 1987). Im Gegensatz zur heute vielfach geforderten *Entfeinerung* ist hier eine *Verfeinerung* erforderlich.

Wenn es darum geht, eine Vielzahl konkurrierender Belange miteinander abzuwägen und daraus einen leitbild- und zielorientierten Plan zu entwickeln, dann hat die Regionalplanung hierzu einen erheblichen Erfahrungsschatz anzubieten, im Gegensatz etwa zu der vergleichsweise jüngeren Umweltschutzpolitik. Insofern sollte man meinen, daß die Regionalplanung durchaus in der Lage sein müßte, das zu leisten, was sich die Umweltschutzpolitik erst vorgenommen hat - die Einführung eines umfassenden, sektorübergreifenden Umweltschutzes, also eine Ökologisierung der Umweltschutzpolitik insgesamt. Vom Anspruch her will/muß die Regionalplanung ja noch viel mehr leisten, nämlich *alle* raumrelevanten Ansprüche zu koordinieren.

Meines Erachtens liegt auf diesem Felde jedoch ein nicht unerheblicher Forschungsbedarf. Wenn der Regionalplanung dieser Koordinationsauftrag gelingt, dann meist als Ergebnis eines politischen Aushandlungsprozesses. Soweit ich sehe, liegt diesem zentralen Auftrag räumlicher Gesamtplanung keine Theorie und keine wissenschaftlich fundierte Vorgehensweise zugrunde. Vor diesem Hintergrund stellt sich die Frage, ob die von FÜRST erhobene Forderung (in diesem Band), die Regionalplanung müsse politischer werden, nicht einer Bankrotterklärung der Wissenschaft gleichkommt.

Der hier vorgeschlagene 'Ökologische Funktionsplan` kann der Regionalplanung dazu dienen, flächendeckend zumindest für die Freiräume ökologische Funktionen darzustellen, die nach Möglichkeit in Form sogenannter Umweltqualitätsziele weiter ausdifferenziert werden sollten und gegebenenfalls zumindest für Teilräume durch quantifizierte Umweltgütestandards genauer festgezurrt werden könnten (FINKE 1988; KNAUER 1990; GUSTEDT, KNAUER und SCHOL-LES 1989).

Die Darstellung teilräumlicher Umweltqualitätsziele setzt sicherlich vorab die Definition ökologischer Leitbilder voraus. Wesentliche Aspekte derartiger ökologischer Leitbilder müssen mit Sicherheit räumlich differenzierte Darstellungen von Entwicklungs-, Erhaltungs- und Sanierungsleitbildern sein. Im Gegensatz zu KNAUER (1990, S. 12/13) wird hier jedoch die Meinung vertreten, daß die Formulierung derartiger ökologischer Leitbilder sehr wohl auf dem heute vorhandenen Wissen möglich ist; dazu bedarf es keiner erst sehr langwieriger, allumfassender Ökosystemforschungen. Ehe derartige Forschungen verwertbare Ergebnisse liefern, dürfte es sich nicht mehr lohnen, über eine Ökologisierung der Regionalplanung nachzudenken!

Um den ökologischen Optimierungsauftrag der Regionalplanung eindeutiger zu fassen, sollte ein derartiges Leitbild der ökologischen Optimierung in das Planungsrecht eingeführt werden.

Literatur

Akademie für Raumforschung und Landesplanung (ARL) (Hrsg./1988): Landesentwicklung in Norddeutschland. Naturräumliche Potentiale in den Landkreisen Friesland und Osterholz; in: ARL-EV 150, Hannover, 147 Seiten

Akademie für Raumforschung und Landesplanung (ARL) (Hrsg./1990): Karten des Naturraumpotentials; in: ARL-EV 168, 247 S.

Bierhals, E., H. Kiemstedt u. S. Panteleit (1986): Gutachten zur Erarbeitung der Grundlagen des Landschaftsplans in Nordrhein-Westfalen - entwickelt am Beispiel Dorstener Ebene, in: Der Minister für Raumordnung und Landwirtschaft des Landes Nordrhein-Westfalen (Hrsg.): Naturschutz und Landschaftspflege in Nordrhein-Westfalen, Düsseldorf, 185 S.

Bloch, A.(1987): Koordinierung raumrelevanter Planungen durch die Regionalplanung in Nordrhein-Westfalen, in: Raumforschung und Raumordnung, 45, H. 1-2, S. 11-17

Clauss, S. und B. Schürmeyer (1987): Landschaftsplanung oder Ressourcenverwaltung?, in: Landschaft + Stadt 19, (4), S. 145-155

Eberle, D. (1986): Probleme und Möglichkeiten der Durchführung von Umweltverträglichkeitsprüfungen für einen Regionalplan, in:Werkstattbericht Nr. 12 des Lehrgebietes Regional- und Landesplanung der Universität Kaiserslautern

Eberle, D. (1987): Regionalplanung in Rheinland-Pfalz, in:Raumforschung und Raumordnung 45, H. 1-2, S. 27-32

Eberle, D. (1988): Umweltverträglichkeitsprüfung auch für Regionalpläne?, in: Raumforschung und Raumordnung 46, H. 4, S. 172-174

Erbguth, W.(1990): Landesplanung: Aufgabenverständnis und Forschungsbedarf, in: Raumforschung und Raumordnung 48, S.28-31

Finke, L. (1984a): Umweltpotential als Entwicklungsfaktor der Region, in: Informationen zur Raumplanung (IzR), H. 1/2, S. 33-42

Finke, L. (1984b): Funktionsgruppe Ressourcenschutz, in: FuS Bd. 153, S. 269-282

Finke, L. (1986): Landschaftsökologie, Braunschweig, 206 S.

Finke, L. (1987a): Bodenschutz - Folgerungen für die Ziele und das Instrumentarium der Landes- und Regionalplanung, in: ARL-Arbeitsmaterial Nr. 124, S. 39-42

Finke, L. (1987b): Ökologische Potentiale als Element der Flächenhaushaltspolitik, in: FuS Bd. 173, S. 203-229

Finke, L. (1988): Umweltgüteziele in der Regionalplanung - dargestellt am Beispiel der Nordwanderung des Steinkohlenbergbaus, in: FuS Bd. 175, S. 13-33

Finke, L. (1989a): Ökologisierung der Regionalplanung - aber wie?, in: Informationen zur Raumplanung, H. 2/3, S. 97-101

Finke, L. (1989b): Ökologische Planung - nur ein modernes Schlagwort oder eine qualitativ neue Planung?, in: VER. GfÖ, Bd. XVIII, S. 581-587

Finke, L. (1989c): Grundsätzliche Probleme der Bewertung von Umwelteinwirkungen, in: H.-J. Zech u. H. Blume (Hrsg.): Umweltverträglichkeitsprüfung - Bürokratische Hürde oder Chance für die Umwelt; Kernforschungszentrum Karlsruhe GmbH

Fischer, K. (1989): Überlegungen zu einer planungssystematischen Einbindung der UVP, in: Raumforschung und Raumordnung 47, H. 2/3, S. 88-94

Fritz-Vietta, R. (1987): Regionalplanung in Hessen, in: Raumforschung und Raumordnung 45, H. 1-2, S. 17-26

Fürst, D. (1986): Ökologisch orientierte Raumplanung - Schlagwort oder Konzept?, in: Landschaft + Stadt 18, (4), S. 145-152

Fürst, D. (1987): Regionalplanung - im Aufschwung?, in: Raumforschung und Raumordnung 45, H. 1-2, S. 2-5

Fürst, D. (1989): Neue Herausforderungen an die Regionalplanung, in: Informationen zur Raumentwicklung (IzR), H. 2/3, S. 83-88

Fürst, D. u. S. Nauber (1989): Ökologisch orientierte Raumplanung. Überblick über die instrumentellen Ansätze der regionalplanerischen Praxis, in: Informationen zur Raumplanung (IzR), H.2/3, S. 109-118

Gustedt, E., P. Knauer u. F. Scholles (1989): Umweltqualitätsziele und Umweltstandards für die Umweltverträglichkeitsprüfung, in:Landschaft + Stadt 21, (1), S. 9-14

Hübler, K.-H. (1989): Neue Prioritäten im Abwägungsprozeß, in: Raumforschung und Raumordnung 47, H. 1-2, S. 76-82

Informationen zur Raumentwicklung, H. 2/3, 1989: Regionalplanung als Zukunftsaufgabe, BfLR, Bonn-Bad Godesberg

Kiemstedt, H. (1989): Bewertung im Rahmen der UVP. Zur Rolle der Landschaftsplanung bei der Bestimmung von Umweltqualitätszielen und -standards, in: Raumforschung und Raumordnung 47, H. 2/3, S. 94-100

Knauer, P. (1985): Vorranggebiete und umweltempfindliche Räume als Instrument der Umweltpolitik, in: ARL-EV 104, S. 31-41

Knauer, P. (1990): Ökologischer Aktionsplan für die DDR - Anmerkungen zur aktuellen DDR-Umweltdiskussion, Entwurf. Stand: 6. Februar 1990, UBA-Az.: I 3.1-90 091 -1/7

Raumforschung und Raumordnung, H. 1-2, 45. Jg., 1987: Koordination in der Raumplanung: Schwerpunkt Regionalplanung, BfLR und ARL

Schmidt, A. (1989): Der Fachbeitrag der Ökologie zur Regionalplanung, in: Informationen zur Raumplanung (IzR), H. 2/3, S. 89-95

SRV (Rat von Sachverständigen für Umweltfragen): Umweltgutachten 1987, Stuttgart, 674 S.

Jörg Maier

Planungsmanagement und Planungsmarketing
Denk- und Handlungsrichtungen der Regionalplanung in den 90er Jahren

1.   Ausgangspunkt: die neuen Herausforderungen für die Regionalplanung

Was hat das Konzept eines "Unternehmens Hamburg" mit der Forderung nach Planungsmanagement und Planungsmarketing in der Regionalplanung zu tun? Sehr viel, wenn man die neuen Herausforderungen der Regionalplanung betrachtet, nämlich zunehmende Marktorientierung regionaler Entwicklung bei Reduzierung der Fördermittel als Ergebnis der EG-Politik, zunehmenden Wettbewerb der Kommunen um Finanzmittel oder verstärkte Konfliktsituationen bei der Regelung fachplanerischer Probleme (Stichwort: Müll-Notstände). Es wird damit deutlich, daß gegenüber den 70er und 80er Jahren die Notwendigkeit eines regionalen Informations-, Entwicklungs-, Koordinations- und Implementations-Managements in der Regionalplanung der 90er Jahre neue formale, jedoch vor allem materielle und organisatorische Anforderungen stellt.

Die erfolgreichen Ansätze der Teilraum-Gutachten in Bayern in der derzeit ersten, kreativen Phase der Konzept-Entwicklung mit den wesentlichen Kennzeichen der Ideen-Produktion, dem Denken in Varianten, der Konfliktregelung und Konsensfindung unter den Betroffenen haben der Regionalplanung neue Wege des Handelns eröffnet[1]). Inwieweit kann dazu die weitergehende Forderung nach Einführung eines Planungsmanagements eine Lösung darstellen?

2.   Die erste Frage: Unternehmerisches Management und Verwaltungshandeln - ein Gegensatz?

Dazu gilt es zunächst, den Begriff des Managements zu hinterfragen, wobei - etwas abstrakt - darunter das Gestalten und Lenken zweckorientierter sozialer Systeme, also privatwirtschaftlicher Unternehmen wie öffentlicher Verwaltungen verstanden werden kann[2]). Überträgt man dies auf den Bereich der Regionalplanung, so taucht zunächst das Problem der Grundsatz- und Strategie-Kompetenz auf, wie sie kennzeichnend für unternehmerisches Führungshandeln ist. Da diese Legislativkompetenz den Leitungsorganen der öffentlichen Verwaltung im allgemeinen und den Regionalplanungsinstitutionen im besonderen abgeht, kann die Forderung nach Einführung von Management-Handeln in der Regionalplanung nur im Sinn eines Führens mit beschränkter Kompetenz beantwortet werden.

---

1) Maier, J. und Troeger-Weiß, G., Teilraum-Gutachten in Bayern, Konzept, Durchführung und Umsetzung am Beispiel des Raumes Kronach. In: Informationen zur Raumentwicklung, H. 2/3 - 1989, S. 135-141.

2) Ulrich, H., Sidler, F., Ein Management-Modell für die Öffentliche Hand, Bern 1977; vgl. auch Senn, P., Management in der Politik. In: Öffentliches Management, Bern 1989, S. 13-22.

Neben dem eher längerfristigen Lenkungs- und Gestaltungshandeln eines Verwaltungsmanagements nehmen jedoch operative Managementaufgaben in der Regionalplanung eine bedeutende Position ein, oder sie könnten es, wie die Teilraum-Gutachten deutlich machen. Hier geht es um die Ausfüllung operationaler Ziele, die Festlegung von Maßnahmen einschließlich des erforderlichen Mittelbedarfs zur Erreichung der Ziele, die zielgerichtete Durchführung dieser Maßnahmen und geeignete Kurskorrekturen bei auftretenden Abweichungen vom angestrebten Zielpfad. Gerade aus diesem letztgenannten Effizienzargument wird auch die Notwendigkeit abgeleitet, die in den Teilraum-Gutachten vorgeschlagenen Konzepte nach gewisser Zeit auf ihre Umsetzung bzw. Realisierung hin zu überprüfen, im Sinne einer sinnvollen Fortführung dieser Gutachten. Operatives Management zielt also auf einen möglichst effektiven Vollzug der gestellten Aufgaben ab, stets in engem Bezug zu den Zielgruppen. Damit wird deutlich, daß hier der Ansatzpunkt für Planungs-Marketing ist.

3.   Die zweite Frage: Planungsmarketing - Denkhaltung der Regionalplanung oder reine Werbestrategie?

a. Ziele und Grundlagen eines Planungs-Marketings

Dabei stellt sich zunächst die Frage, welche Ziele und damit auch welche Zielgruppen mit dem Einsatz von Marketing-Maßnahmen für Produkte der Regionalplanung erreicht werden können?

Der Ausgangspunkt aller Bemühungen sollte neben einer Verbesserung des Leistungsangebotes vor allem in der Erhöhung der Effizienz des Mitteleinsatzes und der Zielerreichung gesehen werden. Da es bei der raumrelevanten Planung um die Akzeptanz der Vorschläge, Strategien und Maßnahmen bei den verschiedenen Zielgruppen geht, steht sicherlich neben der materiellen Diskussion die Frage "Wie sag ich es meinen Zielgruppen?" im Vordergrund. Daneben kommt fünf weiteren Schritten des Planungsmarketings große Bedeutung zu:

- Produktgestaltung und Produktinnovation;

- Distribution der Produkte bei Beachtung gruppen- und regionsspezifisch unterschiedlicher Marktbearbeitungsstrategien;

- Preispolitik, insbesondere unter dem landläufig bekannten Zitat "Was nichts kostet, ist auch nichts wert!". Daher ist es nur folgerichtig, daß neuerdings die Teilraum-Gutachten auch über Mittel der Privatwirtschaft mitfinanziert werden;

- Kommunikationspolitik und Absatzförderung;

- Verkauf der Produkte und Serviceleistungen bei den Zielgruppen. Gerade hier sind Erfahrungen bei der Stadtsanierung in Gestalt von Bürgerinformationsbüros oder - auf regionaler Ebene

- in Gestalt der Regionalmanager und -betreuer in Österreich und der Schweiz, seit einigen Jahren auch in Bayern und Hessen zu nennen.

b.   Ansätze eines gezielten Einsatzes marketingpolitischer Strategien in der Regionalplanung[3])

Prüft man nun, in welcher Weise derartige Marketing-Konzepte bei der Regionalplanung als Denkhaltung oder nur als Umsetzungsstrategie bereits Eingang gefunden haben, so zeigt sich, daß die Durchführung von Marketingaktivitäten unabhängig von der rechtlichen und organisatorischen Konzeption der Planungsverbände (sowohl bei kommunal verfaßten Planungsverbänden, etwa in Rheinland-Pfalz oder Baden-Württemberg, als auch bei staatlichen Planungen, etwa in Bayern) erfolgt. Der Anlaß zum Einsatz marketingpolitischer Aktivitäten in Regionalplanstellen bzw. regionalen Planungsverbänden wird bislang vor allem bei folgenden Handlungsbedarfen gesehen:

- bei raumbedeutsamen Planungen und Maßnahmen mit einem negativen Wirkungsspektrum (z.B. Errichtung einer Kläranlage),
- bei der Findung von Standortalternativen bei negativer oder sperriger Infrastruktur (z.B. Deponie-Standorte),
- bei flächenextensiven Planungen und Maßnahmen (z.B. Golfplätzen),
- bei Planungen und Maßnahmen, die im Wirkungs- und Entscheidungskreis von Fachplanungsträgern liegen,
- bei Ordnungsmaßnahmen im Bereich der Siedlungsentwicklung (z.B. bei regional-orientierter Überzeugungsarbeit i.S. eines Innenmarketings).

Die bisherigen Aktivitäten machen allerdings deutlich, daß Ansatzpunkte für Maßnahmen des Planungsmarketings auf regionaler Ebene zumeist einzelne Planungsprojekte darstellen, die aufgrund ihrer Struktur, ihrer Standorte oder Wirkungen behördenin- oder -extern einer gewissen Informationspolitik bedürfen. Eine umfassende Denkhaltung als Handlungsanleitung ist dagegen nur ansatzweise vorhanden.

Setzt man jedoch an diesen Überlegungen an, so lassen sich drei Produktarten der Regionalplanung für ein marketingpolitisches Handeln ausbauen:

Produktbereich I: Die Regionalplanung als Institution

Einen ersten Produktbereich stellt die Regionalplanung als Verwaltungseinrichtung dar. Im Vordergrund steht dabei die Regionalplanung in Gestalt

- der Regionalplanungsstellen, z.B. in Bayern, und
- der Regionalen Planungsverbände, etwa in Baden-Württemberg, Rheinland-Pfalz und anderen Bundesländern.

Sie gilt es darzustellen und in das Bewußtsein der Öffentlichkeit zu rücken. Während z.B. der Regionalverband Mittlerer Oberrhein in Karlsruhe dies anhand von Sachinformationen in Gestalt eines ''Leitfadens für die Umsetzung der Regionalplanung'' versucht, um damit - vergleichbar

---

3) Maier, J. und Troeger-Weiß, G., Marketing in der räumlichen Planung - Ansätze und Wege zu einer marktorientierten Regional- und Kommunalplanung/-politik, Hannover 1990.

mit der Publikation des Bayerischen Staatsministeriums für Landesentwicklung und Umweltfragen "Landesplanung in Bayern" - der mit Fragen der Planung befaßten Öffentlichkeit das System der jeweiligen Planung (Ziele, Instrumente, Maßnahmen und Organisation) darzustellen, gehen etwa die Steiermärkische Landesplanung ebenso wie das Hessische Ministerium des Innern oder der Umlandverband Frankfurt/M. einen anderen Weg. In mehr populärwissenschaftlicher Form - sowohl was die inhaltliche und die sprachliche Gestaltung als auch die optische Darstellung betrifft - wird versucht, betroffene Bevölkerungsgruppen von

- den wichtigsten Inhalten der Planung zu informieren und damit
- die Bedeutung der Planung für die Entwicklung und Gestaltung einer Region herauszuarbeiten und
- somit den Bekanntheitsgrad der Institution "Regional- und Landesplanung" zu erhöhen.

Wesentlich erscheint dabei, daß der Produktbereich "Regional- und Landesplanung" zielgruppengerichtet und -gerecht, d.h. abgestimmt auf die an planerischen Entwicklungen und Entscheidungen interessierte Öffentlichkeit aufbereitet und dargestellt wird. Die Steiermärkische Landesregierung versucht das Aktivitäts- und Leistungsspektrum der Landesplanung deutlich zu machen (z.B. Ziele, Instrumente der Planung, Entwicklungsprogramme, Fachprogramme).

Produktbereich 2: Materielle Angebote der regionalen Planung

Die einzelnen Angebote und Leistungen der regionalen Planungsverbände stellen einen weiteren Produktbereich dar. Im einzelnen zählen dazu folgende Produkte:

- querschnittsorientierte Pläne und Programme, so etwa die Regionalpläne in der bayerischen Regionalplanung oder die Landesentwicklungsprogramme in allen Bundesländern,

- fachliche Programme und Pläne, so etwa ein Generalverkehrsplan, ein Abfallbeseitigungsplan oder ein Landschaftsrahmenplan oder - um ein weiteres Beispiel zu nennen - ein Müllkonzept (z.B. des Landes Steiermark),

- Grundlagenuntersuchungen und Konzepte zu regionalspezifischen Problemkreisen (Stichwort: Raumbeobachtung), so etwa eine Untersuchung über die Wirkungen einer Anbindung der Region Rhein-Neckar an das französische TGV-Netz oder seitens des Regionalverbandes Mittlerer Oberrhein zu Fragen der Klärschlammentsorgung in der Region,

- Daten- und Informationsbanken, wobei das Produktspektrum von Lose-Blatt-Sammlungen über regionale und sektorale Strukturdaten bis hin zu einem EDV-gestützten System etwa beim Umlandverband Frankfurt/M. reicht,

- Informations-Broschüren, unter denen sicherlich wegweisend die Broschüre des Raumordnungsverbandes Rhein-Neckar in Mannheim mit dem Titel "Leben, arbeiten und wirtschaften - warum nicht im Rhein-Neckar-Raum?" ist. Dieser als Wirtschaftsprospekt mit dem Ziel eines Regional- und Standortmarketings konzipierte Katalog stellt eine Kooperation zwischen dem Raumordnungsverband Rhein-Neckar, den Industrie- und Handelskammern der Region sowie der kreisfreien Städte und Landkreise im Rhein-Neckar-Raum dar,

- Informationsblätter zu aktuellen Themen und Problemkreisen in einer Region, wobei dieser Weg z.B. von seiten des Regionalverbandes Mittlerer Oberrhein ebenso eingeschlagen wird wie vom Planungsverband Äußerer Wirtschaftsraum München und vom Bayerischen Staatsministerium für Landesentwicklung und Umweltfragen,

- regionale Marketingkonzepte, wobei von seiten der regionalen Planungsinstitutionen in der Bundesrepublik Deutschland bislang in diesem Produkt- und Angebotssegment keine Beispiele vorliegen, wird doch die Erarbeitung von Konzepten dieser Art bislang als Aufgabenbereich von Kammern und Wirtschaftsabteilungen von kommunalen Gebietskörperschaften gesehen. Ein darüber hinausgehendes Selbstverständnis dokumentiert allerdings wiederum die Steiermark, wurde doch das Regional- und Standortmarketing-Konzept "Unternehmerland Steiermark" von der BEA, der Steiermärkischen Gesellschaft für Betriebserweiterungen und Betriebsansiedlungen gestaltet, wobei die Strukturinformationen als Konzeptbasis von seiten der Planungsabteilung der Steiermärkischen Landesregierung geliefert wurden.

Produktbereich 3: Dienst- und Beratungsleistungen

Ein zukünftig immer wichtigeres Produktsegment in der regionalen Planungspraxis stellen Dienst- und Beratungsleistungen dar. Während in Bayern planerische Verfahren, so etwa das von den Höheren Landesplanungsbehörden durchzuführende Raumordnungsverfahren (seit diesem Jahr ergänzt durch die UVP), immer mehr die Qualität einer Informations- und Beratungsleistung auch und gerade für private Investitions- und Planungsträger (z.B. bei der Errichtung von Einzelhandelsgroßprojekten) erhalten, steht die Entwicklung des Produktbereichs "Information und Beratung" bislang erst noch am Beginn. Während die kommunal verfaßten Regionalplanungen eine ihrer Hauptaufgaben in der Beratung kommunaler Gebietskörperschaften sehen, wobei das materielle Spektrum von Fragen des Öffentlichen Nahverkehrs bis hin zu Informationen über kommunale Abfall- und Siedlungskonzepte reicht, ist in Bayern - abgesehen von der planerischen Sonderkonstruktion des Planungsverbandes Äußerer Wirtschaftsraum - das Produkt Beratungs- und Dienstleistungen seitens der Regional- und Landesplanungsbehörden bislang eher bescheiden ausgeprägt.

4. Die dritte Frage: Wie kann ein Marketing-Konzept in der Regionalplanung konkret angewandt werden?

Anschließend an die Bewertung vorhandener Ansätze soll nun auf die dritte Frage (nach der konkreten Einzelanwendung eines Marketing-Konzeptes) eine Antwort gefunden werden. Dazu soll das Beispiel eines Standort-Marketings für den Landkreis Kronach ausgewählt werden.

Die Diskussion über die Entwicklung des Landkreises Kronach, bislang ein peripherer Landkreis mit altindustrialisierten Tendenzen im Zonenrandgebiet, hat durch die Öffnung der Grenze zur DDR nicht nur eine Aufwertung erfahren, sondern weist damit auch neue Dimensionen im Bereich der Regional-, Kommunal- und Fachpolitik auf. Waren noch bis vor kurzem alle regionalpolitischen und sektoralen Bemühungen auf Bestandspflege und Stabilisierung der regionalen Entwicklung ausgerichtet, so eröffnen sich nun nicht nur neue Möglichkeiten der Kooperation, sondern auch für die regionale und sektorale Entwicklung.

Angesichts ungünstigen Fremdimages und auch mancher regionsinterner Probleme forciert, wurde auf die Idee eines Standort-Marketings - ein Konzept, das auf Grundlagen der Struktur-forschung aufbauen sollte - abgestellt, das Image der strukturschwachen Grenzlandregion korrigiert und im nationalen und internationalen Bereich die Vorteilswerte und Standortattrak-tivität des Frankenwaldes und des Thüringer Waldes deutlich gemacht. Dabei wird von der Überlegung ausgegangen, daß eine Region als "Produkt" nicht nur von politischen bzw. öffentlichen Entscheidungsträgern beeinflußt wird, sondern daß auch privatwirtschaftliche Entscheidungsträger aus den verschiedenen gewerblichen Sektoren sowie andere Gruppierungen eine oder mehrere Facetten des Produktes Region gestalten. Die Konsequenz, die sich daraus ergab, war, daß der Vermarktung einer Region eine pluralistische Willensbildung vorausgehen muß.

Als generelle Zielsetzung für ein Standort-Marketing kann zunächst einmal die Erhaltung und Stärkung der Wettbewerbsfähigkeit des Raumes Kronach genannt werden. Diese Zielsetzung bedeutet, eine Synthese zwischen der Bewahrung eigenständiger Strukturen und der Entwicklung zu einem modernen, marktorientierten Industrie- und Dienstleistungsstandort mit hoher Lebens-qualität und Kulturwert anzustreben. Dieses Oberziel gliedert sich in Teilziele, für die dann Strategien formuliert wurden. Aus diesem Zielbündel sollen nur drei Teilziele herausgegriffen werden:

Teilziel 1 bildet die Koordination öffentlichen und privatwirtschaftlichen Handelns. Einen ersten wichtigen Strategieansatz stellt die Intensivierung der Kommunikation und Kooperation zwischen den öffentlichen und privatwirtschaftlichen Akteuren dar. In diesem Zusammenhang sei an die Private-Public-Partnership-Modelle aus den Vereinigten Staaten und Großbritannien erinnert. Sowohl in den Gesprächen als auch in der Befragung von Repräsentanten des Landkrei-ses Kronach kam dieser Aspekt der Zusammenarbeit immer wieder zum Ausdruck. Das gleiche gilt auch für den zweiten strategischen Ansatz, der einmal mit innovativen Strukturveränderun-gen in Politik, Planung und Verwaltung umschrieben werden kann.

Die qualitative Weiterentwicklung des Standortes Kronach, als Teilziel 2, ist ohne Frage für die zukünftige Wettbewerbsfähigkeit des Raumes von entscheidender Bedeutung. Ohne auf die einzelnen Strategieansätze näher einzugehen, kann gesagt werden, daß sich die Maßnahmen an dem Leitmotiv "Qualität für die Zukunft" orientieren werden.

Die Erhaltung und Nutzung der regionstypischen bzw. der regionseigenen Potentiale bilden nicht nur ein 3. Teilziel, sondern geben zudem die Rahmenbedingungen wider, handelt es sich doch in erster Linie um regional orientierte Entwicklungsstrategien. Aufgrund der engen Wechselbeziehungen zur regionalen Identität der Bevölkerung sollten sich die Auswahl und Ausgestaltung der Marketing-Maßnahmen an diesen Potentialen orientieren. Die Region sowie das durch die öffentlichen und privatwirtschaftlichen Entscheidungsträger gestaltete Leistungs-programm der Region werden damit durch den Träger des Standort-Marketings an die ausgewähl-ten Zielgruppen herangetragen.

In den Gesprächen mit den Repräsentanten des Raumes Kronach hat sich gezeigt, daß als die vordringlichste Aufgabe gesehen wird, zunächst einmal die Ausgestaltung der Maßnahmen an den Bedürfnissen der regionseigenen Nachfragergruppen auszurichten, also ein Binnenmarke-ting zu betreiben. Dabei werden die produktpolitischen Maßnahmen im Vordergrund stehen.

Damit verbunden ist die Vorstellung, daß erst mit realen Produktveränderungen, also Veränderungen im Raum, auch neue wesentliche Impulse auf Nachfrager außerhalb der Region entstehen. Bei diesem Außenmarketing wird dann vor allem die Kommunikationspolitik im Sinne von Informationssteigerung und Imageprofilierung im Mittelpunkt stehen.

Wie sehr im Landkreis Kronach die Chance eines solchen Marketings erkannt wird, zeigt das große Interesse von Wirtschaft und Politik, das bis hin zur Gründung eines Cranach-Clubs in Bezugnahme zu einem der größten Söhne des Raumes, Lukas Cranach, geführt hat und das damit auch die europäische Dimension des Raumes als Verbindungsglied über den Frankenwald und Thüringer Wald hinweg zum Ausdruck bringt.

KLAUS WOLF

Planung und regionale Identität

Die hier notgedrungen durch ein knappes Zeitbudget stark verkürzten und damit auch bewußt vereinfachenden Äußerungen meines Statements gliedern sich in die Beantwortung folgender Fragen:

- Was ist "regionale Identität"?
- Wie ist sie zu erfassen?
- Ist sie und wenn ja, wie ist sie für die Planung zu operationalisieren ?

Was ist "regionale Identität"?

Zur Beantwortung dieser Frage müssen wir uns wenigstens kurz mit den beiden unterschiedlichen Ebenen, die heute den Raum- oder Regionsbegriff prägen, befassen:

- mit der Systemebene und
- der Alltags- oder Lebensweltebene.

Auf der Systemebene ist der Raum oder die Region zugleich Rahmenbedingung, Ziel, Mittel und Folge des Handelns von Organisationen: Regierungen, Behörden, Unternehmen, Verbänden, Kirchen usw., die den Raum für ihre jeweiligen Zwecke gestalten, wobei der Raum selbst sogar nur verhältnismäßig selten und wohl in den weniger relevanten Fällen (z.B. Raumordnung) in expliziter Form den Gegenstand der Zweckbestimmung bildet (BLOTEVOGEL, HEINRITZ, POPP 1989, 69). Die Region, die hierbei thematisiert wird, die dabei entsteht, ist der (Infra)Strukturraum.

Die zweite wesentliche Ebene regionaler Betrachtung, die Alltags- oder Lebenswelt, bleibt häufig ausgespart bzw. wird recht pauschal abgehandelt. Ihr ist aber in Zukunft wesentlich stärkeres Gewicht beizumessen.

Menschliches Handeln lebt aus der subjektiven Verschränkung von Systemwelt einerseits und Alltagswelt andererseits.

Alltagswelt meint dabei "einen intersubjektiv erfahrenen Wirklichkeitsbereich, den der Mensch als gegeben vorfindet und den er als fraglos erlebt (vgl. SCHÜTZ/LUCKMANN 1979 u. 1984 und BLOTEVOGEL, HEINRITZ, POPP 1989)".

Daneben gibt es den Lebensweltbegriff, um regionale Identität zu definieren. Er ist kommunikativ begründet. Handeln begründet sich aus interaktiver Kommunikation der Handelnden (HABERMAS 1988). Nach ihm fallen die beiden Welten, die Systemwelt der Organisationen und die Lebenswelt der Individuen immer mehr auseinander (möglicherweise ist hier eine Ursache für die geringe Akzeptanz von oder gar Aversion gegen Planung "beim Volk" zu sehen), anders ausgedrückt: mit der Ausdifferenzierung der Gesellschaft wächst die Komplexität und Eigendynamik der Systemorganisationen und ist aus der lebensweltlichen Position des Individuums immer weniger deutbar. Das persönliche Handeln des Menschen ist aber unteilbar - nicht einerseits systemorientiert, etwa im Berufsleben, und andererseits alltagsorientiert im Privatleben oder der Freizeit.

Dabei ist dieses Handeln, auch wenn es nur schwer nachweisbar ist, immer lokal und regional eingebunden. "Region" wird dabei als physische und soziale Raumeinheit verstanden, die funktional definiert ist und den alltags- oder lebensweltlichen Aktionsraum des Menschen umfaßt. Sie bildet quasi in diesem definierten Sinn das gesamte alltägliche Bewußtseins-(Wahrnehmungs-) und Handlungsfeld des Menschen ab. Alltägliches menschliches Handeln ist und bleibt im wesentlichen in seiner räumlichen Komponente auf lokale und regionale Maßstäbe konzentriert. Sämtliche Handlungen des Menschen werden so angelegt, ohne daß ihm dies in den meisten Fällen rational bewußt würde. Lebenszufriedenheit ("Lebensraumsatisfaktion") entsteht um so eher, wenn sich eine Identität mit dem lokalen oder regionalen Lebensraum einstellt.

Die regionale Identität ist damit der auf die Region bezogene subjektive Wissens- und Erlebnisvorrat, der aus dem persönlichen Erleben bzw. Bewußtsein über die Region erwächst durch folgende Komponenten:

- Wahrnehmung der Region (kognitive Dimension)
  - physisch-räumliche (landschaftliche) Objekte und Merkmale,
  - Grenzen, Symbole,
  - Organisationen (z.B. Behörden, Verbände, Zeitungen),
  - kulturelle Varietäten, sozio-ökonomische Disparitäten,
  - regionale Geschichte, Ereignisse, Entwicklungsprobleme,
  - mentale Repräsentation (Landschaftsbilder, mental maps).

- Regionale Verbundenheit/Heimatgefühl (affektive Dimension)
  - persönliche Biographie,
  - emotionale Besetzung von Regionselementen (Landschaft, Symbole, etc.),
  - Grad der Erfüllung von Bedürfnissen bzw. Ansprüchen (Region als "Satisfaktionsraum").

- Regionale Handlungsorientierungen (konative Dimension)
  - sozialräumliche Integration (Mitwirkung in Vereinen, politischen Parteien, Kirchen, etc.),
  - Mobilitätsbereitschaft (Verhinderung von Abwanderungen),
  - aktives Engagement für die Region (durch Mitwirkung in Organisationen mit explizit regionalbezogener Zielsetzung wie Heimatverein, Naturschutzverband, politische Partei usw.).
(vgl. auch BLOTEVOGEL, HEINRITZ; POPP 1989, 71 f.)

Das Vorhandensein der so sehr verkürzt beschriebenen regionalen Identität in ihrer Bedeutung für die Regionalplanung und Regionalpolitik ist offenbar schwer nachzuweisen, da bisher nur sog. "objektiv" gegebene Determinanten (eben die Strukturen, z. B. Verkehrswege, Versorgungseinrichtungen) berücksichtigt wurden und nicht auch aus der eben beschriebenen Sozialisation entstandene bzw. entstehende "bedeutungshaltige Objekte" wie z.B. identifizierende Landschaftsbilder, Sprachregelungen (Namen), sinnstiftende Symbole (vgl. GUKENBIEHL 1990, 130ff.). Auch deren Berücksichtigung ist aber unabdingbare Voraussetzung für eine regionale identitätsstiftende Planung. Daher sind auch die systemweltlichen Versuche, besonders von engagierten Politikern, Regionalbewußtsein oder regionale Identität aus bestimmten Interessen heraus zu kreieren oder gar zu manipulieren, ohne vorher die Identität im geschilderten Sinn empirisch erfaßt zu haben, mehr als problematisch und können mehr Schaden anrichten, als Nutzen stiften.

Die Frage nach der empirischen Erfassung regionaler Identität, auch und gerade im Hinblick auf die Anwendung der gewonnenen Erkenntnisse in der Regionalpolitik, ist eminent wichtig.

Verkürzt kann nur darauf hingewiesen werden, daß hier die üblichen quantitativen Verfahren der Sozialforschung, etwa der Messung, Skalierung, Indikatorengewinnung, allein nicht ausreichen, um das Erleben der Region vor Ort zu erfassen.

Sie müssen ergänzt werden von sog. qualitativen Verfahren, d.h. Gesprächen, Tiefen-Interviews, Leitfaden-Interviews. Diese müssen geführt werden einmal mit den in der Region agierenden Eliten: Politikern, Pfarrern, Lehrern, Vereinsvorsitzenden, Wirtschaftsmanagern. Zum anderen ist es noch wichtiger, Repräsentanten der unterschiedlichen Lebensstilgruppen in der Region für solche Gespräche zu gewinnen, um das alltägliche Erleben und Handeln der Menschen in der Region zu verstehen (im Gegensatz zum bisherigen, fast ausschließlichen quantitativen Erfassen von Strukturen). Ich kann weder auf die Verfahren eingehen, wie etwa Repräsentanten von Lebensstil-Gruppen ermittelt werden, noch das empirische Vorgehen erläutern, wie das alltägliche Bewußtseins- und Handlungsfeld unterschiedlicher Lebensstilgruppen empirisch belegt werden kann, verweise aber auf die Veröffentlichung der wesentlichen Ergebnisse von vier Pilotstudien (u. a. von BUTZIN, KRÜGER und WOLF zu "Regionalbewußtsein und Landeskunde" in: "Berichte zur Deutschen Landeskunde" (1989)). Damit wird der Regionalplaner vor Ort - oder zunächst die ihm zuarbeitenden Beauftragten - in Zukunft wesentlich mehr gefordert sein als bisher, wird es doch von ihm abhängen, ob er durch Gespräche mit den Vertretern etwa der genannten Gruppen sehr viel stärker als bisher Lebensstil-Konzepte in bezug auf ihre Wahrnehmung der Region, ihre regionale Verbundenheit und besonders auch auf ihre regionale Handlungsbereitschaft hin aufspürt und in die von ihm zu entwickelnden regionalplanerischen Konzeptionen einbezieht.

Dies leitet über zur Operationalisierung dieses Ansatzes für die Planung:

- Frühzeitig und laufend im Sinne eines "Monitoring" sind im Planungsprozeß regionalbezogene Bewußtseins- und Identitätsstrukturen im beschriebenen Sinne aufzuspüren. Dies setzt voraus, daß der Regionalplaner sehr intensiv vor Ort mit qualitativen Verfahren, d. h. in der Regel - verkürzt ausgedrückt - Gesprächen versucht, neben der Erfassung der Strukturen die regionale Verbundenheit und Handlungsbereitschaft zu ermitteln und zu verstehen.

- Die Erkenntnisse sind von der Planung in regionsbezogene Konzepte einzubringen, die ich als lebensraumgerecht bezeichne. An dieser Stelle würden andere Verfasser vielleicht das schon zum Schlagwort verkommene "umweltgerecht" einsetzen, wenn sie auch lebensraumgerecht meinen. Die entscheidende Konzepterweiterung liegt dabei darin, daß nicht nur die natur-ökologischen Dimensionen berücksichtigt werden, sondern auch versucht wird, den Zufriedenheit stiftenden Erlebniswert, ermittelt aus dem Bewußtsein der Bewohner, in das Konzept einzubeziehen. Konkret geht es dann z.B. darum, regionale Gestaltwerte - Landnutzungen, Siedlungsstrukturen, die etwa in geschichtlicher Tradition stehen - nicht zu zerstören, Bindungen, Grenzen,

Zusammengehörigkeiten, die existieren, zu bewahren, naturräumliche Identifikationssymbole nicht zu vernichten oder zu verändern.

- Die Konzepte sind immer wieder zu diskutieren und veränderten Rahmenbedingungen anzupassen. Besonders wichtig ist, die erarbeiteten Konzepte in einer Art "Marketingkonzept" auch bei den Betroffenen akzeptanzfähig zu machen. Hierfür müssen auch gegebenenfalls neue personelle Voraussetzungen geschaffen werden.

Daraus ist abschließend zu folgern:

- Regionalplanung sollte mit mehr Alltagswissen in der Region für die Region und ihre Menschen Raumvorsorge betreiben, so daß sich die regionale Identität bei den Menschen stabilisiert. Es ist sicher nicht der einzige oder der wichtigste Weg, aber ein notwendiger Bestandteil des richtigen Weges.

- Die Instrumentalisierung dieses Weges steht, auch in der Wissenschaft, noch am Anfang. Besonders die Umsetzung der aus ersten wissenschaftlichen Pilotstudien hervorgegangenen raumbezogenen Erkenntnisse in praktisches Planungshandeln bedarf besonders intensiver Kooperation zwischen Wissenschaft und Praxis. Da - vornehmlich in großen Regionen (z. B. Rhein-Main, Rhein-Neckar) damit begonnen wird, diese Konzepte zu instrumentalisieren, sollte auch die Möglichkeit nicht vernachlässigt werden, wissenschaftliche Ansätze und praktische Umsetzung vertiefend zu vernetzen, um die Anwendungsrelevanz und regionale Akzeptanz zu verbessern.

Literatur:

Blotevogel, H. H., G. Heinritz u. H. Popp 1989: "Regionalbewußtsein". Zum Stand der Diskussion um einen Stein des Anstoßes. In: Geogr. Zeitschr., Jg. 77, H. 2, S. 65-88. Wiesbaden;

Gukenbiehl, H. L. 1990: Materiell-räumliche Faktoren in der ökologischen Sozialisationsforschung. Plädoyer für eine mehrperspektivische Analyse. In: Zeitschrift für Sozialisationsforschung und Erziehungssoziologie, 10. Jg., H. 2, S. 130-146. Weinheim;

Habermas, J. 1988: Theorie des kommunikativen Handelns, 2 Bände. = Edition Suhrkamp, Neue Folge, Bd. 502. Frankfurt;

Regionalbewußtsein und Landeskunde, 1989: In: Berichte zur Deutschen Landeskunde, Bd. 63, H. 2, S. 513-623, Trier;

Schütz, A. u. Th. Luckmann 1979 u. 1984: Strukturen der Lebenswelt, 2 Bände. = Suhrkamp Taschenbuch Wissenschaft 284 u. 428. Frankfurt am Main.

Forum II "Stadt-Umland-Kooperation:
Ein wichtiger regionalplanerischer Aufgabenschwerpunkt

Heinrich Ganseforth

Einführung

Ich gehe nachfolgend im Rahmen der mir übertragenen Thematik auch auf den Inhalt der Foren I und II ein, um daraus für die "Stadt-Umland-Kooperation" Schlußfolgerungen abzuleiten.

Ich befasse mich im wesentlichen mit den organisatorischen, institutionellen und politischen Bedingungen für den Erfolg und für die Leistungsfähigkeit regionaler Zielsetzungen. Ich meine damit die Voraussetzungen für die Umsetzung der vielen unstrittigen materiellen Ziele.

Für die hier vertretene Auffassung beziehe ich mich besonders auf die Ausführungen von Fürst und Wolf, aber auch auf den Diskussionsbeitrag von Geißler sowie auf Zusammenhänge, wie Mayer sie unter der Thematik Produkt und Marketing und wie Gust sie unter dem Aspekt der strategischen Planung vorgetragen haben.

Ich möchte beginnen mit einem Zitat aus einem Bericht über ein Difu-Seminar im Oktober '89 unter dem Titel 'Steuern wir unser Städte richtig':

"Waren es vor wenigen Jahren noch der zivile Ungehorsam von Bürgerinitiativen und der allzu große Einfluß organisierter Interessen, die Fragen nach der Steuer- bzw. Regierbarkeit der Städte auslösten, stehen heute die Effektivität und Effizienz der kommunalen Institutionen selbst - wie die des öffentlichen Dienstes insgesamt - im Blickpunkt."

Unter diesem Erfolgsdruck und solchen kritischen Fragen nach Effektivität und Effizienz hat Kommunalpolitik zunehmend begonnen, neue Formen der Planung und der Aufgabenwahrnehmung zu suchen.

In diesen Kontext gehört die zunehmende Wahrnehmung von Aufgaben in Rechtsformen des Privatrechts - insbesondere die Bildung von Gesellschaften m.b.H.

Ganze Sektoren der bisher einheitlichen Aufgabenwahrnehmung werden ausgegliedert und in neuer Form gemeinsam mit anderen öffentlichen Aufgabenträgern und wirtschaftlich interessierten Institutionen wahrgenommen. So entstehen gerade im regionalen Gefüge zwischen Stadt und Umland die verschiedensten Sonderformen in Verbandslösung, in den Formen des Handelsrechts und unterschiedlichster Kooperationsvereinbarungen.

Die Gemeinde als "Holding" wird zunehmend zur Realität und stellt neue Fragen an die politische Steuerung.

Ich möchte diese erste grundsätzliche Vorbemerkung durch eine zweite, damit zusammenhängende materielle Vorbemerkung ergänzen, die insbesondere unter dem Aspekt der in Hannover anstehenden Weltausstellung im Jahre 2000 bezeichnend ist und die Frage aufwirft, ob planvolle Entwicklung überhaupt gewollt ist.

Ich zitiere dazu Thesen von Kotyza, die dieser zum Arbeitskreis "Entwicklung der großen Städte im Zeichen des europäischen Wettbewerbs" der ARL und DASL zur Stadtplanung in Wien vorgetragen hat:

"Die Orientierungslosigkeit der Postmoderne und des Poststrukturalismus schlägt sich im Verzicht auf eine einheitliche Stadtentwicklungspolitik nieder.

Ein verbindlicher Stadtentwicklungsplan existiert zwar und ist weitgehend widerspruchsfrei, hat aber zu wenig Wirkung, weil zu bieder und zu wenig sensationell. Mit seiner vorsichtigen Haltung gegenüber zu radikalen Veränderungen, mit seiner Betonung langfristiger ökologischer Gesichtspunkte, mit seiner Skepsis gegenüber radikaler Dynamik liegt er nicht auf der aktuellen Linie.

Diese ist geprägt vom immer neuen Mewgaprojekten und monumentalen städtebaulichen Ideen, von urban design als Inszenierung und Kulisse, von immer größerem Widerwillen gegen staatliche Lenkung und Planung.

Qualität tritt in den Hintergrund, entscheidend ist der Neukeitseffekt, die Signalwirkung, die Einmaligkeit. Megaprojekte mit ihren Mitnahmeeffekten ersetzen Gesamtplanung.

Allein die Propaganda, die mit der Idee der Weltausstellung einhergeht, ist der halbe Nutzen. Sie bringt die Stadt international ins Gespräch und signalisiert Weltoffenheit, Wachstum, Dynamik und Innovation."

Als dritte Vorbemerkung möchte ich auf eine vielfach zitierte Entwicklung verweisen, die dahin geht, daß die Stadt in ihren Verwaltungsgrenzen ein immer kleinerer Teil eines immer größeren Siedlungs- und Wirtschaftsraumes wird und ihre Probleme aus sich heraus immer schwieriger lösen kann. Die Stadt benötigt zunehmend das Umland. Die regionalen Verflechtungen nehmen zu. Die bisherigen Formen der Koordination und Zusammenarbeit stoßen an ihre Grenzen, sowohl instrumentell als auch personell und finanziell.

Lassen Sie mich schließlich im Rahmen der Vorbemerkungen darauf hinweisen, daß es bundesweit und landesweit keinen Plan gibt, der auf irgendeiner Ebene aussagt, Hannover habe den Auftrag, sich um eine so raumrelevante Veranstaltung wie eine Weltausstellung zu bewerben. Dennoch gibt es eine nationale Bewerbung um die Weltausstallung und dennoch gibt es den Zuschlag aus Paris. Daraus mag jeder für die Frage der vorausschauenden Planung seine eigenen Schlüsse ziehen. Entscheidend ist, daß alle Determinanten für Planungen im Raum Hannover zusammen mit der ebenfalls "ungeplanten" Ostöffnung akulatur sind, daß alle Entwicklungsvoraussetzungen sich geändert haben, so daß alle bisherigen Planungen tendenziell unzutreffend sind.

Im Kontext dieser Vorbemerkungen erlaube ich mir die Schlußfolgerung, daß die europäischen Großstadtregionen in ihrer Entwicklung nicht nur von analysierbaren und berechenbaren Faktoren abhängig sind, sondern auch vom Aufgreifen von Chancen, vom Ergreifen von Initiativen, von regionaler Diplomatie, innerer Dynamik und nach außen gerichteter Kreativität.

Dies führt mich dazu, die Regionalisierung der Politik in Großstadträumen verstärkt losgelöst zu sehen von staatlicher Raumordnung und Strukturpolitik und die These schlußzufolgern, daß die Großstadtregionen sich mit ihren Schwächen und Stärken zunehmend aus der staatlichen Politik herauslösen.

Die Großstadtregionen gehen ihren Weg und müssen ihren Weg gehen und lassen sich immer weniger in Gesichtspunkte des Disparitätenabbaus, der staatlichen Lenkung und in das Maßnahmegeflecht der Strukturpolitik einbinden.

Diese Entwicklung basiert sicher u.a. auf den permanenten Vollzugsdefiziten staatlicher Planung in Verdichtungsräumen, auf die noch einzugehen sein wird, auf den eigenständigen örtlichen Wirtschafts- und Standortverflechtungen, die zu zunehmendem Engagement der örtlichen Industrie für die Regionalentwicklung führen (Fürst hat auf die entsprechenden Modelle hingewiesen), auf der politischen Konkurrenz der Metropolen zu ihren Ländern und auf der länderübergreifenden Standortkonkurrenz der Regionen untereinander sowie auf den Landesinteressen am Ausgleich zwischen metropolen und ländlichen bzw. mittelzentralen Räumen, die für die Großstadtregion kontraproduktiv erscheinen.

Deshalb wächst sehr schnell eine politische Regionalisierung, und diese Regionalisierung sucht nach neuen Formen institutionalisierter politischer Zusammenarbeit auf regionaler Ebene in Verdichtungsräumen.

Unter diesen Aspekten geht es weniger darum, ob die Regionalplanung die Kompetenz hat, als darum, ob die Wahrnehmung der Regionalplanung durch eine Institution erfolgt, die selber demokratisch legitimiert ist, um regionalpolitische Akzente zu setzen. Es ist nicht die Frage der Legitimation der Planung, sondern die Frage der Legitimation des Trägers von Planung. Die Einbindung fachlicher Planungen in regionale Entwicklungskonzepte ist von entscheidender Bedeutung für die örtliche Verträglichkeit darauf aubauender Entscheidungen.

M.E. ist für die Regionalplanung umgekehrt deren Fähigkeit, Fachplanungen in regionale Entwicklungskonzepte einzubinden, von existentieller Bedeutung, weil sie sich sonst darauf beschränken muß, reine Negativplanung zu betreiben, d.h. festzulegen, in welchen Bereichen Maßnahmen und Standorte fachlicher Planungen nicht zulässig sein sollen.

Denn letztlich bedeutet Fachplanung die Sektoralisierung und damit die Auflösung der Gesamtentwicklung in Teilaspekte, in Teilpolitiken, mit eigenen Finanztöpfen, mit eigenen Fachseilschaften von Mitarbeitern über alle Ebenen der kommunalen und staatlichen Politik hinweg, in fachlichen Institutionen, Interessengruppen und vertikalen Hierarchien bei gleichzeitig mangelndem Querabgleich, bei Verzerrung finanzieller Ausstattungen und zunehmenden Akzeptanzproblemen der Ergebnisse im Verhältnis zu konkurrierenden Zielen. Es geht insoweit für die Regionalplanung darum, ob es ihr gelingt, einen regionalen Querabgleich sektoraler, staatlicher und europäischer Entwicklungsziele zu erreichen und damit ein Gegengewicht gegen die Funktionalisierung des Raumes und der Lebensbedingungen zu bilden.

Ich möchte diese Zusammenhänge an einigen unterschiedlichen Sektoren deutlich machen:

1. Die regionale Verkehrspolitik erzeugt komplexe Wirkungszusammenhänge, die man z.B. für den im Rahmen der europäischen Politik zunehmend bedeutsamen Wirtschaftsverkehr wie folgt darstellen kann:

Aufgrund herkömmlicher Regionalplanung werden Verkehrsnetze, Gewerbegebiete und Einzelhandelsstandorte scheinbar sinnvoll einander zugeordnet, ohne deren spätere Umsetzung zu analysieren. So kann es passieren, daß - wie in Hannover-Langenhagen - in neuen Gewerbegebieten sich insgesamt 35 Speditionsunternehmen neu ansiedeln.

Die Regionalplanung ist quasi blind für das, was tatsächlich in den Gewerbegebieten geschieht. So entstehen Zusammenballungen von Unternehmen des Wirtschaftsverkehrs, losgelöst von den Standorten transportabhängiger Wirtschaftsbetriebe bzw. von Großunternehmen, die im Laufe der Jahre zunehmend auf ihre bisherige Produktionsbreite verzichten und sich ohne Lagerhaltung "just in time" zuliefern lassen. Dementsprechend entstehen immer mehr Zulieferbetriebe, die von zuverlässigen Transportwegen abhängig sind. Damit steigt der Bedarf an kombiniertem Ladungsverkehr und der Bedarf an Schnittstellen zwischen Güterfernverkehr und regionalem Verteilverkehr. Dies gilt insbesondere auch für die abnehmende Lagerhaltung im Einzelhandel.

Die Transportnetze entwickeln sich und werden immer empflindlicher gegen Störungen und gegen Schwachstellen in der Abwicklung.

Aus dieser Situation entstehen plötzlich neue Bedarfe für die verschiedensten Standorte der Transporttechnik, der Umladetechnik, der Lagerhaltung usw.

Aus der getroffenen Entscheidung der letzten Jahre sind die Speditionsunternehmen, die sich neu an irgendwelchen Standorten angesiedelt haben, wenig bereit, entsprechenden grundlegenden Maßnahmen der Standortumorientierung innerhalb eines regionalen Raumes zuzustimmen. Dies führt zur Ablehnung neuer Konzepte bei der Frage, wie die bestehenden Störungen und Engpässe im Straßennetz und in der Verknüpfung mit dem Schienennetz unter den gegebenen Voraussetzungen beseitigt werden können.

Im Rahmen der Regionalplanung ist diese Situation "planvoll" entstanden, weil es für den Sektor des Wirtschaftsverkehrs und dessen Zukunftsentwicklung keine fachlichen Standort- und Entwicklungskriterien gegeben hat. Also gehört die Konzeption der entsprechenden Regionalpolitik, also auch die Analyse der Güterverkehrsverflechtungen, der Frage der schienenverkehrsgeeigneten Güter und der Marktchancen in den einzelnen Sektoren in eine entsprechende Politik der Gewerbe- und Infrastrukturentwicklung auf regionaler Ebene.

2. Ebenso geht es bei der Frage der Flächeninanspruchnahme für die Entwicklung von Arbeitsplätzen nicht nur um quantitative Bedarfe und deren regionale Verteilung, sondern um eine kritische Diskussion der Flächeninanspruchnahme und der Ziele der regionalen Wirtschaftsetnwicklung. Es geht zunehmend um spezifizierte Zuordnungen etwa zu Wissenschaftseinrichtungen, wie dies hier am Beispiel Ulm vorgeführt wurde, oder Zuordnungen zur Luftfahrt, zu bestimmten Verkehrswegen oder zu bereits bestehenden branchenbezogenen Ansätzen, um nur

einige Beispiele zu nennen.

Eine solche Aufgabenstellung ist damit zugleich eine Flächensicherung für bestimmte Entwicklungen und der Entzug solcher Flächen für andere entgegenstehende Interessen.

Eine solche Flächenpolitik kann nur gelingen, wenn gleichzeitig über die fiskalischen Zusammenhänge diskutiert wird und wenn im Rahmen regionaler Interessenausgleiche Standortberatungen für Unternehmen von innerregionalen Konkurrenzdenken befreit werden.

Regionalplanung, die ohne diese Zusammenhänge eine Flächensteuerung betreiben will, ist entweder zu restriktiv, weil sie sich zu Recht dem Bodenschutz verpflichtet fühlt und die Darlegungs- und Beweislast für die Flächeninanspruchnahme im Einzelfall der Bauleitplanung überläßt, oder sie ist zu offen und verzichtet auf qualitative Kriterien der Flächeninanspruchnahme.

3. Ich kann mir auch nicht vorstellen, daß es sinnvoll ist, wenn die Regionalplanung sich etwa bei Anlagen der Klärschlammbehandlung bzw. -beseitigung oder bei Anlagen der Abfallentsorgung nicht eingehend mit der Notwendigkeit unter Berücksichtigung weitestgehender Abfallvermeidung befaßt und lediglich die in den Fachplanungen für notwendig gehaltenen Flächenbedarfe und technischen Anlagen standortmäßig absichert. Die Regionalplanung kann sich der fachlichen und konzeptionellen Bewertung, den den Standorten zugrundeliegenden technischen Verfahren und der Frage der Mengenbegrenzung nicht entziehen.

4. Zu den schon klassischen Themen in diesem Zusammenhang gehört die Bundesverkehrswegeplanung im Verhältnis zur regionalen Verkehrspolitik. Spätestens seit Einführung der Umweltverträglichkeitsprüfung müßte klar sein, daß die Regionalplanung sich auch mit der Nullvariante von Ausbaukonzepten im Fernstraßennetz befassen muß und daß sie ebenso die generellen Ausbaustandards solcher Fachplanungen in Frage stellen muß. Es kann also nicht nur um die beste Linienführung und sonstige Kriterien der Flächeninanspruchnahme gehen, sondern es muß auch in Konkurrenz zu den nichtmotorisierten Verkehrsarten eine umfassende konzeptionelle Diskussion der regionalen Verkehrserschließung stattfinden.

Fernverkehrsstraßen in Verdichtungsräumen sind faktisch weitgehend Nahverkehrsstrassen und können deshalb nicht allein unter Gesichtspunkten von Regelgeschwindigkeiten und großräumigen Verkehrsbeziehungen geplant werden.

Diese Reihe von Beispielen ließe sich beliebig fortsetzen und führt m.E. zu dem Ergebnis, daß die Regionalplanung eng mit der Fachplanung verflochten ist und daß zwischen beiden Bereichen auf der regionalen Ebene eine unmittelbare politische und administrative Verknüpfung hergestellt werden muß.

Die Regionalplanung bietet als Methode übergreifender Planung aller raumbeanspruchenden Maßnahmen und aller Fachplanungen die einzige gesetzlich verankerte Form für die Erarbeitung regionaler Entwicklungskonzepte.

Allerdings hängt ihre Wirksamkeit von der politischen und administrativen Einbettung in Vollzugsaufgaben und in entwicklungsbestimmende Politikfelder des Trägers der Planung sowie von dessen institutioneller Verfassung und dessen politisch-organisatorischer Stellung im Verdichtungsraum ab.

Denn es geht auch um eine Auseinandersetzung mit dem normativen Rahmen des jeweiligen Landesraumordnungsprogramms und mit den landespolitischen Zielsetzungen und um die eingehende Analyse der örtlichen Probleme und die Frage, wie die örtliche Kommunalpolitik mit diesen Problemen umgeht. "Unpolitische" Planung etwa auf der Ebene der staatlichen Mittelbehörden wäre nicht in der Lage, eine solche Aufgabe zu erfüllen. Die Großstadtregion braucht eine eigene politische Vertretungskörperschaft, wobei hier auf die Frage der Direktwahl oder des Delegationsprinzips nicht eingegangen werden soll.

Die Wirkung damit betrauter kommunaler Verbände vermindert Stadt-Umland-Konflikte allein schon dadurch, daß diese professionell aufgearbeitet und diskutiert werden. Auf der Ebene der Verbände kann ein regionales Problembewußtsein entwickelt werden, und der punktuelle Interessenausgleich zwischen Stadt und Umland kann durch eine planvolle Regionalentwicklung ersetzt werden.

Die Arbeitsweise, die Organisation und die Aufgabenstellung der Verbände sind häufig Gegenstand politischer Auseinandersetzungen, und es gibt ein stetiges Auf und Ab in der Bedeutung und im Stellenwert, der den Verbänden beigemessen wird.

Diese Diskussion hängt entscheidend von der Problemlage in den einzelnen Räumen ab und vom Grad der Schwierigkeiten der Großstädte, das Umland für ihre Entwicklungen und für die Finanzierung bestimmter Aufgaben zu gewinnen.

Der Erfolg der Verbände liegt weniger in den Bereichen, in denen sie Funktionen der Städte und Umlandgemeinden substituieren, d.h. in der Kompetenzverlagerung, als in den Bereichen, in denen sie komplementär im Spannungsfeld zwischen Zentrum und Umland wirken.

Ich würde deshalb des Arbeitstitel des Forums III dahingehend abwandeln, daß nicht die Stadt-Umland-Kooperation ein wichtiger regionalplanerischer Aufgabenschwerpunkt ist, sondern daß diese Kooperation eine der entscheidenden Voraussetzungen für erfolgreiche Regionalplanung ist.

KLAUS REMMELE

Regionalverband Donau-Iller

Meine Damen und Herren,

"Napoleon ist an allem schuld", so lautet ein geflügeltes Wort. Für die grenzüberschreitende Region Donau-Iller gilt dieser Spruch allemal, denn Napoleon hat, wenn ich es einmal juristisch formulieren darf, eine Bedingung gesetzt, die nicht hinweg gedacht werden könnte, ohne daß der Erfolg entfiele.

Die Kausalität ist deswegen gegeben, weil Napoleon für die Grenze verantwortlich zeichnete, die seit dem Jahr 1810 nur wenige Meter von hier entfernt inmitten der Donau verläuft und die damals die beiden Königreiche Bayern und Württemberg voneinander getrennt hat und heute das Bundesland Baden-Württemberg und den Freistaat Bayern trennt. Ohne Napoleon also keine Grenze und kein grenzüberschreitender Regionalverband Donau-Iller.

Warum man diese Region und den zu ihr gehörenden Planungsverband ins Leben gerufen hat, liegt auf der Hand: Grenzen bedeuten Entwicklungshemmnisse, vor allem wenn ein weitgehend einheitlicher Lebens- und Wirtschaftsraum wie hier von einer Grenze durchschnitten wird. Die negativen Auswirkungen zu mindern und durch grenzüberschreitende Planung und Zusammenarbeit die Lebensbedingungen zu verbessern war das Ziel.

Die Region Donau-Iller ist durch eine ausgesprochen zentrale Lage in Süddeutschland zwischen den großen Verdichtungsräumen Stuttgart und München gekennzeichnet. Die Einwohnerzahl beträgt ca. 820.000, die Fläche rund 5.500 km². Die beiden Städte Ulm und Neu-Ulm bilden das unbestrittene gemeinsame Oberzentrum. Es wird mit Ehingen, Biberach, Laupheim, Mindelheim, Krumbach und Günzburg durch einen Kranz von Mittelzentren umgeben, wobei der Stadt Memmingen als möglichem Oberzentrum eine herausgehobene Position zukommt. Die Hauptentwicklungsachsen der Region verlaufen im Illertal und Donautal. Der Süden der Region Donau-Iller ist noch vorwiegend landwirtschaftlich geprägt, während die Industrieschwerpunkte in der nördlichen Regionshälfte liegen.

Meine Damen und Herren, mit dem Bemühen, die Grenze von Donau und Iller institutionell zu überwinden, hat man sich relativ viel Zeit gelassen, immerhin vom Jahre 1810 bis in die 60er Jahre dieses Jahrhunderts. Erst dann war die Zeit reif für eine neue Qualität in der grenzüberschreitenden Zusammenarbeit.

Positiv zu vermerken ist hierbei jedoch, daß diese neue institutionelle Zusammenarbeit nicht etwa von oben aufoktroyiert wurde, sondern der Anstoß dazu von den Gebietskörperschaften diesseits und jenseits von Donau und Iller selbst gekommen ist. Sie schlossen sich Mitte der 60er Jahre auf privatrechtlicher Basis zur Planungsgemeinschaft Donau-Iller-Blau zusammen. Aus dieser Planungsgemeinschaft ist 1973 die grenzüberschreitende Region Donau-Iller hervorgegangen, die durch einen Staatsvertrag zwischen Bayern und Baden-Württemberg gegründet wurde.

Damit war auch das in diesem Raum heftig umstrittene Thema "Länderneugliederung" vom Tisch. Sie erinnern sich sicher noch an die verschiedenen Vorschläge: in einem Modell sollte Ulm dem Freistaat Bayern zugeschlagen werden, in einem anderen Landkreis Neu-Ulm an Baden-Württemberg fallen.

Das Besondere und Modellhafte an der grenzüberschreitenden Region Donau-Iller ist in der einstufigen Konstruktion zu sehen. Im Gegensatz zu einer Dachkonstruktion gibt es hier nur einheitliche Gremien, die für das ganze Verbandsgebiet zuständig sind. Dies bedeutet, daß die Verbandsversammlung und die Ausschüsse nicht nur über grenzüberschreitende Fragen zu entscheiden haben, sondern über alle anstehenden Fragen, also auch über reine landesinterne baden-württembergische oder bayerische Fragestellungen.

Man könnte vielleicht annehmen, daß daraus Funktionen resultieren würden, evtl. eine Blockbildung, daß beispielsweise die baden-württembergischen Vertreter in den Gremien gegen ihre bayerischen Kollegen stünden und umgekehrt. Dies ist aber bislang noch nie eingetreten. Wenn kontrovers abgestimmt wurde, dann ging das immer quer durch die Reihen.

Diese kurze Vorstellung der Region sollte hinleiten zur eigentlichen Frage, zur Stadt-Umland-Kooperation in der Region Donau-Iller aus regionalplanerischer Sicht und zur Frage nach den bisherigen Erfahrungen und Erkenntnissen und den daraus abzuleitenden Folgerungen.

Es ist klar, daß die Stadt-Umland-Kooperation im Bereich des Oberzentrums Ulm/Neu-Ulm eine besondere Bedeutung hat. Zwischen den Städten Ulm und Neu-Ulm und dem Alb-Donau-Kreis besteht - wie in anderen Räumen auch - ein Netz unterschiedlichster Verflechtungen. Als zusätzliche Dimension kommt die Landesgrenze hinzu, die die Zusammenarbeit erschwert.

In diesem kommunalen Spannungsfeld hat sich die Region als ein gutes Forum für Stadt und Land etabliert. Allein die Tatsache, daß sich die maßgeblichen Kommunalpolitiker immer wieder auf der Ebene des Regionalverbandes getroffen haben, führte nicht nur zu einer Klimaverbesserung, sondern zu zahlreichen Projekten interkommunaler Zusammenarbeit. Der Regionalverband hat insofern als Katalysator gewirkt.

Ich darf dies durch einige Beispiele belegen. Das Verhältnis der beiden Städte Ulm und Neu-Ulm war lange Zeit mehr durch ein Gegeneinander und Nebeneinander als durch ein Miteinander geprägt. Erst durch die Gründung der Planungsgemeinschaft und später des Regionalverbandes hat die Zusammenarbeit über die Donau hinweg eine neue Intensität erfahren. Ulm und Neu-Ulm haben gemeinsame Stadtwerke gebildet, die für die Strom-, Gas- und Wasserversorgung sowie den öffentlichen Personennahverkehr zuständig sind. Ohne den Staatsvertrag und ohne das gemeinsame Oberzentrum wäre diese Fusion auch im Hinblick auf die genehmigungsrechtliche Seite kaum zustande gekommen.

Die Zusammenarbeit in der Abwasserentsorgung ist ein weiteres Beispiel. So betreiben nicht nur Ulm und Neu-Ulm eine gemeinsame Kläranlage, sondern es sind noch weitere Stadt-Umland-Gemeinden angeschlossen.

Auch bei der Abstimmung der Fachplanungsträger beider Länder bei Projekten in unserem Raum hat sich die Existenz der Region als sehr förderlich erwiesen. Der Tendenz, landesinterne

Lösungen anstelle von besseren grenzüberschreitenden Lösungen zu realisieren, konnte vielfach entgegengewirkt werden. Es ist natürlich kein leichtes Brot, wenn man es ständig mit zwei Bundesländern und zwei Verwaltungen zu tun hat und deren oft unterschiedliche Vorstellungen unter einen Hut bringen soll.

Selbstverständlich bin ich weit davon entfernt, nun zu behaupten, wir stünden hier in der Region Donau-Iller sozusagen zwischen "Scylla und Charybdis", zumal in Anwesenheit hoher Vertreter der Ministerialverwaltungen von Bayern und Baden-Württemberg, aber wir kommen uns doch manchmal frei nach Goldoni als "Diener zweier Herren" vor, wo der eine Herr ganz anders will als der andere.

Nach diesem kleinen Exkurs komme ich zu meiner ersten Schlußfolgerung:

Die Regionalplanung hat "per se" zu einer Verbesserung der Stadt-Umland-Kooperation geführt, weil es vorher ein derartiges Kommunikations-Forum nicht gegeben hat. Diese Wirkung wird noch gesteigert, wenn es sich um einen Grenzraum handelt und die Regionalplanung eine zusätzliche Brückenfunktion übernehmen kann.

Ich möchte nun auf die Frage der Möglichkeiten und Grenzen der Regionalplanung zur Gestaltung und Verbesserung der Stadt-Umland-Kooperation eingehen, wiederum nicht "in abstracto", sondern aufgezeigt an Beispielen aus der Region Donau-Iller. Die Frage der Abgrenzung des Stadt-Umland-Bereiches klammere ich aus, weil je nach Aufgabenstellung die Bezugsgrößen wechseln.

Der Regionalplan als das primäre raumordnerische Instrument der Regionalverbände hat in der Stadt-Umland-Relation wichtige Steuerungsaufgaben, wenn es um Freiräume, Grünzäsuren und Grünzüge, Siedlungsbereiche, Vorrangflächen für verschiedene Zwecke etc. geht. Andererseits gibt es aber auch mannigfache anderweitige Aufgabenfelder, wo der Regionalplan zwar Vorgaben und Leitlinien liefern kann, es jedoch der weiteren Konkretisierung und Umsetzung bedarf.

Hier gibt es eine breite Palette von Handlungsmöglichkeiten für die Regionalplanung, von der Moderation und Koordination, von der Sammlung, Bündelung und Wahrnehmung von regionalen Interessen bis zu unterschiedlichen Stufen der Realisierung.

Gesehen werden muß jedoch hierbei, daß die mit der Regionalplanung betrauten Verbände keine Verwaltungskompetenz haben und ihr finanzieller Spielraum gering ist. Zudem ist die Bandbreite möglichen Handelns durch die Fachplanung und durch die kommunale Planungshoheit beschränkt.

Gleichwohl haben sich in der Vergangenheit für den Regionalverband Donau-Iller spezifisch im Stadt-Umland-Bereich lohnende Aufgabenfelder ergeben.

An erster Stelle möchte ich hier den öffentlichen Personennahverkehr nennen. Von den beiden Ländern Bayern und Baden-Württemberg wurde dem Regionalverband Donau-Iller die Geschäftsführung der grenzüberschreitenden Nahverkehrskommission Ulm/Neu-Ulm übertragen. In Erfüllung dieser Aufgabe gibt der Regionalverband unter anderem zweimal im Jahr einen Gesamtfahrplan für diesen Nahverkehrsraum heraus.

Das Besondere dabei ist, daß dieser Fahrplan als Zeitungsbeilage in einer Auflage von über 80.000 Exemplaren erscheint, wodurch eine hohe Abdeckung der Haushalte wie kaum in einem anderen Nahverkehrsraum erreicht wird.

Negativ ist aber anzumerken, daß die Geschäftsführung der Nahverkehrskommission nicht mit Geldmitteln und entsprechender Kompetenz ausgestattet wurde, so daß das Ziel, einen einheitlichen Verkehrsnotstand zu schaffen, bislang nicht verwirklicht werden konnte, und zwar wegen der Haltung der beteiligten Gebietskörperschaften, die bislang noch nicht bereit waren, die entsprechenden Geld- und Sachmittel zur Verfügung zu stellen. Allerdings hat sich hier in letzter Zeit ein Meinungsumschwung vollzogen, so daß wir optimistisch sind, in nächster Zeit einen Verkehrsverbund für den Raum Ulm/Neu-Ulm und das Umland aufzubauen.

Auf dem Sektor der Krankenhausplanung konnte der Regionalverband erreichen, daß die starken grenzüberschreitenden Patientenverflechtungen in den Krankenhausbedarfsplänen der beiden Länder berücksichtigt werden. Vor allem an den Universitätskliniken Ulm kommt dies zum Tragen. Rund 30% der Patienten sind aus Bayern, die meisten davon aus dem bayerischen Teil der Region Donau-Iller.

Im Bildungswesen ging es darum, bei den weiterführenden Schulen die Grenze durchlässig zu machen für die Schüler aus der jeweils anderen Regionshälfte. Bei den Berufsschulen wurden auf Initiative des Regionalverbandes in Ulm und Neu-Ulm grenzüberschreitend besuchte Klassen eingerichtet. Dadurch konnten in zahlreichen Berufsfeldern tragfähige Klassen entstehen und den Schülern lange Anfahrtswege zu Schulen außerhalb der Region erspart werden.

Ein weiterer Beweis, wie vielfältig das Aufgabenspektrum der Regionalplanung sein kann, ist die Schwäbische Bäderstraße. Auf Initiative des Regionalverbandes haben sich im Süden der Region Donau-Iller und in der angrenzenden Region Bodensee-Oberschwaben 8 Heilbäder und Kurorte zur Arbeitsgemeinschaft ''Schwäbische Bäderstraße'' zusammengeschlossen.

Der Regionalverband Donau-Iller hat hier nicht nur Geburtshilfe geleistet, sondern auch für einen längeren Zeitraum die Geschäfte geführt - bis es schließlich gelungen war, die Schwäbische Bäderstraße, die von Bad Wörishofen im Osten bis nach Bad Buchau im Westen reicht, als neue Touristikstraße auszuschildern. Die Schwäbische Bäderstraße trägt mit dazu bei, als zusätzliches Angebot an den Kurgast und als zusätzliche gemeinsame Werbemöglichkeit die Kurerholung und den Fremdenverkehr im strukturschwächeren Süden der Region Donau-Iller zu stärken.

Nicht alle unsere Blütenträume, was die Stadt-Umland-Kooperation anbetrifft, sind indes aufgegangen. Einen Rückschlag mußten wir bei der Abfallentsorgung hinnehmen. Auf Betreiben der Region sollte eine gemeinsame grenzüberschreitende Entsorgung der Stadt Ulm, des Alb-Donau-Kreises und des Landkreises Neu-Ulm erfolgen. Im letzten Moment, als die Verträge schon unterschriftsreif waren, sprang die Stadt Ulm quasi aus dem fahrenden Zug, weil die Gemeinderatsmehrheit in Ulm von der Verbrennung als Entsorgungsverfahren abgerückt war.

Aufgrund der gesetzlichen Zuständigkeiten waren der Region hier die Hände gebunden. Übrigens will die Stadt Ulm jetzt das gleiche Projekt an gleicher Stelle verwirklichen, das vor 10 Jahren abgelehnt wurde, wobei aus den ursprünglich drei Partnern jetzt zwei geworden sind, weil der Landkreis Neu-Ulm derzeit eine eigene Entsorgungsanlage baut.

Hätte die Kompetenz beim Regionalverband gelegen, so hätte man sicherlich auch hier einen gemeinsamen Weg beschreiten können. Ob angesichts der eminenten Schwierigkeiten, geeignete Standorte für Abfallbeseitigungsanlagen zu finden, die Kompetenz bei den Landkreisen und kreisfreien Städten noch richtig angesiedelt ist, muß nach meiner Meinung zumindest hinterfragt werden.

Mir will jedenfalls nicht einleuchten, daß eine kreisfreie Stadt, die nur über eine geringe Markungsfläche verfügt und deshalb keine Deponiemöglichkeiten hat, sich mit einem Flächenkreis zusammenspannen muß, und zwar in der Art, daß die Stadt die thermische Versorgungsanlage für beide auf ihrem Gebiet errichtet, während der Landkreis die Fläche für die Restedeponie zur Verfügung stellt.

Abfallentsorgungsanlagen für einen größeren Raum sollten dort plaziert werden, wo die geringsten Umweltbelastungen entstehen. Dies kann wohl schwerlich in einem verdichteten Raum sein, wo ohnehin schon eine erhebliche Vorbelastung besteht. Sinnvolle Stadt-Umland-Kooperation bleibt bei der Abfallentsorgung ein frommer Wunsch, solange das St. Florians-Prinzip fröhliche Urständ feiert und die Zuständigkeiten nicht anders geregelt sind. Die Regionalplanung kommt mangels Kompetenz hier über eine Beratungs- und Vermittlungsrolle nicht hinaus.

Kurz eingehen möchte ich noch auf die Bemühungen von baden-württembergischer Seite, statt des Nachbarschaftsverbandes Ulm einen grenzüberschreitenden Nachbarschaftsverband mit der Aufgabe einer gemeinsamen Flächennutzungsplanung für den engeren Kernbereich von Ulm und Neu-Ulm zu schaffen. Dies ist wegen des Widerstandes der bayerischen Seite nicht zustande gekommen. Somit bleibt der Regionalverband auch im Rahmen der Bauleitplanung das einzige grenzüberschreitende Abstimmungs- und Koordinationsorgan.

Zweite Schlußfolgerung:

Die Regionalplanung hatte schon bislang gerade bei der Stadt-Umland-Kooperation über das Instrument "Regionalplan" hinaus vielfältige Aktionsmöglichkeiten, wobei der Aktionsradius je nach Aufgabenstellung unterschiedlich ist. Häufig hängt jedoch der Erfolg mangels unmittelbarer Zuständigkeit der Regionalplanung von der Kooperationsbereitschaft der kommunalen Gebietskörperschaften ab.

Meine Damen und Herren, zum Schluß möchte ich noch einen Ausblick auf die künftige Aufgabenstellung der Regionalplanung hinsichtlich der Stadt-Umland-Kooperation versuchen, wobei die Region Donau-Iller wiederum als Anschauungsobjekt dienen soll.

Daß Planung nichts Zementiertes sein darf, steht sozusagen vor der Klammer. Aus diesem Grund kann der Aufgabenkatalog der Regionalplanung nicht enumerativ abgeschlossen sein. Die Regionalplanung muß allen neuen Entwicklungstendenzen gegenüber offen bleiben. Dabei kann die Regionalplanung die Anstöße entweder selbst geben oder auch aufgreifen, was von anderer Seite initiiert ist, und prüfen, ob ein regionalplanerischer Handlungsbedarf besteht.

Sie haben zu Beginn dieser Plenarsitzung einiges über das Projekt Wissenschaftsstadt Ulm erfahren und konnten daraus entnehmen, welch ausgezeichnete Entwicklungschancen damit für unsere Region und speziell für den engeren Stadt-Umland-Bereich von Ulm verbunden sind. Es ist klar, daß hier auch die Regionalplanung gefordert ist.

Für uns ist wichtig, welche räumlichen Auswirkungen von dieser Wissenschaftsstadt hinsichtlich der Bevölkerung, der Arbeitsplätze, des zu erwartenden Flächenbedarfs, der erforderlichen Infrastruktur etc. zu erwarten sind. Ein Gutachten, das die beiden Länder Bayern und Baden-Württemberg Ende 1989 vergeben haben, soll dies im einzelnen untersuchen. Uns vom Regionalverband Donau-Iller wurden von den beiden Ländern Koordinierungsaufgaben im Rahmen der Gutachtenerstellung übertragen.

Aus diesem Gutachten werden wir dann konkrete regionalplanerische Ziele ableiten. Damit hat es freilich nicht sein Bewenden. Unser Anliegen ist vielmehr auch die Optimierung der positiven Auswirkungen dieser Wissenschaftsstadt Ulm. Dabei streben wir insbesondere an, daß die Wissenschaftsstadt Ulm im bayerischen Teil der Region Donau-Iller, wo bislang noch keine Hochschuleinrichtungen vorhanden sind, eine Ergänzung erfährt. Der Freistaat Bayern will diese Fragestellung nun in einem ergänzenden Gutachten zum Hauptgutachten untersuchen lassen.

Ein Hauptkriegsschauplatz, wenn ich das so formulieren darf, war für den Regionalverband Donau-Iller bereits in den letzten Jahren und wird es noch weiter sein, bis die Entscheidungsschlacht geschlagen ist, die Führung der Ausbau-/Neubaustrecke der Deutschen Bundesbahn Plochingen-Günzburg.

Sie wissen, daß die Deutsche Bundesbahn beabsichtigt, im Zuge des Ausbaues und Neubaues der Strecke Stuttgart-München das Oberzentrum Ulm/Neu-Ulm zu umfahren. Es kann keine Frage sein, daß eine solche Umfahrung für diesen Raum gravierende Nachteile brächte und wir uns deshalb mit aller Kraft dagegen wenden.

Ich möchte jetzt nicht sämtliche Argumente ausbreiten - das wäre ein abendfüllendes Thema für sich -, aber doch einen übergreifenden Gesichtspunkt nennen. Eine solche Umfahrung wäre die falsche Raumordnungspolitik, weil sie einseitig nur die großen Verdichtungsräume sieht und die dazwischen liegenden Räume vernachlässigt. Dadurch wird einer weiteren Verdichtung der Ballungsräume zu Lasten der ländlichen Räume Vorschub geleistet, obwohl in diesen Ballungsräumen die Belastungsgrenzen bereits vielfach überschritten sind.

Noch ein Beispiel aus der Arbeit des Regionalverbandes Donau-Iller darf ich erwähnen. Wir haben eine Broschüre "Standortbedingungen des Wirtschaftsraumes Donau-Iller" als eine Argumentationshilfe für die Städte und Gemeinden bei der Gewerbe- und Industrieansiedlung herausgegeben. Das hat gute Resonanz gefunden, und in diese Richtung eines regionalen Marketing nach innen und außen wollen wir uns künftig stärker bewegen.

Ich komme zu meiner dritten Schlußfolgerung und gleichzeitig zu meinem Resümee.

Die Regionalplanung als "Gemischtwarenhandlung" muß auch weiterhin ein breites Sortiment führen und nicht nur den Markt genau beobachten, sondern da und dort auch Trendsetter sein. Sie hat bei der Stadt-Umland-Kooperation wichtige Abstimmungs- und Koordinationsaufgaben zu erfüllen. Wenn es die Regionalverbände als Träger der Regionalplanung nicht gäbe, müßte eine andere Institution zur Bewältigung dieser Aufgaben geschaffen werden. Die Regionalplanung wird sich noch mehr als Dienstleistungsunternehmen verstehen müssen. Dabei treten immer mehr Management- und Marketingaufgaben in den Vordergrund.

Der Konkurrenzkampf zwischen den Regionen um zukunftsträchtige Wirtschaftsunternehmen wird angesichts des kommenden europäischen Binnenmarktes weiter zunehmen. Dies gibt der Regionalplanung die Chance, sich bei der Präsentation einer Region zu profilieren.

Die Bereitschaft der Regionalplanung, sich aktueller regionalpolitischer Fragen anzunehmen, muß verstärkt werden. Auf die Entwicklung eines regionalen Bewußtseins sollte hingewirkt werden, um gerade die meist schwierigen Probleme im Stadt-Umland-Bereich besser lösen zu können. Direkte Wahlen zu einem Regionalparlament könnten die Identifikation der Bevölkerung mit der Region und mit der Aufgabenstellung der Regionalplanung verbessern.

Weil ich mein Statement mit Napoleon begonnen habe, sei es mir gestattet, auch mit Napoleon zu schließen. Von Napoleon, der ja unweit von Ulm und Neu-Ulm die berühmte Schlacht bei Elchingen gegen die Österreicher geschlagen hat, ist der Ausspruch überliefert:

"Impossible n'est pas un mot francais".
Unmöglich ist kein französisches Wort.

Ich meine, dies sollte auch auf das Vokabular der Regionalplanung zutreffen, zumindest sollte das Wort "unmöglich" in der Regionalplanung angesichts der Aufgaben in den 90er Jahren ganz klein geschrieben werden. Dann kann die Regionalplanung auch weiterhin einen konstruktiven Beitrag zur Entwicklung unseres Landes leisten.

GOTTFRIED SCHMITZ

Raumordnungsverband im Rhein-Neckar-Dreieck

1.   Zur Ausgangslage

Der Rhein-Neckar-Raum ist mit knapp zwei Mio. Einwohnern der sechstgrößte Verdichtungs-raum im Bundesgebiet. Er liegt in einem "Drei-Länder-Eck" (Baden-Württemberg, Hessen, Rheinland-Pfalz) an der Rheinschiene. Im Norden schließt sich im Zuge des Oberrhein-Gebietes der Agglomerationsraum Rhein-Main, im Süden der Karlsruher Raum an. Die drei größten Städte der Region sind Mannheim (Verkehrsknoten, Handels- und Dienstleistungszentrum, Universi-tätsstadt), Ludwigshafen (moderne Industriestadt) und Heidelberg (traditionsreiche Universität, Technologiezentrum, Tourismus). Eine Reihe mittlerer Zentren (Worms, Frankenthal, Speyer, Neustadt, Bad Dürkheim, Grünstadt auf der linken Rheinseite, Viernheim, Lampertheim, Bens-heim, Heppenheim, Weinheim, Wiesloch, Sinsheim, Eberbach, Mosbach auf der rechten Rhein-seite) ergänzen die drei Oberzentren. Die Naturparke Odenwald und Pfälzer Wald begleiten im Osten und im Westen den engeren Verdichtungsraum.

Die wichtigsten entwicklungsbestimmenden Faktoren sind:

- Die Lage an der bedeutendsten kontinentaleuropäischen Verkehrsachse und zugleich im zentralen wirtschaftlichen Kernraum des EG-Binnenmarktes, zwei Faktoren also, die in ihrer Kombination erwarten lassen, daß sich gerade der Abbau der Grenzen am stärksten hier auswirken wird. Denn der weitaus größte Anteil der EG-Binnengrenzen entfällt auf den europäischen Zentralraum. Der bisher schon herausragende Verkehrsknoten Mannheim wird einen weiteren Bedeutungszuwachs erhalten.-Die vielfältige Industriestruktur, die durch moder-ne Investitionsgüterindustrie, den Maschinen- und Fahrzeugbau und die chemische Industrie geprägt ist und die von nicht weniger als fünf Universitäten innerhalb oder in unmittelbarer Nachbarschaft der Region, von hochrangigen Forschungseinrichtungen und von einer Vielzahl von Fachhochschulen und dem damit unmittelbaren permanenten Personal- und Technologie-transfer profitiert.

- Die polyzentrische Struktur, die eine dezentrale Konzentration von Handels-, Versorgungs-und Dienstleistungsfunktionen sowie vielfältige Kultur- und Bildungsfunktionen nicht nur in der größten Stadt, nämlich Mannheim, und in den zwei weiteren Oberzentren Heidelberg und Ludwigshafen entstehen ließ, sondern auch in den Mittelzentren, worunter linksrheinisch, historisch bedingt, Speyer und Worms herausragen.

Zwar ist die Agglomeration im Rhein-Neckar-Dreieck trotz ihrer zeitweiligen Wachstums-schübe nicht den "Spitzenreitern" zuzuordnen, trotzdem verlangen der jahrzehntelang anhalten-de Suburbanisierungsprozeß einerseits und die Schutzbedürftigkeit hochsensibler Landschafts-räume (Rheinauen, Deutsche Weinstraße, Bergstraße, Naturparke) andererseits, aber auch die Raumansprüche der standortspezifischen Industrien eine Steuerung des Strukturentwicklungs-prozesses, die langfristig eine umweltverträglichere Gesamtentwicklung ermöglicht, bei der die Region auch in der regionalen Standortkonkurrenz bestehen kann.

Die Zugehörigkeit von Teilgebieten dieses Agglomerationsraumes zu drei verschiedenen Bundesländern führte im kommunalen Bereich zu Initiativen für eine grenzüberschreitende Zusammenarbeit. So wurde 1952 eine "Kommunale Arbeitsgemeinschaft Rhein-Neckar" von den Kommunen links und rechts des Rheines gegründet, zu einer Zeit also, in der die Länder-Neugliederungsfrage im Südwesten noch nicht entschieden war. Im Jahre 1969 kam es dann zu einem Staatsvertrag zwischen den beteiligten Ländern, nach dem es den Trägern der regionalen Planung erlaubt wurde, einen grenzüberschreitenden "Raumordnungsverband Rhein-Neckar" zu gründen (1970). Dieser Verband ist seitdem ein Modellfall grenzüberschreitender Planung und Kooperation. Ansatzpunkt und Arbeitsebene ist die Regionalplanung. Drei Mitglieder, nämlich der Regionalverband Unterer Neckar (Baden-Württemberg), die Planungsgemeinschaft Rheinpfalz (Rheinland-Pfalz) und der Kreis Bergstraße (Hessen) haben den Verband gegründet und tragen ihn gemeinsam. Seine Hauptfunktion ist, mit Hilfe eines Raumordnungsplanes die Grundlage für eine einheitliche regionale Planung in den drei beteiligten Regionen zu schaffen und für die Durchsetzung der regionalen Planungsziele Sorge zu tragen. Die Zuständigkeit für die grenzüberschreitende "Rahmenplanung" gilt allerdings nur für den Ballungsraum, d.h. für die Gebietsteile der beteiligten Regionen, die im wesentlichen im Ordnungsraum im Sinne der Abgrenzung auf Bundes- und Länderebene liegen. Die Verwaltung des Raumordnungsverbandes erledigt zugleich die Verwaltungs- und Planungsaufgaben für die zwei größten Mitglieder, für den rechtsrheinisch gelegenen Regionalverband Unterer Neckar (Baden-Württemberg) und die linksrheinisch gelegene Planungsgemeinschaft Rheinpfalz (Rheinland-Pfalz), die unbeschadet der Beachtung des grenzüberschreitenden Raumordnungsplanes bei ihren Regionalplänen im übrigen ihre regionalplanerischen Aufgaben eigenverantwortlich erfüllen.

2. Regionale Planung, notwendige Vorstufe regionaler Kooperation

Die Stadt-Umland-Problematik erhält in den größeren Agglomerationsräumen, vor allem wenn sie wie im Rhein-Neckar-Dreieck mehrpolig angelegt sind, eine vielschichtigere Dimension. Es geht nicht nur um die Beziehungen und Abhängigkeiten einer Stadt und ihres Umlandes, sondern um wechselseitige Funktionsteilungen, Abhängigkeiten, auch um kommunale Konkurrenzen in einem vielfältigen Interessen- und Wirkungsfeld. Die sehr differenzierte funktionsräumliche Arbeitsteilung stellt sich nicht reibungslos ein. Nicht nur deshalb, sondern wegen der damit auch verbundenen notwendigen Regulierung des typischen Engpaßfaktors "verfügbare Fläche" entstand das Bedürfnis nach regionaler Planung zuerst in den industriellen Ballungsräumen, im Ruhrgebiet (1920 Gründung des Siedlungsverbandes Ruhrkohlenbezirk) und in den mitteldeutschen Industrierevieren.

Regionalplanung im heutigen Verständnis als regionale Stufe von Landesplanung hat ein räumliches, ein regionales Entwicklungskonzept zum Ziel, das weitgehend dem entspricht, was auch als Vorstufe regionaler Kooperation an gemeinsamen regionalen Entwicklungsvorstellungen zwischen einer Vielzahl von Partnern einer solchen Region erst einmal abgeklärt und festgelegt werden muß. Dazu liefert die Regionalplanung, die ja zwangsläufig überörtlich, überfachlich, verwaltungsgrenzenübergreifend und zusammenfassend (komplex) angelegt ist, ein hinreichendes Instrumentarium.

Der regionale Planungsprozeß bietet aber auch hervorragende Chancen, ein Regionalbewußtsein zu fördern und auch so die Inangriffnahme notwendiger regionaler Gemeinschaftsaufgaben vorzubereiten. Denn der Zwang, einen Plan zustande bringen zu müssen, führt in vielen Fällen auch zu einer größeren Bereitschaft, nachbarschaftliche und gesamträumliche Interessen untereinander abzustimmen und auch zu der erforderlichen Willensbildung im Vorfeld administrativer Entscheidungen. Die Erfahrung lehrt auch, daß in den politischen Vertretungen der regionalen Planungsorganisationen durch die praktische Planungsarbeit die Kenntnis des Raumes und seiner Probleme enorm zunimmt, was die sachliche Auseinandersetzung über konfligierende Einzel- oder Teilinteressen gelegentlich doch schon sehr erleichtert.

Doch, die Verständigung über eine regionale Entwicklungskonzeption, die Herstellung des Einvernehmens über notwendige Aktivitäten, Maßnahmen, Projekte bis zur Aufstellung und Genehmigung eines rechtsverbindlichen Regionalplanes ist eine Sache. So notwendig diese Bewältigung des Planungsprozesses auch ist, Planung ist kein Selbstzweck. Deshalb muß der Umsetzung regionaler Entwicklungsziele in zielkonforme Einzel-(Fach-)Planungen, Maßnahmenprogramme, private und öffentliche Investitions- und Standortentscheidungen ein ebenso großes Interesse der regionalen Planungsträger gelten.

Die Umsetzung regionaler Entwicklungsziele durch mehr oder weniger freiwillige Anpassung, Reaktion, Aktivitäten der Planadressaten, ggf. durch beratende Unterstützung des Trägers der Regionalplanung ist weithin die Regel, mit mehr oder weniger Erfolg. Aber trotzdem bedarf es der beständigen Pflege des politischen, gesellschaftlichen, institutionellen "Umfeldes" und einer ausreichenden Kontaktdichte der beteiligten Akteure. Von diesen Umständen hängen entscheidend die Planungsintensität, die Auswahl der planerischen, sachlichen Schwerpunkte, der tatsächliche Wirkungsgrad der Regionalplanung ab.

Plan- und Entwicklungsziele haben aber nicht immer, oder ggf. noch nicht, einen adäquaten leistungsfähigen oder leistungsbereiten Planadressaten. Das ist häufig dann der Fall, wenn sich Strukturwandlungen abzeichnen, sich Defizite auf entwicklungsbestimmenden Aufgabenfeldern wie in der Infrastruktur i.w.S. auftun oder die Aufgabe der örtlichen Sphäre entgleitet und überörtliche, regionale Dimensionen annimmt. In diesen Fällen kommt der Regionalplanung eine wichtige Anwalts- oder Moderatorenfunktion zu, solange die Region nicht in anderer Weise institutionell "verfaßt" ist. In diesem Sinne verstand sich schon immer der traditionsreiche "Ruhrsiedlungsverband" als "runder Tisch" des Reviers. So kann man es inzwischen schon als eine gute Tradition bezeichnen, daß sich aus der Situations- und Problemanalyse im Rahmen regionaler Planungskonzepte die praktische Lösung auch schwieriger und umstrittener Fragen etwa der Naherholung, des ÖPNV, der Abfallwirtschaft u.ä. anbahnen ließ, in welcher Organisationsform auch immer. Um auf entsprechende Beispiele in der gesamten Bundesrepublik im einzelnen einzugehen, fehlt hier Platz und Raum.

3. Regionale Planung und Kooperation im Rhein-Neckar-Dreieck

Die erst Ende der 70er Jahre realisierte Institutionalisierung einer gemeinsamen regionalen Entwicklungspolitik in Gestalt eines Planungsverbundes zwischen dem Raumordnungsverband Rhein-Neckar und seinen Mitglieder-Regionen erlaubte zum einen die Aufstellung eines die Träger der Regionalplanung inhaltlich bindenden, die Landesgrenzen übergreifenden regionalen Gesamtplanes ("Raumordnungsplan") und zum anderen, auf dieser Basis die Lösung schon länger anstehender regionaler Gemeinschaftsaufgaben anzugehen.

Dabei hat sich wieder einmal erwiesen, daß im Bereich der Raumplanung durchaus ein praktikables Instrumentarium zur Verzahnung der verschiedenen Planungsebenen und Zuständigkeiten vorhanden ist, zur Durchführung von Gemeinschaftsaufgaben in der Region jedoch lediglich die Regelungen über die kommunale Zusammenarbeit (''Zweckverbandsrecht'') zur Verfügung stehen und für eine gemeinsame Aufgabenwahrnehmung von staatlichen Behörden, Kommunen und Wirtschaftsunternehmen besondere vertragsrechtliche Formen gefunden werden müssen.

Für die größeren Verdichtungsräume hat die allgemeine Gebiets- und Verwaltungsreform in den Ländern auch nicht in Ansätzen zur Lösung der richtigen ''Verortung'' überörtlicher, regionaler Gemeinschaftsaufgaben beigetragen, schon gar nicht in den durch Ländergrenzen zerschnittenen Verdichtungsräumen, wie Rhein-Neckar, Rhein-Main und Hamburg. Im Rhein-Neckar-Raum ist man nicht den Weg des mühsamen Aushandelns eines Katalogs von unterschiedlichen Aufgaben von der Regionalplanung oder Bauleitplanung über die Wasserversorgung bis zur Abfallwirtschaft und deren Festschreibung in der Satzung gegangen, sondern hat dem Raumordnungsverband Rhein-Neckar lediglich neben der Aufstellung des grenzüberschreitenden Raumordnungsplanes auch die Aufgabe zugewiesen, die sich aus dem Plan ergebenden gemeinsamen Belange des Verbandsgebietes zu vertreten und die notwendigen Schritte zur Verwirklichung des Raumordnungsplanes zu unternehmen (vgl. § 2 der Satzung des Raumordnungsverbandes Rhein-Neckar, Körperschaft des Öffentlichen Rechts, vom 30.4.1970). Damit kann der Raumordnungsverband Rhein-Neckar nicht nur ein gemeinsames Entwicklungsleitbild in Gestalt des Raumordnungsplanes festlegen, sondern ist auch frei, regionalpolitische Initiativen zu ergreifen, für seine Entwicklungsvorstellungen zu werben und dafür einzutreten. Die direkte und alleinige Durchführung von regionalen Aufgaben, etwa auf dem Gebiet des ÖPNV, der regionalen Ver- und Entsorgung, ist ihm auf der Basis des geltenden Staatsvertrages der drei beteiligten Länder aus dem Jahre 1969 nicht möglich, wohl aber die konzeptionelle Vorarbeit, das Hinwirken auf organisatorische und institutionelle Lösungen und die administrative Unterstützung hierfür.

Mangels einer mit den notwendigen Zuständigkeiten und Mitteln ausgestatteten ''Verwaltungsregion'' ergibt sich zwangsläufig die Notwendigkeit, unter allen Beteiligten Kooperationslösungen zu erfinden und zu finden, anzustoßen, in Gang zu setzen und in der Realisierungsphase zu begleiten, die sicher auch den Vorzug haben, daß sie auf die einzelne Aufgabe hin maßgeschneidert werden können.

Als typische Fälle, für die neue Aufgabenträgerschaften gefunden werden mußten, sind vor allem zu nennen:

- die Neuorganisation des öffentlichen Personennahverkehrs (Verkehrsverbund Rhein-Neckar),
- regionale Lösungen abfallwirtschaftlicher Aufgaben und
- neuerdings für die regionale Standortwerbung.

Es sind also nicht nur ''öffentliche Aufgaben'' im engeren Sinne, für die neue gemeinsame Lösungen verschiedener öffentlicher, staatlicher und kommunaler Aufgabenträger zu finden waren bzw. zu finden sind, sondern auch solche, die besser mit Kammern, Verbänden, Unternehmen gemeinsam bewältigt werden können.

Regionale Kooperationen in diesem Sinne entstehen nicht von selbst. Oft ist es ein weiter Weg von der Problemanalyse über ein Planungskonzept zu einem Zusammenbringen aller Beteiligten und Interessenten mit dem Ergebnis einer gemeinsamen Willensbildung bis hin zu der Entscheidung über die Finanzierungs- und Organisationsfragen. Der Raumordnungsverband Rhein-Neckar hat kürzlich aus Anlaß des Starts der zweiten Verbundstufe (Vollverbund) im Rhein-Neckar-Dreieck im Heft 8 seiner kleinen Schriftenreihe eine grobe Übersicht über die Entstehung dieses regionalen Verkehrsverbundes in chronologischer Reihenfolge (1968-1989) dokumentiert, die als Beleg für ein solches Kooperationsbemühen dienen kann. Dieses Beispiel lehrt, daß die Bewältigung "regionaler Gemeinschaftsaufgaben" voraussetzt, daß

- ein regionales, gemeinsames Problembewußtsein vorhanden ist oder geweckt werden kann,
- der gemeinsame Wille zu einem interkommunalen Interessenausgleich, in Grenzregionen auch zwischen den Ländern bzw. Staaten besteht oder erzeugt werden kann und
- dazu die notwendigen politischen Initiativen - auch unter Hinnahme temporärer Rückschläge
- ergriffen und durchgehalten werden.

In den drei genannten Aufgabengebieten: ÖPNV, Abfallwirtschaft, regionales Standortmarketing wurden für den Agglomerationsraum im Rhein-Neckar-Dreieck ganz unterschiedliche Organisationsformen entwickelt.

Die zeitweise etwas verschlungenen Wege zur Neuordnung des regionalen Öffentlichen-Personen-Nahverkehrs sind in dem erwähnten Heft der Schriftenreihe des ROV in groben Zügen geschildert. Hierin ist auch das gesamte Vertragswerk zur Organisation und Arbeitsweise des Verkehrsverbundes Rhein-Neckar wiedergegeben. Hauptelemente der Gesamtkonstruktion sind -der Grundvertrag zwischen der Bundesrepublik Deutschland, den Ländern Baden-Württemberg, Hessen und Rheinland-Pfalz sowie dem Zweckverband Verkehrsverbund Rhein-Neckar, mit dem Ziel der Sicherung und des Ausbaus des ÖPNV im Verbundraum Rhein-Neckar und der Verwirklichung des Verkehrsverbundes, und die Einsetzung eines sogenannten gemeinsamen Ausschusses der Vertragspartner, der (nach dem Einstimmigkeitsprinzip) die Koordinierung betreibt;

- der Zweckverband Verkehrsverbund Rhein-Neckar, dem alle 11 kommunalen Gebietskörperschaften der Kreisebene im Gebiet des Raumordnungsverbandes Rhein-Neckar und einzelner Gemeinden aus Nachbarkreisen angehören und der als kommunaler Partner die kommunalen Kräfte bündelt und einen Teil der verbundbedingten Aufwendungen in Ergänzung zu den Mitteln der Länder finanziert;

- die Verbundgesellschaft der nahverkehrstreibenden Unternehmen in der Region, die nach dem Gesellschaftsvertrag die für den Verbundverkehr der beteiligten 13 Gesellschaften notwendige Abstimmung des betrieblichen Leistungsangebotes, die Weiterentwicklung des Gemeinschaftstarifes, Aufgaben der Verkehrsforschung und des Marketings sowie bei der Einnahmenaufteilung erledigt;

- der Einnahmenaufteilungsvertrag der beteiligten Unternehmen, der regelt, welche Einnahmen als im Verbundverkehr erzielt gelten und wie diese auf die Unternehmen aufzuteilen sind.

In der Abfallwirtschaft gehen die zu den drei Ländern gehörenden Teilregionen organisatorisch getrennte Wege, wenn auch untereinander abgestimmt, und zwar auf der Basis des grenzüberschreitenden Raumordnungsplanes und eines regionalen Konzeptes für die Abfallwirtschaft im Rhein-Neckar-Raum, das erstmals 1985 vom Raumordnungsverband erstellt wurde. Die linksrheinischen Stadt- und Landkreise haben sich in einer gemeinnützigen Gesellschaft zum Betrieb des Müllheizkraftwerks in Ludwigshafen und zur Entsorgung im Gebiet der Vorderpfalz zusammengeschlossen. Auf der rechten Rheinseite entstand ein Zweckverband Abfallwirtschaft Rhein-Neckar mit den Mitgliedern Heidelberg, Mannheim und Rhein-Neckar-Kreis - auch hier aus der Einsicht, daß im Gebiet jeder einzelnen kreisfreien Stadt oder des einzelnen Landkreises keine Optimierung der abfallwirtschaftlichen Maßnahmen mehr erreicht werden kann, sondern dafür Ausgleich und Arbeitsteilung über die Kreisgrenzen hinaus not tut.

Wiederum ein anderes Organisationsmodell wurde für die Aufgaben des regionalen Standort-Marketings angewandt. Auslöser waren regionale Image-Untersuchungen an der Fachhochschule in Mainz (Prof. Funke) im Auftrage des Raumordnungsverbandes Rhein-Neckar und an der Universität Mannheim (Prof. Müller) im Auftrag der Industrie- und Handelskammern in Mannheim und Ludwigshafen. Diese Untersuchungen stießen nicht nur bei den Kommunen, sondern auch bei den Unternehmen in der Region, die aus vielerlei Gründen auf eine positive Einschätzung ihres Standorts großen Wert legen, auf ein unerwartetes Interesse.

Dazu kamen interne Untersuchungen zu einem regionalen "Planungsmarketing". Deren Ergebnis war, daß im Interesse einer größeren Realisierungschance regionaler Planung und der über die engeren Planungsaufgaben hinausgehenden regionalpolitischen Initiativen eine qualifizierte Öffentlichkeitsarbeit angezeigt ist. Vor allem die zunehmende "Sperrigkeit" von großtechnischen Anlagen, die damit verbundenen Akzeptanzprobleme und die auf die Region zukommenden Zukunftsaufgaben machen eine offensivere Darstellung regionaler Probleme und Aufgaben notwendig.

Aber auch die Einsicht, die bisher schon vorhandenen Aktivitäten auf dem Gebiet der Standortwerbung und Wirtschaftsförderung mit ihren Zielgruppen außerhalb der Region sowie die Informations- und Werbetätigkeit für einzelne Kommunen durch regionale Koordination zu einer größeren Wirkung nach innen und außen bringen zu können, führte vor zwei Jahren die Industrie- und Handelskammern, die Großstädte, den Raumordnungsverband und einzelne führende Unternehmen zunächst in einem informellen Arbeitskreis zusammen. Inzwischen hat dieser sich zu einem "Arbeitskreis Rhein-Neckar-Dreieck e.V." fortentwickelt. Eine beim Raumordnungsverband eingerichtete Geschäftsstelle, ein Expertenkreis von "Profis" der Städte, Kammern und Unternehmen entwickeln gemeinsam mit einer beauftragten Agentur das Strategiekonzept und managen die Durchführung der Aktivitäten des Vereins.

Mindestens ebenso dringlich wie bei den vorherbehandelten regionalen Gemeinschaftsaufgaben bedarf die regionale Öffentlichkeitsarbeit eines interkommunal abgestimmten Konzeptes, einer Abstimmung werblicher Maßnahmen der Städte, Industrieunternehmen, Kammern, Verbände, auch möglichst gemeinsamer Aktivitäten und Veranstaltungen sowie eines einheitlichen Erscheinungsbildes der Gesamtregion in und mit den geeigneten Medien. Dies kann nur durch eine bereitwillige Kooperation aller auf diesem Felde in der Region tätigen und einflußreichen Kräfte erreicht werden.

So verschieden die organisatorischen Formen der regionalen Zusammenarbeit auch sind, so unterschiedlich können die Rolle und der Grad der Mitverantwortung des regionalen Planungsträgers in den Vorbereitungs- und Durchführungsphasen sein. Beim Raumordnungsverband Rhein-Neckar reicht das Engagement von der verwaltungsseitigen Beratung einzelner Planungsund Aufgabenträger über das Zusammenführen von Partnern, die Erarbeitung von Konzepten bis zu Vertragsverhandlungen und zur zeitweisen "Abordnung" von Mitarbeitern und schließlich auch bis zur Mitgliedschaft bei neu geschaffenen Aufgabenträgern.

So ist der Raumordnungsverband bei dem zuletzt erwähnten Arbeitskreis Rhein-Neckar-Dreieck sowohl Gründungsmitglied als auch im engeren Vorstand vertreten, und er stellt die Geschäftsstelle, einen Teil des Personals und die sachlichen Verwaltungsmittel zur Verfügung. Der Zweckverband Abfallwirtschaft hat ebenfalls seine Geschäftsstelle beim Raumordnungsverband, der auch zeitweise einen Mitarbeiter für die technisch-konzeptionelle Arbeit in der Aufbauphase "abgeordnet" hat. Schließlich wird auch die Geschäftsführung des Zweckverbandes Verkehrsverbund Rhein-Neckar von der Verwaltung des Raumordnungsverbandes besorgt. Auf diese Weise können die für solche regionalen Aufgabenfelder neu gegründeten besonderen Institutionen mit ihren Organen in ihrer Anfangsphase mit der fachlichen und organisatorischen Unterstützung des Raumordnungsverbandes in ihre neue Aufgabe hineinwachsen, Vertrauen und Kompetenzzugewinn erwerben und sich in den schwierigen Anlaufphasen auf ihre fachlichen Schwerpunkte konzentrieren.

Neben dieser administrativen Unterstützung spielt der Raumordnungsverband Rhein-Neckar mit seinen politischen Vertretungsorganen aber auch eine wichtige Rolle als Plattform für die regionalpolitische Willensbildung in allen die Entwicklung der Gesamtregion berührenden Fragen und Projekten. Dabei ist es sehr hilfreich, daß der Verband mit der Querschnittsaufgabe "grenzüberschreitende regionale Raumordnung" in Verbindung mit den regionalplanerischen Zuständigkeiten seiner Mitglieder maßgeblichen Einfluß auf die Bildung von Standorten im umfassenden Sinne und auf die Raumnutzung ausüben kann. Denn viele der die regionale Entwicklung bestimmenden Aktivitäten entscheiden sich an der Standortfrage.

Tassilo Braune

Hamburg und sein Umland

I. Vor nunmehr über 20 Jahren hat Hamburg mit dem "Entwicklungsmodell für Hamburg und sein Umland" für sich selbst und für die Zusammenarbeit mit seinen beiden Nachbarländern und den kommunalen Gebietskörperschaften im metropolen Einflußbereich ein regionalplanerisches Konzept entwickelt. Das dabei erzielte Einvernehmen zwischen allen Beteiligten hat sich als eine sichere Basis für die grenzüberschreitenden Planungen erwiesen. Diese Konzeption war und ist eine logische Weiterentwicklung von der auf Schumacher zurückzuführenden "Achsenkonzeption", über die räumlichen Konzepte der gemeinsamen Landesplanung der Zeit nach dem 2. Weltkrieg (Keil u.a.) bis in die Gegenwart.

Diese Konzeption ist in ihrer physisch strategischen Komponente nach wie vor aktuell. Neu zu überlegen sind allerdings Fragen des Vollzugs und der Weiterentwicklung.

II. Die Nachfrage nach Bauflächen und Infrastruktur ist abhängig von

1. steigenden Flächenansprüchen bestehender Nutzer und Funktionen
2. neuen Ansprüchen durch Veränderungen der Rolle Hamburgs im nationalen wie internationalen Wirtschaftsgefüge
3. Wanderungsgewinnen aus dem Osten und Südosten Europas (Übersiedler) wie Zuzüge aus anderen Weltregionen (Asylanten)

Zu 1.: Die Brutto-Wohnfläche/Einwohner hat zwischen den Gebäude- und Wohnungszählungen 1968 und 1987 um rd. 15 m^2 (40%) zugenommen. Die Zunahme von 1 m^2/Einwohner entspricht bei rd. 1,6 Mio. Einwohnern in Hamburg der Geschoßfläche von 17.000 Wohnungen (94 m^2/WE).

Die Zahl der Beschäftigten im produzierenden Bereich hat von 1970 bis 1987 um 123.000 abgenommen (- 45%!). Im selben Zeitraum wurden schätzungsweise 600 ha an städtischen gewerblichen Bauflächen an Unternehmen vergeben.

Der durchschnittliche Flächenbedarf pro Bürobeschäftigten stieg zwischen 1975 und 1986 von 20 auf 22 m^2 BGF (Neubauten von 28 auf 35 m$_2$ BGF). Auch hier ist die Tendenz ungebrochen. Bei etwa 450.000 Bürobeschäftigten in Hamburg verursacht die Zunahme von 1 m^2 BGF pro Bürobeschäftigten einen Mehrbedarf von 45 ha Geschoßfläche; Vergleich: die City Nord hat 70 ha Geschoßfläche.

Zu 2.: Hier ist zunächst und vorrangig die Veränderung der innerdeutschen Situation zu beachten, die Hamburg nach 45 Jahren wieder mit seinem Hinterland verbindet. Diese Chance ist auch gleichzeitig eine Herausforderung. Neue Zielkonflikte brechen auf, deren Bewältigung nicht in allen Facetten sicher erscheint.

Mit der deutschen Vereinigung geht einher die Öffnung des Ostens. Frühere Märkte in Ostmitteleuropa und Südosteuropa sind zunehmend frei zugänglich für die Aktivitäten der

Handels- und Hafenstadt. Als Vorort einer "Elbachse" stellen sich insbesondere für die Verkehrsinfrastruktur völlig neue Randbedingungen. Sie zukunftsorientiert zu Lösungen zu führen, wird erhebliche Bemühungen um politische Akzeptanz erfordern.

Schließlich stellt die Schaffung des EG-Binnenmarktes ab 1993 Hamburg vor eine neue Konkurrenzsituation mit anderen europäischen Metropolen. Die Entwicklung der vergangenen Jahre hat dieses zwar in Schritten eingeleitet, wie sich die Umstellung aber letztendlich auswirken wird, bleibt abzuwarten.

Zu 3.: Die Wanderungsbewegungen in Europa zielen eindeutig auf die Verdichtungsräume. Hier erwarten die Zuwanderer die größten Chancen für einen neuen Anfang in einer für sie fremden soziokulturellen und ökonomisch anders strukturierten Umwelt. 1989 verzeichnete Hamburg über 20.000 Zuwanderer. Für 1990 wird die Zahl geringer eingeschätzt, es werden wohl mehr als 15.000 Personen werden. Für diese Menschen Wohn- und Arbeitsstätten zu bieten, wird nur gelingen, wenn das Problem in einer Ländergrenzen übergreifenden Strategie angegangen werden kann.

III. Die bisherigen Ausführungen beschränkten sich naturgemäß auf quantitative Betrachtungen. Das übergeordnete Ziel ist, die Stadtqualität in ihren mannigfaltigen Erscheinungsformen so weit wie möglich zu bewahren oder zu verbessern und gleichzeitig die Metropole funktionsfähig und leistungsstark zu erhalten.

Nun sind Quantitäten leichter meßbar, auch wenn viele Meßmethoden qualitative Ziele und Werte implizieren. Wesentliche Bereiche unserer urbanen Umwelt sind allerdings nicht meßbar und durch Grenz- bzw. Richtwerte darstellbar.

Zur Stadtqualität gehört auch die Atmosphäre, die Ästhetik, das Image - schlicht Stadtkultur.

- Die Aussicht auf Fluß, See oder Gebirge,
- das Erscheinungsbild eines Quartiers, eines Platzes, eines Parks,
- das Spannungsverhältnis von Dichte und Weite, Enge und Offenheit,
- das Engagement für Immaterielles -

schlicht all jene Elemente, die unter dem noch schwammigen Begriff der weichen Standortfaktoren subsumiert werden - sind wesentlich für die Weiterentwicklung unserer Städte. Nur so kann auch die Identifikation der Bürger mit dem Gemeinwesen und damit der soziale Konsens erreicht werden.

IV. Vor diesem Hintergrund ist auch die Frage der Vor- und Nachteile zwischen wachsender und schrumpfender bzw. stagnierender Stadt zu diskutieren.

Die Instrumente sind aus Erfahrung und Gewohnheit für die wachsende Stadt entwickelt. Für andere Trends sind sie nur rudimentär oder in ersten Ansätzen vorhanden, dann aber noch sehr zweifelhaft. Das Wachstum der eingangs dargestellten Ansprüche - also die rein endogenen Impulse - ist in einer per saldo prosperierenden Gesellschaft wohl kaum zu bremsen.

Wie sollte es auch praktiziert werden?

- Durch hoheitliche Restriktionen? Das ist politisch wohl kaum durchsetzbar.
- Durch Verteuerung der Ressourcen und sei es durch gezielte Besteuerung? Wohl aus gleichen Gründen unwahrscheinlich.
- Durch ökologische Einsicht eines durchschlagend großen Bevölkerungsanteils? Dieser unserer freiheitlichen Gesellschaftsordnung angemessene Weg ist (noch!) nicht in Sicht.

Das bedeutet, daß wir in überschaubarer Zukunft noch mit den gegenwärtigen Trends leben müssen. Die Ansprüche an den Raum werden vor der Verantwortung für die Zukunft allerdings steuernd gelenkt werden müssen. Dafür ist wohl auch ein wie auch immer zu gestaltender Konsens zu erreichen, in dem Prioritäten für Teilräume, Ausgleich von Defiziten über Teilräume hinweg, also eine Arbeitsteilung über Grenzen der Gebietskörperschaften hinweg erreicht werden.

V. Funktionsfähigkeit und Leistungsstärke einer Region und insbesondere eines metropolen Ballungsraumes wären also daran zu messen, inwieweit

- quantitative und qualitative Nachfragen nach Flächen und Infrastruktur befriedigt werden und
- die ''Betriebssicherheit'' des Systems Stadt einschließlich seines Verflechtungsraumes

gesichert ist.

Es geht hier nicht nur schlicht um die Darstellung von Flächennutzungen. Diese müssen, um Realität zu werden, politisch konsensfähig auf Dauer sein, d.h. akzeptabel für die jeweilige Umgebung. Das wird nicht ohne Kämpfe, Kompromisse und auch nicht ohne Niederlagen gehen.

Solche Flächenansprüche müssen andererseits auch finanzierbar sein. Dies bezieht sich nicht nur auf die Herstellung der Infrastruktur und deren Betrieb, sondern auch auf die Bereitschaft, kostendeckende Preise für die einzelne Fläche zu zahlen. Die Diskussion um subventionierte Grundstückspreise bei der Gewerbeansiedlung oder die Mietpreisbildung auch in Bereichen, die nicht mit der besonderen sozialen Verpflichtung für schwächere Glieder der Gesellschaft gut begründbar sind, braucht hier nicht neu geführt zu werden.

Der Begriff der ''Betriebssicherheit'' sollte aus meiner Sicht über den rein technischen Ansatz hinausgehend erörtert werden. Die Bewältigung des Verkehrs und eine sichere Entsorgung sind eine notwendige Basis. Dabei lasse ich die unterschiedlichen Lösungs- und Bewertungsmethoden hier einmal außer acht. Betrieb und Pflege der Infrastruktur werden für die Kommunen zu einem immer schwerer zu bewältigenden Problem. Es ist ja nicht damit getan, die Infrastrukturinvestition zu finanzieren, ihr dauerhafter Betrieb und ihr qualitativer Erhalt stellen das eigentliche Problem für die Zukunft dar. Im öffentlichen Personennahverkehr wird dies inzwischen für jedermann überdeutlich.

Zur ''Sicherheit'' der Funktionsfähigkeit des sozialen Systems Stadt gehören aber auch und mit zunehmendem Gewicht

- eine intakte, saubere Umwelt und

- soziale Sicherheit und Frieden.

Die Erfüllung dieser Ziele erfolgt wie auch in anderen Bereichen nicht ohne Verteilungskämpfe um die Ressourcen. Solange eine solche Auseinandersetzung durch demokratisch Legitimierte und mit den Mitteln und Methoden der Demokratie geführt wird, ist das unbedenklich und sogar als klärender Prozeß begrüßenswert.

Leider ist das aber nicht immer der Fall. Das ''kämpferische Engagement'' führt doch häufig zu Formen der Auseinandersetzung, die für die Gesellschaft zur Belastung werden.

VI. Die Stadt-Umland-Problematik wird in allen Metropolen erneut diskutiert und zu neuen Lösungsansätzen geführt werden müssen. Die Situation Hamburgs ist nun dadurch besonders gekennzeichnet, daß die Stadt ''zwischen'' zwei Bundesländern als Stadtstaat liegt.

Für die weitere Entwicklung Hamburgs sind zwei grundsätzlich unterschiedliche Szenarien denkbar:

1. ein Autarkie-Szenario
2. ein Kooperations-Szenario

Zu 1.: Ein solches Szenario würde auf einer Konkurrenzhaltung von Stadt und Umlandgemeinden aufbauen. Es müßte versucht werden, alle Flächen- und Infrastrukturbedürfnisse innerhalb der stadt-staatlichen Grenzen zu befriedigen. Das ist auch noch mindestens ca. 10 Jahre lang möglich, wenn alle Flächenkapazitäten mobilisiert werden. Der z.Zt. gültige Flächennutzungsplan hat noch folgende ungenutzte Bauflächen:

- ca. 1100 ha Wohnbauflächen
- ca. 880 ha Gewerbebauflächen
- ca.   85 ha Kerngebietsflächen.

Viele dieser Bereiche sind aber heute trotz der geltenden vorbereitenden Bauleitplanung in hohem Maße umstritten. Dazu hat insbesondere der Wandel in den Prioritäten der Werteeinstufung geführt. Auch wenn z.B. ein eklatanter Wohnungsmangel herrscht, wird in der öffentlichen Diskussion dem Bewahren des vorgefundenen Landschaftsbestandes ein außerordentlich hoher Stellenwert eingeräumt.

Zum anderen führt eine Politik des knappen Baulandes zu einer Preissteigerung, die bremsend auf die Nachfrage wirken kann. Einer derartigen Strategie sind allerdings im Rahmen der überregionalen Konkurrenz deutliche Grenzen gesetzt.

Rein theoretisch könnte eine solche Autarkiepolitik auch noch weiter fortgesetzt werden. Nach groben Schätzungen wären über das erwähnte Flächenpotential hinaus noch weitere ca. 30.000 Wohnungen und ca. 1.300 ha Gewerbe bei Beibehalten der schnellbahnorientierten Achsenstruktur denkbar. Dies setzt dann allerdings einen sehr radikalen Eingriff in die Freiflächenbestände voraus und würde u.a. die Verlagerung von ca. 6-7000 Kleingärten und die Aufgabe von umfangreichen landwirtschaftlich genutzten Flächen bedeuten.

Auch wenn damit die Prinzipien der Stadtstruktur noch nicht in Frage gestellt würden, es wäre ein "Raubbau" am Territorium der Stadt. Die Konflikte würden sich so potentieren, daß Lösungen unwahrscheinlich sind. So lassen sich z.B. die notwendigen Ersatzflächen für Kleingärten für diese Mengen mit Sicherheit nicht in Hamburg finden. Eine Verlagerung über die Landesgrenze hinaus ist aus Gründen der Organisation dieser Nutzergruppe und auch wegen fehlender Akzeptanz in den Nachbargemeinden z.Zt. unvorstellbar.

Nicht zuletzt würde dies einen vorschnellen "Ausverkauf" bedeuten. Es käme in überschaubarer Zeit das Ende der Handlungsfähigkeit in Bereitstellung neuer Bauflächen. Hamburg verlöre damit einen wichtigen Teil seiner Möglichkeiten zu einer aktiven Standortpolitik. Auch wenn aus Gründen der Finanz- und Steuerproblematik einiges für ein solches Szenario spräche, führt ein derartiger Weg in eine katastrophale Sackgasse.

Zu 2.: Ein auf Zusammenarbeit aufbauendes Modell erfordert zunächst von allen Beteiligten eine selbstkritische Überprüfung der eigenen Situation. So sind vor dem Hintergrund der geopolitischen Entwicklung viele tradierte Verhaltensweisen und Handlungsnormen kritisch zu überprüfen, um leidlich sicher die Zukunft zu bewältigen.

Welche Veränderungen dies erfordert, sei an einigen Beispielen dargestellt:

- Teilmengen des mit Bundes- und Hamburger Mitteln geförderten Wohnungsbaus hätten im niedersächsischen bzw. Schleswig-Holsteiner Umland ihre Standorte zu erhalten. Dies ist aber nur dann akzeptabel, wenn Hamburg die Belegungsrechte erhält.

- Eine Betriebsverlagerung in eine Umlandgemeinde müßte von allen Beteiligten akzeptiert werden, solange das Unternehmen der Region erhalten bleibt. Verbände und Kammern hätten grenzüberschreitend zu kooperieren.

- Die Kosten des ÖPNV, auf der Basis des Verkehrsverbundes, wären von allen Gebietskörperschaften des Verbundgebietes zu tragen. Die Kernstadt kann nicht auf Dauer die Defizite für die Umlandgemeinden mittragen.

- Eine vorurteilsfreie Standortpolitik gegenüber Betrieben und Institutionen setzt eine neue Definition der Arbeitsteilung zwischen Kernstadt und Umlandgemeinden voraus. Dabei kann nicht jede attraktive Nutzung der Kernstadt vorbehalten bleiben. Allerdings profitiert die Region von der Attraktivität der Metropole nachhaltig.

Diese wenigen Beispiele lassen erkennen, welche Widerstände sich einer integrativen Regionalentwicklung entgegenstellen. Grundvoraussetzung allerdings wäre eine Umstellung im horizontalen Finanzausgleich. Hier wird aber ohnehin durch die nationale Vereinigung eine Neuformulierung stattfinden müssen. Eine solche Chance sollte nicht vertan werden.

Die Kooperation im planerisch-konzeptionellen Bereich bedarf einer Stärkung. Insbesondere ist eine operativ orientierte und mit Kompetenz ausgestattete Organisation wohl unumgänglich. Die Entscheidungshoheit der Gemeinden ist nicht durch langwieriges "Abstimmen" dahingehend zu beeinflussen, grenzüberschreitend zu denken. Hier muß Überzeugungsarbeit geleistet werden. Das kostet Kraft, d.h. auch einen personell aktionsfähigen Apparat.

Die Region bietet nach vorsichtigen Schätzungen im Rahmen des Achsenkonzeptes Flächen für ca. 60 - 70.000 Wohnungen und ca. 1.000 ha Gewerbe.

Dafür ist die Infrastruktur in den Grundelementen vorhanden, allerdings auszubauen. Ihr Betrieb, insbesondere die Ver- und Entsorgung, wird wohl auch zwingend in gemeinschaftlichen Formen erfolgen müssen. Ob in gesellschaftlichen Betriebsformen oder auf Basis von Zweckverbänden, ist eine zunächst unerhebliche Detailfrage.

Auch wird über Planungsverbandskonstruktionen oder gar die Aufgabe der Stadtstaatlichkeit diskutiert. Es sprengt den Rahmen dieses Beitrages, sich fundiert mit diesen Fragen auseinanderzusetzen.

VII. Kernstadt und regionales Umland werden nicht darum herumkommen, ihre Rollen und ihre jeweiligen Leistungsbeiträge zu überprüfen. Die Region lebt von der Fähigkeit des Leistungserhalts der Metropole; ''Kernfäule'' schadet auch dem Umland. Die Kernstadt kann andererseits nur in Symbiose, im Leistungsaustausch mit dem Umland existieren.

Die derzeitig verfügbaren Instrumente reichen nicht aus und sind zu schwerfällig, um den Weg ins nächste Jahrtausend zu sichern. Insbesondere Entscheidungsbereitschaft und Entscheidungsfähigkeit sind durch vielfältige Einflußfaktoren, wie z.B.

- lokale Egoismen (auch innerhalb von Städten und Gemeinden),
- finanz- bzw. steuerpolitische Zwänge (nur außerhalb der Region auf Bundes- bzw. supranationaler Ebene beeinflußbar),
- Kompetenzzerteilung auf dem Sektor der Infrastruktur,

so eingeschränkt, daß konzeptionelles Arbeiten auf deren räumlicher Ebene nicht selten umsonst war.

Es sind also kompetente Entscheidungsebenen zu schaffen, die mit demokratischer Legitimation (z.B. Verbandsversammlungen), d.h. mit der Aussicht auf Akzeptanz wirksam übergemeindlich steuern können und dürfen. Wirksam heißt auch, über reine verbale Aktivitäten in die Kommunen hinein tätig zu werden. Die Selbstverwaltungskompetenz der Gemeinden, die sicher eine wesentliche Grundlage unserer Gesellschaft darstellt, stößt in den metropolen Regionen dann an die Grenzen ihrer Leistungsfähigkeit, wenn sie zu einer unverantwortlichen Gemeindeautarkie führt. Nur in Gemeinschaft mit den jeweiligen Nachbarn kann letztendlich auch die Selbständigkeit erhalten bleiben.

WERNER BUCHNER

Zusammenfassung - Perspektiven - Handlungsempfehlungen

1. Vorbemerkung
Oder: was kann und soll die Zusammenfassung der Plenarsitzung leisten?

"Regional- und Landesplanung für die 90er Jahre" - ein Thema, das angesichts der aktuellen Herausforderungen innerhalb Europas und in Deutschland überaus hohe Aktualität besitzt.

Die auf hohem Niveau geführte, überaus kreative Diskussion brachte zur Frage der Zukunft der Landes- und Regionalplanung ein breites Inhalts- und Meinungsspektrum zum Ausdruck. Aufgabe und Ziel der Zusammenfassung ist es nun, aus der Vielschichtigkeit der Fachbeiträge

- die Essenz der Ergebnisse herauszuarbeiten,
- den Versuch zu machen, die Ergebnisse auf einen "gemeinsamen Nenner" zu bringen und
- die Ergebnisse in einer plakativen Form an einen breiten Adressatenkreis in der Öffentlichkeit heranzutragen.

Im Vordergrund stehen dabei im folgenden drei Fragenkreise:

a. Welchen Herausforderungen wird sich die Landes- und Regionalplanung in den 90er Jahren stellen müssen?

b. Welche Handlungsbedarfe sind in den 90er Jahren für die Landes- und Regionalplanung gegeben?

c. Welche Handlungsansätze und -konzepte sind für die 90er Jahre notwendig? Welchen Beitrag kann die Landes- und Regionalplanung hierzu leisten?

Ziel der Zusammenfassung ist es damit nicht, die einzelnen Inhalte der Statements in den drei Foren noch einmal aufzugreifen. Vielmehr geht es darum, eine Synopse der Ergebnisse vorzunehmen und praxis- und handlungsorientierte Perspektiven für die räumliche Planung auf der Ebene des Bundes, der Länder und der Regionen zu identifizieren. Angesichts der materiellen Herausforderungen erscheint es sowohl von seiten der ARL als auch von seiten der hier anwesenden Vertreter von Ministerien, Planungsverbänden, Landes- und Regionalplanungsstellen sowie Hochschulen notwendig, die Ergebnisse der Plenarsitzung in Gestalt eines Handlungskatalogs bzw. eines praxis- und handlungsorientierten Strategiepapiers einer breiten Öffentlichkeit zukommen zu lassen.

2. Herausforderungen für die Landes- und Regionalplanung in den   90er Jahren

Ausgehend von den allgemeinen gesellschafts- und wirtschaftspolitischen Rahmensetzungen, so etwa

- der Vollendung des EG-Binnenmarktes und damit verbunden
- neuer Förderpräferenzen,
- einer Neugewichtung von Standortqualitäten und
- einer Verschärfung des regionalen und kommunalen Wettbewerbs,
- der Öffnung der Grenzen zur DDR und CSFR,
- der bevorstehenden Wirtschafts-, Währungs- und Sozialunion sowie
- der mittelfristig bevorstehenden Wiedervereinigung,
- der Beschleunigung des wirtschaftlichen Strukturwandelsund damit verbunden der hohen Anpassungszwänge an weltwirtschaftliche Bedingungen,
- einem weiter zunehmenden ökologischen Bewußtsein

zeichnet sich für die Landes- und Regionalplanung geichermaßen aus materieller, instrumenteller und institutioneller Sicht eine Reihe von Herausforderungen ab.

Fazit 1: Materielle Herausforderungen und Handlungsbedarfe

Als Herausforderungen können gelten:

- unzureichende Auseinandersetzung mit den Erfordernissen der räumlichen Entwicklung und Ordnung in einem Gesamtdeutschland,
- unzureichende Sicherung ökologisch bedeutsamer Bereiche,
- unzureichende Standort- und Trassenvorsorge für ''negative und sperrige'' Infrastruktureinrichtungen,
- unzureichende Auseinandersetzung der räumlichen Planung mit ökonomischen Mechanismen und marktwirtschaftlichen Prozessen im Bereich des Angebots und der Nachfrage (z.B. Golfplätze, Einzelhandelsgroßprojekte),
- Mangel an Auffang- und Ersatzkonzepten für einen absehbaren regionalen und sektoralen Strukturwandel,
- zunehmende Verselbständigung der Fachplanung,
- zunehmende Tendenz zur Regionalisierung bzw. Renaissance der regionalen Raumordnung,
- zunehmende Forderung nach dezentralisierten Entscheidungs und Gestaltungsspielräumen,
- zunehmende Gewichtung politischer Entscheidungen in der räumlichen Planung.

Diese materiellen Herausforderungen begründen vier Handlungsbedarfe, mit denen sich die Bundesraumordnung sowie die Landes- und Regionalplanung in den 90er Jahren auseinandersetzen sollten:

Handlungsbedarf 1:
Anpassung landes- und regionalplanerischer Leitbilder (insbesondere angesichts de Problemsituationen in der DDR).
Beispiel: Leitbilder zum Ressourcenschutz

Handlungsbedarf 2:
Formulierung eines neuen Selbstverständnisses der Landes- und Regionalplanung i.S.
- antizipativer/vorausschauender statt reaktiver Planung,
- der Erarbeitung praktikabler, handlungsorientierter Konzepte i.S.
  - querschnitts-orientierter Politikberatung,
  - koordinativer Politikberatung,
- flexibler Engpaß- und Defizitbeseitigung.
Beispiel: Herausgabe zielgruppenspezifischer Handlungsempfehlungen etwa im Bereich der
          Planung von großflächigen Freizeitanlagen (Leitfaden für die Planung und Errichtung
          von Golfplätzen für die Zielgruppe der Golfverbände und -Investorengruppen).

Handlungsbedarf 3:
Neues Rollenverständnis und neue Positionsbestimmung der Landes- und Regionalplanung i.S.
der Wahrnehmung
- eines landesweiten/regionalen Managements,
- einer Anwalts- und Moderatoren-Funktion.
Beispiel: Neue Funktionen für die Regionalplanung - Planung als Dienstleistungs-Unternehmen
          für die Gemeinden und Landkreise.

Handlungsbedarf 4:
Markt- und Marketing-Orientierung der Landes- und Regionalplanung.
Beispiel: Verkauf von einzelnen ''Produkten'' (z.B. Zentrale Orte, ROV, UVP u.a.) in der
          Öffentlichkeit.

Fazit 2: Die instrumentellen Herausforderungen

Neben den materiellen Herausforderungen sehen sich die Raumordnungspolitik des Bundes
sowie die Landes- und Regionalplanung einer Reihe instrumenteller Herausforderungen gegenüber:

Programme und Pläne:
- abnehmender Bedarf an planerischen ''Einheitslösungen'' und zunehmender Bedarf an spe-
  ziellen planerischen Handlungskonzepten
  - mit multisektoralen Aussagen,
  - mit ''integrierten'' Planungsansätzen,
  - mit Projekt-Orientierung,
  - mit hoher Zieldichte und feinkörnigen, detaillierten Aussagen,
  - mit hoher zeitlicher Flexibilität und inhaltlicher Anpassungsfähig,
  - mit gesamtdeutschen Aussagen (hier ist insbesondere die Bundesraumordnung mit einem
    Raumordnungsprogramm für Gesamtdeutschland angesprochen).

Planungsverfahren:
- zunehmender Bedarf an konsequenter Handhabung der UVP nach der EG-Richtlinie,
- zunehmender Bedarf an Verfahren zur Abschätzung regionaler und insbesondere regionalökon-
  nomischer Entwicklungspotentiale, etwa in Gestalt der Entwicklung von Verfahren zur re-

gionalen Stärken-Schwächen- oder Defizit-Analyse;
- zunehmender Bedarf an Verfahren zur Vorausschätzung von Entwicklungen (z.B. Szenarien) und deren Einbindung;
- zunehmender Bedarf an "weichen" Planungsverfahren
  - im Bereich der argumentativen, beratenden Planung,
  - im Bereich der Konsensverfahren (anstelle von Mehrheitsentscheidungen).

Planungs- und Entscheidungsgrundlagen:
- zunehmender Bedarf an neuen Methoden im Bereich umwelt- und planungsrelevanter aktueller Informationssysteme statt langer "Rechenschaftsberichte";
- zunehmender Bedarf an Varianten bzw. vergleichenden Informationen im Bereich der Standortfindung für (Infrastruktur-)Einrichtungen;
- zunehmender Bedarf an planerischer Kooperation und (Öffentlichkeits-)Beteiligung (Planung von unten),
- zunehmender Bedarf an Methoden im Bereich der Beratung einzelner Zielgruppen (z.B. politische Entscheidungsträger, Verbände, Unternehmen u.a.);
- zunehmender Bedarf an markt- und marketing-orientierten Methoden zur öffentlichkeitswirksamen Darstellunglandes- und regionalplanerischer Aussagen.

Hieraus ergeben sich sechs Handlungsbedarfe:

Handlungsbedarf 1:
Programmatisch orientierte Raumordnungspolitik für Gesamtdeutschland als Vorleistung auf der Ebene des Bundes;
Beispiel: Raumordnungsprogramm für Gesamtdeutschland.

Handlungsbedarf 2:
Dienstleistungs-Orientierung der Landes und Regionalplanung;
Beispiel: Beratungsleistungen für Gemeinden und Landkreise.

Handlungsbedarf 3:
Strategie-orientierte Landes- und Regionalplanung;
Beispiel: Erarbeitung regionaler oder sektoraler Strategiekonzepte für besondere Problemsituationen (Beispiel: Strategiekonzept für die Nachfolgenutzungen des WAA- Geländes; Strategiekonzepte zur Hebung der Standortattraktivität des Grenzlandes; Strategiekonzeptezur Standortausweisung zukünftiger Maßnahmen der staatlichen Dezentralisierung und Dekonzentration).

Handlungsbedarf 4:
Management-orientierte Landes- und Regionalplanung;
Beispiel: Aufbau eines breiten Entscheidungs und Gestaltungsspielraums in der Landes- und Regionalplanung über den traditionellen Verwaltungsrahmen hinaus (Forderung nach flexible Arbeitszeit mit leistungsorientierter Vergütung).

Handlungsbedarf 5:
Kreative Landes- und Regionalplanung,
Beispiel: Denken in Varianten und Szenarien;

Handlungsbedarf 6:
Kooperative und konsensorientierte Landes- und Regionalplanung;
Beispiel: Durchführung regelmäßiger Regionalkonferenzen oder Aufbau von Regional-Foren
(vgl. Ansatz der IHK Augsburg).

Fazit 3: Die institutionellen Herausforderungen

Die skizzierten materiellen und instrumentellen Herausforderungen begründen auch institutionelle Herausforderungen. Zu denken ist dabei insbesondere an organisatorische Erweiterungen und Ergänzungen bestehender öffentlicher und/oder halböffentlicher Planungseinrichtungen. Als Herausforderungen können dabei gelten:

- unzureichender Entscheidungs- und Gestaltungsspielraum der Landes- und Regionalplanung insbesondere in den Mittelbehörden,
- unzureichender personeller Ausstattungsstandard in den Planungsbehörden, insbesondere in der Regionalplanung,
- unzureichende finanzielle Ausstattung der Landes- und Regionalplanung,
- unzureichende Leistungsanreize für die Planer, da die räumliche Planung der 90er Jahre eine zeitlich und räumlich flexible, über den administrativen Rahmen hinausgehende Arbeitsweise erfordert.

Dies führt zu folgenden Handlungsbedarfen:

Handlungsbedarf 1:
Einheitliche Zuordnung der Raumordnung in beiden deutschen Staaten in einem Ministerium
bis zur Wiedervereinigung;

Handlungsbedarf 2:
Errichtung einer Bundesanstalt für Raumordnung und Landeskunde für Gesamtdeutschland unter
Einbeziehung bestehender fachlich relevanter Einrichtungen in der DDR;

Handlungsbedarf 3:
Aufbau einer gesamtdeutschen ARL (erste Ansätze bestehen bereits in Gestalt der beiden
Landesarbeitsgemeinschaften in der DDR);

Handlungsbedarf 4:
Stärkung der Regionalplanungsstellen u.a. durch finanzielle und auch personelle Ausstattung;

Handlungsbedarf 5:
Einsatz von Fortbildungsmaßnahmen für Landes- und Regionalplaner mit dem Ziel, ''neue
Planer'' auszubilden, die den Forderungen nach regionaler und flexibler Planung vor Ort gerecht
werden können.

Handlungsbedarf 6:
Ausreichende Vertretung der Raumordnung in den Verbindungsbüros in den zukünftigen

Ländern der DDR zum Zweck der Beratung bei der planerischen Normgebung und bei Rechts- und Verwaltungsvorschriften.

3. Handlungsempfehlungen für die Raumordnung des Bundes sowie für die Landes- und Regionalplanung in den 90er Jahren

In einem letzten Schritt stellt sich nun die Frage, welche Handlungsempfehlungen sich aus den Handlungsbedarfen und den Forderungen ableiten. Angesichts des breiten planungsrelevanten Problemspektrums erscheinen fünf Handlungsfelder von Bedeutung:

Handlungsansatz 1: Weitere Gewichtung der Ökologie in der Landes- und Regionalplanung

Angesichts der Umweltrelevanz der meisten Planungen und Maßnahmen wird es in den 90er Jahren weiterhin darum gehen, umweltverträgliche Varianten bei anstehenden Planungen und Maßnahmen zu realisieren.

Beispiel: Erarbeitung von Instrumenten für den Ressourcenschutz über die Festlegung technologischer Standards hinaus (z.B. Green-Belt-Konzepte u.a.); Auseinandersetzung mit marktwirtschaftlichen Umweltansätzen - Ressourcenökonomie.

Handlungsansatz 2: Renaissance ökonomischer Erfordernisse in der Landes- und Regionalplanung

Eine weitere Handlungsempfehlung für die Landes- und Regionalplanung betrifft - angesichts des hohen wirtschaftlichen Problemdrucks in der DDR - die verstärkte Auseinandersetzung mit marktwirtschaftlichen und ökonomischen Mechanismen. Einbezogen werden sollten in den planerischen Abwägungsprozeß dabei verstärkt Angebots- und Nachfrage-Situationen. Darüber hinaus erfordert dieser Ansatz, den zielgruppenorientierten ''Absatz oder Verkauf'' einzelner planerischer ''Produkte'', was einen verstärkten Einsatz des Planungs- und Regional-Marketings erfordert. In der Wirkung wird dieser Ansatz zur erhöhten Akzeptanz der räumlichen Planung in der Öffentlichkeit beitragen.

Beispiel: Auseinandersetzung mit Fragen des regionalen und sektoralen Strukturwandels in altindustrialisierten Gebieten der DDR (z.B. in den Bezirken Cottbus oder Halle/Bitterfeld).

Handlungsansatz 3: Europäisierung und Nationalisierung der Raumordnung

Eine weitere Empfehlung für die 90er Jahre betrifft die Entwicklung der Raumordnung auf der Ebene der EG und des Bundes. Neben der verstärkten Auseinandersetzung mit raum- und planungsrelevanten Entscheidungen in der EG (Stichwort: 5-b-Gebiete oder Strukturfonds, z.B. Regionalfonds) und der stärkeren Betonung EG-weiter Raumordnungskonzepte ist auch die Bundesraumordnung nicht nur im planungsrechtlichen, sondern insbesondere im programmatischen Bereich gefordert, Initiativen einzubringen und entsprechende raumordnerische und planerische Leitlinien für ein Gesamtdeutschland zu entwickeln.

Beispiel:: Erarbeitung eines gesamtdeutschen Raumordnungsprogramms; Erarbeitung von Leitlinien für raumrelevante Fachplanungen.

Handlungsansatz 4: Regionalisierung der Landes- und Regionalplanung

Neben der Internationalisierung spielt zukünftig auch die Regionalisierung eine Rolle. Ein wichtiger Handlungsansatz zur Handhabung dieser Entwicklung ist die personelle und finanzielle Stärkung der Regionen bzw. der Regierungsbezirke, um den planerischen Anforderungen durch die kommunalen Gebietskörperschaften und die Fachplanung sowie durch die raum- und umweltbewußte Öffentlichkeit gewachsen zu sein.

Beispiel: Hebung des Standards im Bereich von Entscheidungs- und Gestaltungskompetenzen auf regionaler Ebene; Zuteilung von finanziellen Kompetenzen auf regionaler Ebene.

Handlungsansatz 5: Öffentlichkeits-Orientierung der Landes- und Regionalplanung

Eine weitere Handlungsempfehlung für die Entwicklung der Landes- und Regionalplanung in den 90er Jahren betrifft die Erhöhung der Akzeptanz in der Öffentlichkeit. Vergleichbar mit einem Unternehmen ist dabei die Umsetzung eines zielgruppen-orientierten Planungs-Marketings notwendig -ein Ansatz, der nicht nur eine instrumentelle Dimension umfaßt, sondern eine neue Denkweise im Bereich der räumlichen Planung beinhaltet.

Beispiel:: Verstärkte Einbeziehung von Unternehmen und Wirtschaftsverbänden bei der Aufstellung von Regionalplänen und Landesentwicklungsprogrammen in Gestalt (informeller) Hearings und eines ständigen Informationsaustausches; Marketing für die räumliche Planung, um den Bekanntheits- und Akzeptanzgrad der Landes- und Regionalplanung und deren Produkte (z.B. Regionalpläne) zu erhöhen.

FORSCHUNGS- UND
SITZUNGSBERICHTE

Regionalentwicklung im föderalen Staat

Wissenschaftliche Plenarsitzung 1988

AUS DEM INHALT

Hans Kistenmacher
Begrüßung und Eröffnung

Heinrich Hövelmann
Grußworte

Hans-Friedrich Eckey
Zukünftige Erfordernisse der regionalen Strukturpolitik

Dietrich H. Hoppenstedt
Entwicklungsperspektiven Norddeutschlands

Gerard Beukema
Konzepte der Regionalentwicklung in den Niederlanden

Hans-Jürgen von der Heide
Vorschläge zur Entwicklung der ländlichen Regionen

Einführungen und Diskussionsberichte zu den Arbeitsgruppen
Ländliche Problemräume
Räume im Strukturwandel
Grenzräume innerhalb der EG

Werner Buchner
Schlußwort

1989, Band 181, 80 S.,18,- DM, Best.-Nr. 3-888 38-007-3
Auslieferung
VSB-Verlagsservice Braunschweig

AKADEMIE FÜR RAUMFORSCHUNG UND LANDESPLANUNG

FORSCHUNGS- UND
SITZUNGSBERICHTE

Europäische Integration

Wissenschaftliche Plenarsitzung 1989

1990, Band 184, 165 S.,21,- DM, Best.-Nr. 3-888 38-010-3
Auslieferung
VSB-Verlagsservice Braunschweig

AKADEMIE FÜR RAUMFORSCHUNG UND LANDESPLANUNG

BEITRÄGE

Stadtforschung in Ost und West

Perspektiven und Möglichkeiten der Kooperation der großen Zentren in Europa

AUS DEM INHALT

Eröffnung und Begrüßung (Hans-Jürgen von der Heide)

Grußworte (Michaele Schreyer)

Zum Stand der Wissenschaft und am Beispiel der Stellung von Berlin (West) im Städtesystem der Bundesrepublik Deutschland

Strukturprobleme und Entwicklungsperspektiven der Metropolen Zentraleuropas mit Beiträgen über Berlin (Ost), Prag, Warschau, Budapest und Moskau

Strukturprobleme und Entwicklungsperspektiven großer Zentren in der Bundesrepublik Deutschland mit Beiträgen über Berlin (West), Hamburg, München und Frankfurt

Strukturprobleme und Entwicklungsperspektiven der Metropolen Westeuropas mit Beiträgen über die Schweiz, Wien und die Randstad Holland

Kooperationsmöglichkeiten der großen Zentren in Europa

Schlußwort (Hans-Jürgen von der Heide)

Stellungnahme: Überlegungen zum Leitbild der räumlichen Entwicklung in der Europäischen Gemeinschaft

1990, Band 116, 199 S., 33,- DM, Best.-Nr. 3-888 38-209-2
Auslieferung
VSB-Verlagsservice Braunschweig

AKADEMIE FÜR RAUMFORSCHUNG UND LANDESPLANUNG

FORSCHUNGS- UND SITZUNGSBERICHTE

AKADEMIE FÜR RAUMFORSCHUNG UND LANDESPLANUNG